# BIBLIOTHÈQUE allemande.

## JOURNAL DE LITTÉRATURE,

RÉDIGÉ PAR

MM. Barthélemy, Avocat; Bruch, Professeur à l'Académie de Strasbourg; Jung; Liechtenberger, Avocat; Lortet, de Lyon, Docteur en Médecine; Massmann, Docteur, de Berlin; Matter, Professeur à l'Académie de Strasbourg; Maud'heux, Avocat; G. Silbermann, Avocat; D. E. Stœber, Avocat; Strobel; Wilm, etc.

TOME II.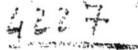

## STRASBOURG,
AU BUREAU DE LA BIBLIOTHÈQUE ALLEMANDE,
PLACE SAINT-THOMAS N° 3.
## PARIS,
CHEZ DONDEY-DUPRÉ, PÈRE ET FILS, IMPR.-LIBR., RUE RICHELIEU N° 67.
1826.

DE L'IMPRIMERIE DE M^me V^e SILBERMANN, PLACE ST.-THOMAS N° 3.

# I. MÉMOIRES ET NOTICES.

### SUR LA VIE ET LES OUVRAGES DE HERDER.

Un écrivain distingué a nommé Herder, sans doute dans un moment d'enthousiasme, le *véritable représentant* du génie de la nation allemande. Nous ne partageons pas entièrement cet avis; nous ne pensons pas qu'un individu puisse représenter une nation; nous croyons, au contraire, qu'il n'est aucun individu qui soit en état de se représenter fidèlement lui-même, c'est-à-dire, de reproduire dans ses ouvrages, comme dans un miroir exact, toutes les qualités intellectuelles et morales dont il est doué; cependant, si l'on veut parler de *représentans de la littérature allemande*, quelque imparfait que soit ce terme, nous pensons qu'Herder peut aspirer avec Schiller et Gœthe à la gloire d'un pareil titre. Les œuvres d'Herder attestent même une variété de connaissances, ou si l'on aime mieux, une érudition et une profondeur de vues sur des sciences diverses qui ne se retrouvent pas, au même degré, dans les écrits des deux rivaux que nous lui donnons, quoique les noms de ces rivaux soient encore plus illustres que le sien.

Ces considérations nous ont fait penser qu'un coup-d'œil sur la vie, et surtout la vie littéraire d'Herder, pourrait conduire, d'une manière toute spéciale, à l'étude des lettres allemandes ; deux biographies sur ce célèbre écrivain, qui viennent de paraître à des époques très-rapprochées, nous font d'ailleurs un devoir de faire connaître les nouvelles lumières qu'elles répandent sur une vie illustre.

Ces deux ouvrages ont été publiés par M. Ring, référendaire privé du grand-duché de Bade (1), et M. le D$^r$ Dœring, professeur à Weimar (2). L'un et l'autre ont puisé aux meilleures sources, l'un et l'autre ont profité, en les complettant et en les rectifiant, des *Mémoires sur la vie d'Herder*, publiés par la veuve de cet homme célèbre et par George Müller, l'un des plus intimes amis de cette famille (3) ; l'un et l'autre ont considéré et ont pu considérer Herder sous de nouveaux points de vue ; car un homme n'est pas une figure de géométrie qu'on ne saurait décrire que d'une seule manière ; c'est un être dont les facultés sont infinies. On peut donc se flatter aujourd'hui de pouvoir apprécier Herder plus que jamais, et la circonstance que, dans ce moment même, on exécute une édition complète de ses œuvres, mise à la portée de toutes les fortunes (4), prouve, que réellement la nation d'Europe qui lit le plus, sent le besoin de lire généralement les productions d'un aussi beau génie.

Nous serions trop heureux si nous osions croire que les lignes que nous allons tracer, pussent appeler l'attention de quelques

---

(1) *Herders Leben neubearbeitet von Carl Ludwig Ring.* 1822. Carlsrouhe. 1 vol. in-8°.

(2) *Johann Gottfried von Herders Leben.* Weimar 1823. 1 vol. in-12°.

(3) *Erinnerungen aus dem Leben Johann Gottfrieds von Herder.* Tubingue, 1820. 2 vol. in-8°.

(4) *Herders vollständige Werke; Taschenausgabe.* 60 Bände. in-8.

lecteurs français sur des ouvrages qui leur feraient connaître la nature et les richesses de la véritable littérature romantique, infiniment mieux que cette foule de brochures sur le romantisme, où se débitent tant de chimères sur des choses que l'on prend si peu le tems d'étudier.

Cependant ce n'est pas la littérature seulement qui nous intéresse dans la vie d'Herder, c'est aussi sa vie elle-même; car s'il est vrai que la vie d'un homme de lettres soit dans ses écrits, il est encore plus vrai que la clef des écrits d'un homme de lettres est dans sa vie. La vie d'Herder nous offre d'ailleurs un tableau de mœurs curieux; c'est un enfant pauvre qui s'ouvre lui-même le chemin de la gloire; c'est un homme comblé de gloire, cinq fois couronné par les plus célèbres académies, et luttant contre le sentiment de ses dettes; c'est un vénérable ecclésiastique au milieu d'une nombreuse et charmante famille; c'est un surintendant général remplissant pleinement ses pénibles fonctions, et planant encore, avec le coup-d'œil de l'aigle ou celui du poète, sur toutes les questions de littérature qu'agite autour de lui le pays le plus érudit du monde. Un tel homme ne meurt pas; un tel homme peut rappeler à la vie beaucoup de gens qui passent ordinairement à dormir le demi-siècle que leur confie la providence.

Herder naquit à Mohrungen, dans la Prusse orientale, en 1744, fils d'un instituteur de jeunes filles, et mourut à Weimar, en 1803, surintendant général des églises du duché. Sa mère lui communiqua les sentimens d'une tendre piété, son père, l'amour d'une régularité de travail et d'une application qui n'excluait pas une liberté raisonnable. L'extrême médiocrité de la fortune de cette famille, imposa des privations très-dures à tous ses membres; mais ces privations les unirent les uns aux autres du lien le plus étroit et le plus sacré, de celui de l'infortune.

En passant de la maison paternelle où tout respirait un ordre invariable, une stricte économie et un travail assidu, dans l'école latine de la ville, Herder dont l'âme se composait essentiellement de sensibilité, d'imagination et de tout ce que l'on appelle *feu poétique*, se trouva entre les mains du recteur Grimm, le type parfait du pédantisme, plein de grec et de latin et en général d'une solide érudition, mais la communiquant telle qu'il l'avait reçue, sans se permettre d'en modifier les formes, ni suivant ses propres besoins, ni suivant ceux de ses élèves. Herder fit cependant de grands progrès sous sa direction; il s'en fit chérir, et citer comme modèle : mais l'unique influence qu'un tel maître eut sur son cœur, fut celle de lui inspirer tous les sentimens d'une profonde vénération. Le jeune élève chercha une autre source pour nourrir son génie : la nature a placé quelques-unes de ses plus attrayantes beautés autour de Mohrungen, un lac et un bosquet, que l'on nomme le *Paradis*. Herder s'y rendait pour lire ses auteurs sous l'inspiration de ces lieux; souvent aussi il se bornait au verger de son père, s'y attachant à quelque arbre, afin que son esprit pût errer au gré de ses désirs, sans avoir à craindre pour le corps.

La société de Mohrungen offrait aussi au jeune Herder un homme dont toutes les qualités répondaient aux besoins de son cœur et de son imagination. C'était le pasteur Willamow, frère du poète de ce nom, et qui lui a fourni tous les traits pour l'idéal qu'il a tracé, dans un autre âge, sous le titre de *L'Orateur de Dieu*. Mais, comme si la Providence avait résolu de le former plutôt dans une autre série de circonstances, ce n'est pas avec Willamow qu'elle le mit le plus en rapport ; il devint le *famulus* ou le secrétaire du diacre Trescho, homme sombre et hypochondre, ayant tous les défauts de ce caractère, malgré tous les traités de piété qu'il lança dans le monde, et ne sachant donner à son élève qu'un lit et le conseil répété d'embrasser quelque bon métier. Herder qui, malgré sa profonde reconnaissance pour les bienfaits de Trescho, n'a jamais pu le chérir, trouva cependant, parmi ses livres, le poëte Kleist avec quelques classiques anciens, et l'étude de ces maîtres lui fournit bientôt le moyen de se venger lui-même en poëte de la mauvaise opinion que le diacre avait prise de ses facultés. Ayant à cacheter et à expédier un traité d'Ascétique que Trescho adressait à son libraire de Kœnigsberg, le *famulus* y glissa un poëme intitulé : *Cyrus, neveu d'Astyages*, et cette production anonyme plut au libraire à un tel point, qu'il l'imprima sur-le-champ, et qu'il lui prodigua, dans sa réponse, toutes les formules panégyriques qu'absorbaient ordinairement les pieux traités du maître.

La poésie, qui vit de belles fictions, ne conduit que rarement à de belles réalités. Le poëme d'Herder fut admiré, mais l'auteur resta *famulus* du diacre. Enfin un Suédois, chirurgien d'un régiment russe qui avait pris quartier à Mohrungen, en revenant de la guerre de sept ans, se fit le protecteur du pauvre étudiant, et l'amena avec lui à Kœnigsberg, sous la bénédiction de ses parens, pour lui faire étudier la médecine. La botanique enchanta l'élève, mais le premier cadavre qu'il vit disséquer, le remplit d'un invincible dégoût pour la carrière qu'on venait de lui ouvrir. Sur le conseil d'un ami, il se décida promptement et invariablement pour la théologie ; le chirurgien opposa vainement la brillante condition d'un médecin de Pétersbourg à la modeste position d'un pasteur de village, Herder fut inébranlable; son protecteur se résigna et ses parens applaudirent à sa résolution. Il leur avait écrit qu'il s'entretiendrait du produit de ses leçons; il tint parole, mais il fut souvent obligé de se contenter d'un petit pain pour toute nourriture. Heyne, qui fut, depuis, son ami comme son admirateur, avait fourni, quelques années auparavant, la même carrière de pauvreté. Il avait été reçu élève en théologie en 1762; une année après il fut appelé au collège *Frédéric*, d'abord comme surveillant de quelques pensionnaires, ensuite comme instituteur de diverses classes. Tandis qu'il donnait, d'un côté, des leçons de grec, de latin, d'histoire, de mathématiques et de langue française, il suivait auprès de Lilienthal, de Kypke, de Kant et de quelques autres, des cours de dogmatique, de philologie, de physique et de philosophie. Kant, qui était loin d'enseigner alors avec cette sécheresse scolastique qui caractérise ses derniers cours et ses derniers écrits, attachait particulièrement le jeune étudiant-professeur. Dans les âmes fortes et élevées la philosophie et la poésie, loin de s'exclure, se rencontrent quelquefois et se prêtent leurs idées et leurs formes : Kant ayant exposé un jour ses vues sur l'éternité, dans un langage analogue à ce grand sujet; ayant entremêlé ses développemens de citations des poëmes de Pope et de Haller, Herder courut de la leçon à sa demeure, reproduisit, en vers pompeux et hardis, l'enseignement sublime du maître, et eut, dans la prochaine séance consacrée à la philosophie, la joie d'entendre ses vers lus par Kant et accompagnés d'éloges, devant tout l'auditoire. L'élève est allé plus tard au-delà du pronostic qui s'échappa un jour de la bouche du philosophe : « Lorsque le génie effervescent de ce jeune homme se sera calmé, disait-il, ses beaux talens en feront un homme utile. » Ce qui devait charmer le plus le philosophe, c'est que l'élève ne jura pas sur les paroles du professeur. Herder n'aimait guère l'enseignement ordinaire de Kant, celui de la métaphysique; mais il ne perdait aucune de ses leçons sur l'astronomie et la géographie physique; les autres cours que le professeur lui communiqua quelquefois en manuscrit, furent, déjà à cette époque, l'objet de quelques observations critiques : ce n'est pas à dire pourtant qu'en philosophie Herder se soit jamais placé à la hauteur de Kant.

Dès cette époque il cultiva les belles-lettres avec la prédilection que lui donnait pour elles son beau génie. Il lut d'abord les principes de Batteux, dans la traduction de Rammler, ensuite les *Lettres sur la littérature*, publiées par Lessing et les plus beaux esprits du tems, ainsi que la *Bibliothèque de Leipsic*; il rattacha dès-lors à ces lectures toutes sortes de projets de travaux.

La société de quelques bonnes familles de Kœnigsberg et celle de quelques amis, tels que Hamann, écrivain de la plus piquante et de la plus féconde originalité (1), formèrent à la fois son goût et ses manières, en lui ôtant cette timidité qui l'avait oppressé lui-même. Aussi Trescho, en le revoyant à Kœnigsberg, fut-il surpris du changement qui s'était fait dans son ancien *famulus*. Son ami Hamann lui apprit l'anglais, et lui fit lire Ossian et Shakespeare, qu'Herder a, depuis, toujours placé au-dessus de tous les autres poètes dramatiques. Dans ses

---

(1) Ses ouvrages publiés par Roth en plusieurs volumes, sont une mine inépuisable d'idées; ils sont intraduisibles; mais ils conduisent le lecteur dans un monde entièrement nouveau.

écrits sur les *Belles-Lettres et les Arts* (1) il s'explique à ce sujet avec un enthousiasme qui prouve bien que c'est un enthousiasme de jeunesse. « Shakespeare est là entre l'antiquité et le monde moderne, embrassant l'un et l'autre. La chevalerie et la féerie, toute l'histoire de l'Angleterre et tout le trésor des plus beaux contes formaient, pour ainsi dire, un grand livre toujours ouvert devant ses yeux. Ses chevaliers et ses héros, ses rois et les diverses classes des nations se reproduisent sous son pinceau dans toute la pompe de leur tems et du sien, de ces tems dont les sentimens et les existences sociales, si singulièrement caractérisées, forment pour nous un monde sortant du tombeau. Que de fois la singulière naïveté et les préventions de ces siècles nous arrachent le sourire! Dans tout cela Shakespeare est un peintre-ménestrel qui présente les personnages, les scènes et les mœurs tels qu'ils se sont présentés à lui et qu'ils servent à son but. Mais lorsque, dans ces scènes de l'ancien monde, il nous ouvre les profondeurs du cœur humain; que, dans son langage particulier, mais caractéristique, il nous expose une philosophie qui répand son jour sur toutes les conditions, les rapports, les mœurs et les situations de la vie humaine, alors, certes, il n'est pas seulement un poète des tems modernes, il est le miroir des poètes dramatiques de tous les tems. »

L'étude d'Ossian et celle des restes de l'ancienne poésie anglaise, recueillis par Percy, fit également sur son esprit une profonde impression, et lui suggéra l'idée d'une suite de travaux sur les anciens chants populaires. Il publia l'an 1773 un mémoire sur *Ossian et les chants des anciens peuples*, et, plus tard, il recueillit

---

(1) Vol. 7 p. 366. Vol. 12 p. 246.

et traduisit tout un volume de ces chants, sous le titre de *Voix des peuples en Chants.* (1)

Herder était à peine établi dans sa nouvelle position, que son ami Hamann le fit appeler à l'école de la cathédrale de Riga, où il fut chargé d'enseigner la philologie et la religion, et de prêcher dans les services du soir. Son excellente méthode d'enseignement, jointe à l'ardeur avec laquelle il désirait communiquer ce qu'il avais apprit lui-même avec une sorte d'impétuosité, le rendirent également cher aux bons élèves et aux pères de famille ; mais les écoliers paresseux ne purent jamais l'aimer. Ses prédications, qui lui fournirent ici l'occasion de cultiver ses talens oratoires, dont il n'avait fait qu'un essai à Kœnigsberg, attirèrent bientôt un certain nombre d'auditeurs choisis. Son éloquence manquait encore, ainsi que sa poésie, de cette force de conception, de cette clarté et de cette pureté de style qui caractérisent l'âge mûr d'un homme de génie; mais on y remarque déjà cette verve, cette hardiesse, cette pompe et cette élévation qui annoncent un grand talent, et dont l'absence dans le jeune âge présage toujours la stérilité et la médiocrité pour des tems postérieurs. Voici un échantillon de la première éloquence d'Herder. Il parle auprès du cercueil de la sœur de son protecteur. « Nous allons à la mort et, semblables aux enfans, nous voilons notre vue pour ne la voir que quand elle nous saisit; touchant sans cesse à la tombe, nous ne la regardons qu'au moment de nous y précipiter. Inquiets jusqu'au chagrin, jusqu'à la folie, de ce qu'il y a d'incertain dans notre avenir, nous n'accordons aucune attention au certain qui viendra changer toute notre condition. Eh

---

(1) Le 8ᵉ volume de ses ouvrages de belle-littérature.

bien ! contemplez ce cercueil, vous, homme dans la force de l'âge ; vous, jeune homme ; la perspective que vous offre ce tombeau est un pas inévitable à faire dans votre carrière ! Oui, approchez, mais approchez d'un pied tremblant du tombeau d'une sœur ; un pareil tombeau recueillera vos cendres. Et quelles vues s'ouvrent donc à nous de toutes parts ? En-deçà l'obscurité ; au-delà le mystère, et sous nos pas l'abyme ! Est-ce moi seul qui frémis ici ? Eh bien ! fuyez, frémissemens de l'homme qui oublie qui il est ! Venez, venez plutôt, images du tombeau ; je vous déroberai des traits de consolation, de tranquillité. Ombres de la terre entrouverte pour nous tous, ce n'est pas seulement du repos que vous m'offrez ; j'y vois percer des rayons de joie. C'est ainsi que, souvent au milieu des nuages de la tempête, nous y voyons percer les rayons de l'arc de grâce............. parle donc, corps inanimé, apprends la sagesse à notre âme et le calme à notre cœur, qui n'est d'ordinaire qu'une scène d'agitations ! » Il y a là trop d'images, et il y a recours à des images trop faciles à présenter (1) ; mais il y a là, à la fois une sensibilité si profonde et une audace si heureuse à aborder et à traiter un sublime sujet, qu'on se sent transporté avec l'orateur où il veut vous conduire et qu'on tremble d'aise d'avoir fait avec lui un pas immense sans trop broncher.

La position qu'Herder eut à Riga, faisait disparaître tous ces soucis qui l'oppressaient jusqu'alors ; son âme put prendre tout son essor ; car il n'est que trop vrai que le talent, tout en secouant la chaîne de la misère, en porte les traces aussi long-

---

(1) Herder disait, plus tard, de ses premiers discours : « Ces feuilles et ces fleurs doivent tomber avec l'âge. »

tems qu'il n'en est pas entièrement débarrassé. Le père du jeune professeur étant mort, il en laissa l'héritage à sa mère, content du fruit de ses propres travaux.

Quelques familles de riches négocians l'associèrent à leurs réunions ; il les anima par des lectures, comme il embellissait ses promenades par les poëmes où il en peignait les beautés. Il se plut dans la ville de Riga et ses environs, mais surtout dans le cercle de quelques amis distingués, au point qu'il refusa, en 1767, la place lucrative de Directeur d'une école de Pétersbourg. Le magistrat de Riga, pour lui en témoigner sa joie, le nomma pasteur-adjoint et prédicateur du soir d'une église de faubourg !

Si le jeune prédicateur-professeur se fût borné aux fonctions que lui imposait ce double titre, il eût pu tranquillement et obscurément passer sa vie à Riga, mais quelle ineffable perte cette espèce de mort d'un seul homme, eût été pour l'Allemagne? D'ailleurs si l'on ne résiste pas à la seule vanité, comment résisterait-on au véritable génie? Herder heureusement ne fut pas capable de résister au sien. Il avait lu les *Lettres sur la littérature*, et quoiqu'il assignât à Lessing le premier rang parmi les critiques d'Allemagne, une partie de ces lettres lui déplaisait. Il publia, comme pour en donner le supplément, ses *Fragmens pour la littérature allemande*. Il y comparait cette littérature avec celle de la Grèce et de Rome, ainsi que celle de l'Orient, et il émettait des opinions si ingénieuses que, jointes à la singulière vivacité du style, elles excitèrent bientôt l'attention générale. Mais le ton acerbe que sa jeunesse y avait mis, lui fit nombre d'adversaires ; et Klotz, esprit étroit et cœur dur, l'attaqua bientôt avec autant d'amertume que d'indécence. Herder lui répliqua, dans les *Forêts critiques*, sur un ton qu'il désaprouva bientôt lui-même, et dont ses ennemis à Riga, ses envieux confrères, abusèrent avec zèle auprès de ceux dont le respect et l'amitié formaient tout son bonheur. Cette guerre avait éclaté en 1767; bientôt Herder, désespérant de pouvoir modérer son ardeur pour une belle cause, de pouvoir allier, même dans sa pensée, comme il dit à son ami Hamann, *le phlegme de l'esprit avec l'enthousiasme du génie*, résolut de quitter Riga pour s'ouvrir une plus vaste carrière. Son ami avait beau lui écrire, que, s'il préférait les douceurs d'une vie calme aux projets et aux chimères, il fallait choisir un champ quelconque et le cultiver bien fidèlement, sans enthousiasme, sans passion ; Herder répondit, qu'il lui fallait encore des projets et des chimères ; qu'il était encore dans la saison des fleurs ; qu'il en tomberait beaucoup d'elles-mêmes, mais que c'était le moment de tracer de grands contours ; qu'avec l'âge, la vue portant peu loin, il peindrait les détails du tableau.

En effet, loin de se choisir un champ clos, Herder ne songeait qu'à se promener sur le domaine entier de la littérature, et il trouvait sa position à Riga beaucoup trop restreinte et trop isolée pour l'exécution de ce projet. Il y publia encore, en 1769, une analyse, moitié critique, moitié panégyrique, des ouvrages du savant Abbt, et, bientôt après, il se démit de ses fonctions, résolu de faire un voyage littéraire en France, en Hollande, en Angleterre et, s'il était possible, en Italie. Dans le fait, ses projets étaient vagues ; il paraît avoir flotté entre celui de se livrer à des travaux d'érudition et celui d'observer les meilleures écoles des pays étrangers, dans la vue de fonder en Livonie une institution nationale pour la noblesse de ce pays. Ce qu'il y a de certain, c'est qu'il se traçait à lui-même sur ce qu'il tâcherait à acquérir dans ce voyage, un idéal tellement vaste et élevé, qu'il lui eût été impossible d'y atteindre, quelque durée qu'il eût mise à sa course.

Le 25 mai 1769, il s'embarqua avec son ami Berens sur un bâtiment destiné pour Nantes. En mer devant Riga, il composa une belle ode de séparation, et il continua, soit en prose, en forme de journal, soit en vers et en forme d'odes, à peindre tantôt le majestueux spectacle de l'océan, tantôt les sentimens que lui inspirait la vue des régions qu'il apercevait de près ou de loin. Toute cette navigation fut pour Herder une existence poétique d'autant plus douce qu'elle l'enlevait aux fâcheuses impressions du passé, et qu'elle lui permettait de créer son avenir au gré de son imagination.

Le 16 juin il arriva à Nantes, où il resta pendant quatre mois pour se familiariser avec la langue avant de se rendre à Paris. Cette bonne et aimable gaîté qui distingue la société des provinces, l'attacha au point qu'il partagea volontiers les plaisirs, les fêtes et les excursions auxquelles l'appelaient quelques familles de Nantes, sourtout celle de M. Babu. Il était déjà assez célèbre pour vouloir se donner le plaisir de l'*incognito*, et l'on conçoit qu'il put se le procurer dans un pays étranger. Cependant un jeune Suédois, qui était enthousiaste de ses ouvrages, déchira bientôt le voile qui couvrait sa gloire, et l'amitié que l'auteur accorda bientôt à son indiscret partisan, prouve qu'il n'était pas trop affligé de son indiscrétion. Dès qu'il fut connu comme littérateur, il n'eut plus de raison pour fuir les savans.

Au milieu de toutes sortes de projets littéraires, les uns relatifs à la cosmogonie de Moïse, ou plutôt aux deux documens de la Genèse qui nous l'exposent, les autres au degré de perfection qu'il allait donner désormais à ses propres ouvrages (1), il se rendit avec des lettres de recommandation dans la ville d'Angers, pour voir les membres de l'académie des belles-lettres de cette ville. Il y allait plein des plus hautes espérances ; il en repartit fort triste : « C'est, dit-il, une académie de trente membres, sans mémoires depuis plusieurs années, sans bibliothèque, sans plan, et presque sans séance. » Il serait sans doute difficile aujourd'hui de trouver en France le pendant d'une telle académie.

Herder fut loin de juger la France par Angers; plus il se trouvait au milieu des Français, plus il appréciait les auteurs de la nation, quoique son genre d'esprit n'eût rien de français. Son secret pour apprendre à juger des écrivains que ses compatriotes ont tour à tour placés et trop haut et trop bas, et qu'ils ne commencent à connaître que depuis le moment où les Français eux-mêmes comprennent la littérature allemande, son secret, disons-nous, mérite d'être prêché sur les toits. « On ne connaît pas les écrivains français quand on ne connaît pas la nation elle-même, dit-il ; j'avoue du moins » ( et cet aveu est remarquable de la part d'un homme qui enseignait le français depuis plusieurs années.) « j'avoue du moins que je n'avais pu, jusqu'à présent, ni comprendre, ni prononcer, ni apprécier le français. » Peut-être son jugement sur *Le Poëme des Saisons*, qui paraissait alors, tenait-il un peu de son ancienne prévention et de sa nouvelle prédilection. « Les notes, dit-il, en sont remplies de vues philosophiques ; mais je n'en puis supporter la poésie. »

Il conçut encore à Nantes l'idée de répondre à la question

---

(1) Il ne voulait plus rien publier « qui n'ajoutât quelques idées nouvelles au total de celles que l'esprit humain avait déjà trouvées. »

de l'académie de Berlin : *Comment est-il à expliquer que les hommes abandonnés à leurs facultés se forment une langue ?* (1) « C'est une question grande et vraiment philosophique, écrivait-il à un ami, elle me semble, pour ainsi dire, posée pour moi. Laissez-moi du moins cette chimère. Il faut se réchauffer en se battant ses propres flancs lorsque le tems est froid ; il faut s'inspirer de ses propres idées, quand les Muses sont absentes. » C'est un excellent moyen de se passer de la présence des Muses ; mais pour pouvoir s'en servir, il faut qu'elles vous aient au moins fait quelques visites.

Le 4 novembre, Herder partit de Nantes, qui s'était gravée dans son souvenir comme un paradis ; le 8 du même mois il arriva dans Paris.  J. M.

(*La suite dans un prochain numéro.*)

---

(1) On voit bien, à cette phrase, que c'est une académie étrangère qui pose la question.

## II.
# ANALYSES ET ANNONCES D'OUVRAGES.

### LITTÉRATURE.

1. *De la littérature allemande; deux fragmens du cours de littérature allemande, donné à Genève, par M. Chrétien Müller. Genève, chez Paschoud,* 1826.

La littérature aussi a ses missionnaires, non de ceux qui sont destinés à rallumer la foi dans le cœur de leurs compatriotes, mais de ceux qui, franchissant les mers et les déserts, vont porter à des peuples infidèles des doctrines nouvelles, des idées d'un autre climat. Voici un docteur allemand de l'université de Jéna qui a donné à Genève un cours de littérature allemande, et qui en publie deux fragmens qui font bien augurer du reste. M. Chrétien Müller, qu'il ne faut pas confondre avec un assez grand nombre d'écrivains qui portent le même nom, est l'auteur de plusieurs ouvrages dont deux ont été traduits en français (1). Les fragmens que nous annonçons se composent du *Discours préliminaire* et d'une dissertation *Sur le Classique et le Romantique, ainsi que sur l'étude des littératures étrangères.* Dans le premier, M. Müller apprécie et reconnaît les efforts de M. Villers et de Madame de Staël

---

(1) Tableau de Saint-Pétersbourg en 1810, 1811 et 1812. 1 vol. 1813. Voyage en Grèce et dans les îles ioniennes en 1821.

pour répandre en France la connaissance de la littérature allemande. Il reproche aux Allemands de ne pas assez bien juger l'ouvrage de cette femme célèbre. Il nous semble qu'ils le jugent plutôt trop sévèrement que mal. Il y a dans le livre de M$^{me}$ de Staël, à côté des plus grandes beautés et des vues les plus justes et les plus profondes, beaucoup de jugemens hazardés, de graves malentendus, des rapports pleins d'erreurs, erreurs qu'il importerait d'autant plus de relever et de rectifier, que l'autorité de ce grand écrivain est plus imposante. Ce qui fait le charme des ouvrages de M$^{me}$ de Staël est en même tems la cause de ce qu'il y a d'imparfait dans quelques-uns de ses écrits. Elle a mis trop d'enthousiasme dans un genre de littérature qui sans doute ne l'exclut pas, mais qui exige plus de jugement et de sévérité de goût que de verve et de chaleur. M. Müller fait sentir la nécessité de remonter au moyen âge pour bien comprendre la littérature allemande de nos jours, et de ne pas en isoler l'histoire de celle des autres littératures européennes. « Nous marcherons toujours les yeux fixés sur elles, dit-il; leurs productions bonnes ou mauvaises sont un miroir qui nous garantira de vanité comme d'injustice envers nous-mêmes. » Venant à parler de la difficulté que l'on éprouve à traduire en français des morceaux choisis, il fait quelques observations qui nous paraissent trop importantes pour n'être pas répétées ici. « Madame de Staël, dit-il, et tous les étrangers qui connaissent la langue allemande, ne cessent de s'affliger de ce que, plus une production est originale en allemand, plus elle doit perdre dans une traduction française. C'est bien différent quand on traduit d'un idiôme germanique dans l'autre, de l'allemand en anglais, ou d'une langue quelconque pauvre ou riche dans la nôtre. Je ne citerai pour preuves que nos traductions du Dante, de l'Arioste, du Tasse, de Caldérone, de Cervantes, de Shakespeare, de Lamartine, de Lord Byron, ainsi que des chefs-d'œuvre de l'antiquité. Il est impossible aux Français de bien juger nos productions littéraires, sans connaître la langue originale. On ne saurait leur pardonner la manière bizarre et ridicule dont ils ont arrangé beaucoup de nos ouvrages, pour les faire reparaître dans un pays, où la vérité, la profondeur, l'élan de l'âme et l'originalité sont souvent sacrifiés à l'élégance qui, chez eux, est *l'astre polaire* de la littérature. » Il y a peut-être dans ces observations quelques expressions peu exactes, mais elles n'en sont pas moins vraies pour le fond. C'est cette difficulté de traduire et l'infidélité avec laquelle on a rendu les pensées de Klopstock, de Wieland, de Schiller, qui fait que la littérature allemande est encore si peu appréciée en France. On n'ose plus mettre en problème, comme l'a fait, au siècle de Louis XIV, le bon père Bonhours, la question de savoir « Si un Allemand pouvait être un bel esprit? » mais beaucoup de gens attachent encore aux épithètes de *tudesque*, de *germanique* je ne sais quoi de ridicule et d'injurieux.

Après ces observations préliminaires sur la littérature allemande, l'auteur présente des observations générales qui sont d'un grand intérêt. Nous ne craignons pas qu'on nous accuse de longueur en transcrivant littéralement celles qui nous ont le plus frappé, ou qu'il nous semble le plus utile de reproduire. « Tandis que chez les Français nous voyons un champ clos où tout est prévu, fixé et calculé par des règles, la littérature allemande parait un champ vaste et libre, une république d'esprit, où il ne règne qu'une seule loi, la loi du vrai et du beau, quand même cette vérité et cette beauté seraient contraires à toutes les règles établies par d'autres nations et par leurs législateurs.

L'amour de la patrie et de l'indépendance, l'enthousiasme pour la religion, la loyauté de cœur, la profondeur de sentiment et l'imagination la plus hardie, ces qualités du caractère national, originaires des forêts de la Germanie, ont donné le type à la littérature des Allemands. Cette couleur est surtout imprimée à leur poésie. Nous y voyons des sentimens profonds embellis par l'imagination et exprimés avec une grande hardiesse d'esprit, dans une langue riche, flexible et sonore. »

« L'esprit de liberté, uni à la profondeur des recherches et à l'esprit de système, favorisa l'étendue des connaissances, cette universalité d'esprit qui se fit un devoir de recueillir les trésors scientifiques et littéraires de toutes les autres nations, et de s'élever à une hauteur étonnante dans les sciences exactes. »

M. Müller fait sur l'esprit littéraire des Allemands une observation qui doit être un éloge, mais qui, aux yeux de beaucoup de gens, peut paraître un blâme. « Il n'y a, dit-il, dans ce pays aucun littérateur, aucun poète, dont la réputation soit sans réserve et généralement reconnue. Il n'y a point de gloire ni de réputation littéraire, qui y ait subsisté cinquante ans, sans être fortement attaquée ou révoquée en doute. Les Allemands n'aiment pas les réputations inébranlables. » Cela n'est que trop vrai. Nous devons le dire, on pousse trop loin en Allemagne ce peu de respect pour de vieilles réputations, dont se compose en définitive la gloire littéraire des nations. Tandis qu'on exhume péniblement les poètes et les chroniqueurs du moyen âge, qu'on exalte avec un enthousiasme d'antiquaire les *Nibelungen* et d'autres productions de ces tems reculés, et qu'on idolâtre Gœthe, on oublie, on traite sans égard une foule d'écrivains distingués qui s'élevèrent dans la dernière moitié du 18e siècle et à qui l'Allemagne doit tout ce qu'elle a de lumières et tout ce qu'elle a fait de progrès dans les lettres et dans les sciences. M. Müller partage le sentiment de ceux qui ne voient dans Lessing, et même dans Opitz et Luther, que des restaurateurs de la litterature allemande et qui prétendent que *le douzième et le treizième siècle ont vu presque toutes les branches de la littérature allemande à un point de beauté et de perfection qui méritent l'admiration de nos jours.* Il cite à l'appui de cette assertion, plus que bizarre, les *charmantes Romances des Troubadours de Souabe et les Nibelungen*, comme si des romances et des contes le plus souvent imités, et un poème épique informe quoique rempli de beautés naïves, représentaient *presque toutes les branches de la littérature.* Avancer que Luther, Opitz et Lessing n'ont été que les trois derniers restaurateurs de la littérature germanique portée à la perfection dans des tems barbares, c'est comme si l'on disait que Voltaire, Corneille, Malherbe et Marot n'ont fait que restaurer la littérature française commencée et portée au comble par les Troubadours et les Trouvères et par les auteurs des fabliaux et des romans des chevaliers de la table ronde et des paladins de Charlemagne. Nous sommes loin de déprécier ces vénérables restes des âges héroïques de l'Europe moderne, mais nous ne pouvons y voir que de faibles commencemens, les premiers pas de l'esprit humain à peine sorti de l'enfance et encore enveloppé des langes de la barbarie.

M. Müller déplore un peu trop, à notre avis, un fait du reste très-réel, mais dont il faut peut-être plus féliciter que plaindre l'Allemagne littéraire; c'est au peu de protection que les souverains du pays ont accordé à la littérature allemande qu'elle doit son indépendance, et tous les avantages qui en dérivent. S'il y a des muses superbes et dispendieuses qui ne peuvent prospérer que sous le patronage des grands, il en est d'autres, telles que la poésie et l'histoire qui ne réussissent que libres et indépendantes. M. Müller cite parmi les princes protecteurs des lettres Alphonse de Ferrare : ne sait-il donc pas ce qu'il en coûta au grand et infortuné auteur de la Jérusalem délivrée, pour avoir consenti à se laisser protéger par lui? Cette conviction du reste ne nous empêche pas de nous joindre à M. Müller dans la reconnaissance qu'il a vouée au prince éclairé qui a fait de Weimar la Florence de l'Allemagne.

Notre littérateur-voyageur termine son premier discours par une citation de l'*Edimburgh Review* que nous rapportons, parce qu'elle donne à la fois la mesure de la justice que l'on commence à rendre dans la Grande-Bretagne à la littérature germanique, et une idée juste de la prodigieuse activité intellectuelle des Allemands : « Ce serait outrepasser les bornes de notre journal, dit le critique écossais, que de vouloir citer les productions les plus remarquables de la littérature allemande de nos jours, tant pour les sciences exactes que pour les lettres nationales. Ces ouvrages forment aujourd'hui l'ensemble le plus imposant pour la variété, pour la profondeur et pour l'harmonie des différens efforts scientifiques et littéraires. »

Dans le discours sur *le classique et sur le romantique*, M. Müller a répandu une lumière nouvelle sur cette question tant débattue de nos jours et le plus souvent si mal posée. Jamais appellations inexactes n'ont donné lieu à des discussions plus mal conduites, plus gratuitement traînées en longueur. De quoi s'agit-il en effet? Quelle est donc cette grande inimitié qui sépare ces deux termes? Y a-t-il entre l'un et l'autre un abîme que rien ne saurait combler? Si, avec le dictionnaire de l'Académie, vous appelez *classique* ce qui est approuvé, ce qui fait autorité dans une matière, il n'y a pas opposition absolue entre *classique* et *romantique;* car l'approbation peut changer et l'autorité se déplacer. Si avec les étymologistes vous nommez *romantique* ce qui est né de la littérature romane, ce qui tient du moyen âge, en opposition avec ce qui est ancien, la question sera bientôt résolue : nous ne sommes ni Grecs, ni du moyen âge, nous sommes de notre tems, et sous ce rapport la littérature ne doit être ni classique, ni romantique, mais mêlée de l'un et de l'autre, c'est-à-dire moderne. Elle le sera, n'en doutons point. Si nos pères sont sortis des forêts de la Germanie, et s'ils en ont apporté des sentimens inconnus aux Romains et aux Grecs, si ensuite une religion toute spirituelle a modifié ce caractère primitif, et si ce mélange de l'esprit germanique avec le christianisme a déterminé l'esprit de la civilisation du moyen âge, nous avons aussi hérité des anciens, et ce concours d'influences diverses nous a faits ce que nous sommes: des Germains, Francs, Ostrogoths, Visigoths, mêlés à des Gaulois, à des Italiens, à des Espagnols, convertis au christianisme, alors que nous n'étions encore guères en état de comprendre cette religion sublime, par des apôtres, qui le plus souvent, ne l'entendaient pas très-bien eux-mêmes; enfin instruits et polis par les grands écrivains de la Grèce et de Rome, et forcés à l'admiration et à l'imitation par les ruines magnifiques d'une antiquité belle et majestueuse. Si, comme le pense M. Müller, romantisme est identique avec littérature nationale et moderne, et classicisme avec asservissement à des règles surannées et déduites, non de la nature même du beau, examinée dans sa source, mais d'un petit nombre de chefs-d'œuvre de l'antiquité; si par romantisme on entend affranchissement et liberté du génie, et par classicisme, docile et pussilanime obéissance aux lois d'Aristote et de Boileau, alors sans doute il faut condamner la manière classique, et le romantisme doit l'emporter, et il l'emportera nécessairement dans ce sens, parce qu'on finit toujours par être de sa nation et de son siècle. Si la littérature romantique est indigène parmi nous, comme le prétend Mad. de Staël, si elle est l'expression de nos institutions, et surtout de notre religion, elle ne peut que devenir dominante comme étant née parmi nous, mais comme religieuse elle n'embrasse pas tous les genres de littérature, ni même de poésie. Enfin, si vous élevant plus haut, remontant à la source même de ce grave et interminable débat, vous reconnaissez avec moi, que la division des littérateurs en classiques et romantiques tient à la différence naturelle des esprits, bien plus qu'à celle des deux poétiques rivales, et qu'il y a entre le classicisme et le romantisme la même séparation que celle qui existe entre l'empirisme et l'idéalisme, alors la question sera non pas résolue, mais du moins plus nettement posée. La poésie classique est la poésie des sens et de l'empirisme, et la poésie romantique est celle des idées et du rationalisme. Pour la première se déclareraient avec une approbation plus ou moins entière, Aristote, Epicure, Gassendi, Bacon, Locke, Condillac, Cabanis, et se déclarent aujourd'hui plus ou moins vivement ceux qui suivent leurs principes; la seconde compterait parmi ses partisans Pythagore, Platon, Descartes, Leibnitz et Kant peut-être, comme tous ceux qui ont embrassé des doctrines semblables se sont prononcés pour elle. Ainsi il s'agit moins d'opposition entre la poésie de l'antiquité et celle du moyen âge, que d'une opposition qui a toujours existé, et qui subsistera toujours. Long-tems après qu'on aura cessé, d'un côté, d'imiter servilement les anciens, et de juger la beauté par ancienneté, et, de l'autre, de révérer superstitieusement les restes du moyen âge; long-tems après que l'on aura renoncé à une poétique toute d'autorité et de convention, pour puiser les règles du beau dans leur source primitive; alors même que, purement modernes, nos poètes auront reconnu que tout le passé leur appartient, depuis Moïse et Orphée jusqu'à Gœthe et Byron, qu'ils ont hérité de tous leurs devanciers, alors même cette opposition, entre ce qu'on appelle aujourd'hui classicisme et romantisme, subsistera sous un autre nom. Il y aura toujours des époques, des nations et des individus plus favorables à la poésie de la sensation et de l'empirisme, tandis que d'autres préféreront la poésie du sentiment et des idées. Les véritables littérateurs, comme il y en a déjà aujourd'hui, sauront goûter les beautés de l'une et de l'autre, en condamnant les excès qui ne manqueront d'aucun côté. Une sage critique, par un éclectisme littéraire, saura concilier, les deux poétiques rivales, comme quelques philosophes n'ont pas jugé impossible de réunir, jusqu'à un certain point, les lumineux résultats de l'empirisme avec ce qu'il y a de plus élevé dans les idées de Platon.

Nous avons cru pouvoir hazarder ces pensées dans un journal consacré à une littérature accusée de romantisme. Voici, pour terminer, comment M. Müller décrit la poésie romantique de l'Allemagne; nous n'approuvons pas toutes ses expressions; il faut se souvenir que ce n'est pas le romantisme en général, mais le romantisme allemand, qui est ici défini par un Allemand écrivant en français : « C'est, dit-il, le parfum de l'âme, l'enthousiasme immortel et l'imagination hardie, franchissant ces règles prononcées par un homme qui ne connaissait pas la poésie ( ce n'est pas d'Aristote que je parle); ce sont les couleurs frappantes, qui retracent les cieux et les abymes du cœur humain avec autant de vérité que les délices du printems, d'une nuit d'été et d'un bouquet de roses : ce sont ces accens qui, évitant toute imitation, toute allusion et toute réminiscence maniérée de l'antiquité, se rattachent avec un transport sublime à ce qui appartient à nous-mêmes, et à ce que nous avons de plus cher : ils se rattachent au christianisme, à ses sentimens, à ses vertus, ainsi qu'à l'histoire nationale, à ses héros, et surtout aux siècles reculés du moyen âge, qui prêtent le plus à la poésie. Ils s'attachent souvent à cet âge, mais ils ne l'imitent pas. Il n'est donc pas difficile de fixer le caractère du genre romantique. L'élan sublime pour la religion chrétienne et l'enthousiasme pour l'histoire nationale en font la base. La hardiesse de l'imagination, les couleurs brillantes et la vérité frappante dans les situations et dans les caractères, sont indispensables, ainsi que l'obéissance aux lois invariables du beau, gravées dans le cœur de tous les hommes cultivés. Voilà ce qui constitue la poésie romantique dans tous les genres. La grâce, la tendresse, la gaîté s'y mêlent souvent, mais ce ne sont point des qualités indispensables. » W.

2. *Launen meiner Muse in ernsten und heiteren Aufsaetzen, etc. — Fantaisies de ma muse; recueil de diverses compositions littéraires, par Panze. Leipsic, chez Weygand.* 1 *vol. in*-12. 1826.

M. Panze, auteur de l'*Hermite en Allemagne*, a publié au commencement de cette année un petit volume intitulé : *Les Fantaisies de ma Muse*, dont nous avons déjà entretenu nos lecteurs (1er vol., p. 341.), et qui vient de nous parvenir.

Ce recueil nous semble digne de la faveur avec laquelle il a été reçu en Allemagne. Quelques sujets tragiques s'y font surtout remarquer par la manière sombre et pathétique dont ils sont traités, et nous regrettons que leur étendue ne nous permette pas, en ce moment, d'en offrir quelque traduction à nos lecteurs. Les tableaux historiques sont également d'un grand mérite ; presque tous les journaux allemands en ont fait un grand éloge, en citant pour exemple un discours tenu par Henri I$^{er}$ à son armée, avant la bataille de Mersebourg. Nous allons essayer d'en donner une traduction, qui paraîtra, sans doute, bien faible à côté du style brillant et nerveux de l'original.

« Un morne silence, semblable à celui des tombeaux, régnait dans la plaine. Dans le lointain, on voyait briller, à travers les voiles grisâtres de la nuit, la flamme qui s'élançait du sein des villes et des villages embrasés. A peine l'heure de minuit était-elle écoulée, que l'empereur sortit des retranchemens et fit avancer de nouveau ses troupes, en ordre de bataille, sur la même ligne qu'elles avaient occupée la veille. Il parcourut les rangs à cheval, et passa encore une fois en revue son armée qui, dans peu d'heures, allait teindre la terre de son sang. — « Guerriers, s'écria-t-il alors, décidez maintenant si vos femmes et vos enfans embrasseront des hommes libres, à votre retour dans vos foyers, ou si vous voulez être témoins de leur déshonneur et de leurs tortures, en préférant une vie pleine de tourment et d'esclavage à quelques momens livrés au pouvoir de la mort. Que dis-je ? Ici il ne s'agit que d'un instant, et un instant vous conduira du champ d'honneur au sein de vos héroïques ayeux ; mais si vous fuyez, des mois, des années vous attendent durant lesquels le poids de la mort pèse sur tous les mouvemens de la vie. Ici vous ne mourrez qu'une fois, mais dans l'esclavage vous mourrez autant de fois que l'aurore brillera sur la terre. Guerriers! jetez vos regards dans les profondeurs de la nuit, devant vous, derrière vous des flammes s'élancent vers le ciel! Ce sont vos enfans qui rendent le dernier soupir sous des ruines fumantes; ce sont vos femmes qui poussent des cris de désespoir autour de ces autels étincellans et ensanglantés, au milieu desquels le fruit de leurs flancs a disparu; elles vous maudiront si vous reculez devant la vengeance, elles vous béniront si vous leur ramenez la paix et la liberté. Voyez là-bas: le ciel est couvert de lueurs pourprées; ce sont vos propriétés incendiées, ce sont vos vœux, vos espérances qui s'évanouissent dans les airs; voyez vos pères sans asyles, obligés d'abandonner leurs têtes, blanchies par l'âge, à la fureur des élémens. Qu'irez-vous chercher en prenant la fuite? Vos chaumières? Elles sont réduites en cendres! Vos femmes? Elles sont déshonorées! Vos enfans? Des cadavres ne parlent plus! Votre Dieu? Ses autels sont renversés, et il n'habite plus ses temples, où la honte est seule à l'invoquer! Guerriers, le jour de la vengeance est arrivé, soyez hommes et adressez vos prières là-haut, à celui qui prête son assistance à l'heure du besoin! » — Par un mouvement spontané, toute l'armée se précipite à genoux sur le champ de bataille et se livre silencieusement à la prière. Tous les cœurs étaient dévorés par la soif de combattre et le cri de guerre fut *Kirie Éleyson.* »

M. Panze n'est pas seulement habile à manier des sujets aussi graves que ceux dont nous venons de parler, sa plume sait aussi se prêter aux peintures mélancoliques; nous citerons entre autres *Le songe de Juillet,* dont nous allons essayer de donner une traduction.

### Le songe de Juillet.

« Minuit sonnait, et j'errais solitaire à travers la campagne déserte ; je ne pouvais ramener le calme dans mon cœur, qui palpitait plus impétueusement que de coutume. Où me précipites-tu, sang brûlant qui frémit dans mes veines? O mon âme! est-ce le souvenir de ta félicité perdue qui t'agite? *Elle* n'est plus! Est-ce le désespoir qui me chasse au milieu de la nuit silencieuse? O parle compagne de ma vie; ô douleur, source éternelle de larmes, parle! que cherches-tu dans les ténèbres? Je l'ignorais et cependant *elle* seule occupait mes pensées. Bientôt l'haleine des vents, murmurant à travers le feuillage des tilleuls sous lesquels je m'étais dérobé à la lumière de l'astre de la nuit, m'entraîna malgré mes efforts vers la place, où pour la dernière fois, je m'étais agenouillé devant *elle*. Je reposai ma tête brûlante sur le tertre où les rayons de la nuit venaient se briser, et cherchai à rafraîchir ma paupière sur le gazon humide de rosée. Je pleurais et ne pouvais retenir mes sanglots. Puis il me sembla entendre dans le lointain les sons d'une harpe et des accens semblables aux accens d'Ossian :

« Ombres chéries, répondez-moi du haut de vos montagnes, du haut de vos rochers; ne craignez point de m'effrayer. Où êtes-vous allées vous reposer? Dans quelle grotte vous trouverai-je? Je n'entends point leurs voix au milieu des vents; je ne les entends pas me répondre dans les intervalles de silence que laissent les orages. » ( *Traduction de Letourneur.* )

« Et je me mis à pleurer et à pleurer encore jusqu'à ce que le sommeil fut venu clore mes yeux noyés de larmes. Tout-à-coup un génie beau comme un ange, aux regards doux comme les rayons de la lune, m'apparut en songe. Il portait dans sa main un lis, image de ma vie. «Lève-toi, voyageur

« épuisé de fatigue, me dit-il, et suis mes pas. » Je me levai et le suivis. Il me conduisit à travers une forêt obscure et profonde, dans un lieu entouré de saules pleureurs et où retentissaient encore les chants mélodieux d'un rossignol. « C'est ici « me dit-il, que repose celle que tu aimes, dépose un baiser « sur ce tertre et tu la verras se réveiller. » Je baisai le tertre et j'en vis sortir une figure blanche : des cheveux blonds roulés en boucles et parsemés de milliers d'étoiles étincelantes, flottaient autour de sa tête. C'est toi! m'écriai-je transporté d'alégresse, et je tombai sur le sein de ma bien-aimée. J'étais heureux comme les élus célestes et ma voix était comprimée par le plaisir. Ne prononce pas mon nom, murmura l'apparition, ou bien il me faudra te quitter. Ah! j'étais muet; les palpitations de mon cœur se faisaient seules entendre. En ce moment l'étoile du matin se leva belle de tout son éclat, et tandis que j'attirai mon amie contre moi, et que je l'embrassai toujours plus étroitement, comme si j'eusse voulu qu'un autre monde ne me sépara plus d'elle, mes lèvres tremblantes lui demandèrent : pourquoi m'as-tu quitté ? Je te préférais à l'âme immortelle qui vit en moi! Elle se tut, mais elle me serrait dans ses bras avec la plus vive tendresse; je vis une larme briller dans ses yeux et la sentis rouler sur mon sein. Incapable de me contenir plus long-tems, je me précipitai à genoux, je pressai sa main sur mes lèvres et dans l'égarement de ma félicité, je m'écriai : *Rosalie!* — Hélas! l'apparition disparut tout-à-coup et je me réveillai sur mon tertre solitaire. Le matin était venu, mais le soleil ne parut point. Des nuages chargés de pluie se dirigeaient vers l'Orient, et la triste journée versa des pleurs avec moi sur la bien-aimée perdue sans retour. »

## SCIENCES POLITIQUES ET HISTORIQUES.

2. *Geschichte der Revolution Spaniens und Portugals, und besonders des daraus entstandenen Krieges. — Histoire de la révolution d'Espagne et du Portugal, et particulièrement de la guère qui en fut la suite, par le colonel prussien de Schepeler. Vol. I, de 1807 jusqu'en octobre 1808. Berlin et Posen, chez Mittler, 1826.*

Cet ouvrage paraît devoir être de longue haleine, puisque le premier volume qui a paru, n'embrasse guère que les événemens d'une année. L'auteur a été à portée de bien s'instruire des faits; major dans le corps du duc de Brunsvic-Œls, il passa, en 1810, d'Angleterre en Espagne, entra au service de ce dernier pays, et y resta comme militaire et diplomate jusqu'en 1823, à l'exception des six premiers mois de 1814, qu'il passa à Paris. Il a donc vu beaucoup de choses par lui-même, et, ce qui est surtout important, il connaît bien les nations dont il a entrepris d'écrire l'histoire. Les sources où il a puisé sont, outre sa propre observation, des pamphlets imprimés, des manuscrits qui lui ont été communiqués, et des entretiens avec les principaux acteurs dont il a connu une partie personnellement. Il obtint des héritiers de Don Isidore Antillon des documens importans que cet homme distingué avait recueillis pour servir à une histoire de la révolution espagnole. L'ouvrage de M. Antillon, dit M. de Schepeler, s'il l'eût achevé, aurait démontré combien il est absurde de prétendre que ce fut le clergé seul qui souleva les peuples de la Péninsule pour leurs princes légitimes, assertion fausse, à la faveur de laquelle le jésuitisme cherche de nouveau à envelopper l'Europe de ses filets. On voit assez par-là que M. de Schepeler s'efforcera lui-même de combattre cette prétention d'un parti qui, en s'emparant en 1814 de l'esprit de Ferdinand, entraîna ce prince à des mesures dont nous voyons aujourd'hui les conséquences. L'auteur convient que le fanatisme eut sa part dans le soulèvement de la nation espagnole contre les Français ; mais il soutient que s'il y coopéra, il ne le dirigea jamais, et que là où il marchait à la tête, tout allait fort mal. Beaucoup d'évêques furent destitués par la Junte centrale pour avoir pris le parti des Français, et l'archevêque de Saragosse, grand-inquisiteur d'Espagne, D. Arce, se déclara chaudement pour Joseph. M. de Schepeler termine sa préface, qui renferme sa profession de foi politique, par ces mots : « C'est un fait que l'inquisition elle-même reconnut les Bonaparte, et céda au torrent du tems ; il est donc bien permis, en parlant du monde moral, de s'écrier ou du moins de penser avec Gallilée, malgré les jésuites : *E pur si muove!* »

Cette histoire est précédée d'une introduction qui renferme des détails curieux sur le caractère des Espagnols, sur les constitutions des différentes provinces de la Péninsule et sur les revenus de l'Espagne avant 1808.

La plupart des voyageurs, en déterminant le caractère des Espagnols, l'ont jugé d'après ce qu'il était au moyen âge, et dans les comédies de Lope et de Caldérone, sans égard pour les modifications qu'il a subies depuis. La fierté des habitans primitifs, qui vit encore tout entière dans les Biscayens, la franchise et l'esprit de liberté des Visigoths, l'imagination, l'irritabilité et la frugalité des Arabes, tels furent les élémens dont se composait le caractère des Espagnols, comprimé plutôt qu'altéré par l'inquisition, avant que l'esprit du dix-huitième siècle pénétrât dans la Péninsule. Depuis ce tems l'Espagnol est moins taciturne et moins sévère. La galanterie chevaleresque et la jalousie, qui le distinguaient autrefois, ne sont pas plus communes aujourd'hui en Espagne qu'ailleurs. Il est encore fier et vindicatif; les assassinats sont fréquens; mais au moins en Espagne chacun se venge lui-même. L'Espagnol d'aujourd'hui aime le repos, et il est facile de le tromper; mais on ne le trompe qu'une fois. Au penchant de la fainéantise se joint le goût du vagabondage. Il est facile d'engager un ramas de muletiers, de contrebandiers et de vagabonds à des entreprises, qui seraient impossibles dans tout autre pays de l'Europe, la Turquie exceptée.

C'est au printems que l'esprit nomade s'empare des Espagnols; ils aiment alors à quitter les lieux habités, et la richesse naturelle du sol leur offre, dans les déserts mêmes, de quoi satisfaire leur appétit frugal.

L'Espagne est le pays de l'Europe où l'on trouve le moins de traces du système féodal. Le servage y fut toujours inconnu. La noblesse y eut peu de privilèges. Après la découverte de l'Amérique, l'argent tint lieu d'ayeux et de titres. Il était facile d'acheter des lettres de noblesse, et les nobles pouvaient se livrer au commerce et à l'industrie sans déroger. (1)

L'influence du clergé n'est pas aussi puissante qu'on le pense. Depuis 1814, les cloitres ne trouvèrent presque plus de novices ayant quelque fortune.

Le nombre des prêtres éclairés s'est beaucoup accru depuis Charles III; la plupart toutefois sont encore sans lumières;

---

(1) Aussi ne fut-ce pas la noblesse qui s'opposa à la constitution.

mais, peuple eux-mêmes, ils suivent plutôt les mouvemens du peuple qu'ils ne les dirigent.

Le caractère des Espagnols diffère, comme partout, selon les différentes provinces. Le Castillan agricole est plein de droiture et de probité ; c'est le Béotien de l'Espagne. Les habitans de l'Estramadure sont plus entreprenans ; ils jouèrent un grand rôle dans les expéditions d'Amérique : Cortès et Pizarre étaient Estramennos. Les Galiciens sont braves et actifs ; ils aiment les courses lointaines. La Galice fournit toute l'Espagne de porte-faix et de crocheteurs. L'Asturien est fier de sa pauvreté et de son antique origine. Tout gentilhomme de l'Asturie s'estime à l'égal d'un grand, et tout simple paysan s'y regarde comme gentilhomme.

Les Biscayens se disent tous nobles : ils se refusent au service militaire ordinaire, et prétendent à toutes les places d'officiers. Le Navarrois est plus grossier et moins industrieux que le Biscayen, mais il s'empresse de défendre ses foyers, et n'aime pas à sortir de son pays.

L'Aragonois est pauvre parce qu'il est paresseux : il est en même tems le plus orgueilleux des Espagnols. On dit d'un homme entêté qu'il est têtu comme un Aragonais et comme un mulet.

Si c'est l'honneur qui sert de guide en toutes choses à l'habitant de l'Aragon, le Catalan n'est mû que par l'amour du gain et de l'indépendance. L'esprit mercantile est l'esprit dominant dans la Catalogne. Il s'y trouve uni à l'amour de la liberté.

Le Valençais est de tous les Espagnols celui qui se rapproche le plus des Maures pour le costume et le caractère. Le royaume de Valence est la province où la vengeance commet le plus de meurtres. Du reste les Valençais sont très-laborieux ; leur pays ressemble à un vaste jardin. On fait la même observation dans le royaume de Murcie, dont les habitans ressemblent beaucoup à ceux de Valence.

Les Andaloux sont pauvres, paresseux, mais contens de peu. Ils sont hableurs et aiment à exagérer leurs moyens. Malgré ces différences dans le caractère des divers peuples de la Péninsule, ils offrent une masse très-compacte et très-unie. Les antipathies qui divisaient encore dans la guerre de succession les Castillans et les Aragonais, n'existent plus : tous sont Espagnols, plus Africains qu'Européens.

Après avoir ainsi caractérisé les peuples de l'Espagne, l'auteur offre un exposé très-clair et très-précis de la constitution de la monarchie espagnole avant 1808, de sa population et de ses ressources.

Il résulte de l'exposé historique des différentes constitutions qui régissaient autrefois les royaumes de la Péninsule, que là, comme presque dans tous les autres pays de l'Europe, c'est la liberté qui est ancienne et le despotisme qui est moderne. Avant Ferdinand-le-Catholique, les Espagnols étaient la nation la plus libre de l'Europe. Outre les institutions et les garanties locales, presque toutes les villes envoyaient des députés aux Cortès, qui avaient le droit de réviser les dépenses du gouvernement, de refuser les impôts, de donner leur avis sur l'opportunité de la guerre et de la paix, de faire des lois et d'accuser les ministres. Toutes les provinces avaient des députations permanentes que les rois devaient consulter dans tous ces différens cas. Ferdinand-le-Catholique, avec le secours de l'inquisition, commença l'œuvre de l'oppression; depuis ce prince l'édifice constitutionnel fut démoli pièce à pièce. La première chose que fit Ferdinand, ce fut d'affaiblir la puissance des Cortès. Il en exclut plusieurs villes et n'y invita plus que rarement la noblesse. Les villes de la Castille essayèrent par l'insurrection de 1521 de ressaisir leurs anciens droits ; la noblesse se déclara contre elles. Les cavaliers (*Caballeros*) remportèrent à Villelar une victoire décisive sur les communes (*Communeros*). Sous Philippe II il ne resta de la constitution castillane que le nom ; les Cortès n'eurent plus que le droit de présenter des doléances et d'enregistrer, par ordre les lois et les impôts. Une armée de Castillans détruisit la constitution d'Aragon, à l'occasion de la persécution du secrétaire Perez, qui s'était refugié dans ce pays, après avoir été long-tems le docile instrument des secrètes fureurs de Philippe. La liberté espagnole succomba de plus en plus, sous les efforts réunis de l'inquisition, du clergé et des favoris qui dirigèrent les successeurs de Philippe II, et l'Espagne n'était plus, sous Charles II, qu'un corps languissant, lorsqu'une dynastie nouvelle monta sur le trône. Les Bourbons l'ayant emporté, les provinces de la couronne d'Aragon, qui avaient pris parti pour l'Autriche, perdirent le reste de leurs antiques libertés. Les derniers rois de race autrichienne convoquaient encore de tems en tems, pour la forme, les assemblées des Cortès ; les Bourbons suivant les maximes de Louis XIV, ne les appelèrent que pour leur faire reconnaître les princes des Asturies. Ainsi les constitutions espagnoles périrent à l'avénement de la nouvelle dynastie ; mais avec elle pénétra dans la Péninsule l'esprit du dix-huitième siècle, qui y prépara une ère nouvelle.

L'auteur fait l'éloge du règne de Charles III, qui quitta le trône de Naples pour celui de l'Espagne, qui mit des bornes au pouvoir de l'inquisition, et qui expulsa les Jésuites de ses états. La révolution espagnole que M. de Schepeler ne regarde pas comme terminée, commença, selon lui, sous le règne de Godoy, ministre de Charles IV ; mais avant d'entrer dans quelques détails sur le gouvernement de ce favori, il s'applique à exposer l'état intérieur de l'Espagne avant 1808, parce que, dit-il, c'est cette situation, incompatible avec l'esprit du siècle, qui est en révolution.

Depuis Philippe II jusqu'à Charles II, la population de l'Espagne alla constamment en décroissant; elle s'accrut sous les Bourbons, et surtout sous Charles III. D'après le dénombrement fait en 1797, l'Espagne aurait eu alors 10,541,221 habitans, que l'on peut porter pour 1808 à 11 millions. Sur ce nombre, 10 millions à peu près appartenaient à l'agriculture, 456,493 aux autres professions, 184,802 au clergé, y compris ses serviteurs et ses commensaux; de sorte qu'il y avait une personne cléricale sur 60 individus, et un prêtre sur 110 laïques, tandis qu'il n'y avait qu'un seul commerçant sur 429 individus. Le revenu du clergé, tout compris, était estimé à 1100 millions de réaux, à peu près 275 millions de francs, ce qui fait pour chaque individu 300 piastres ou 1500 francs, somme suffisante pour faire vivre toute une famille. La plus grande partie de ces fonds était prise sur l'agriculture, d'ailleurs grevée d'impôts énormes. Les revenus de la couronne se montaient, avant la guerre de 1808 :

Pour l'Espagne à . . . 693,000,000 de réaux de Vellon;
Pour l'Amérique à . . 145,000,000 — —

En total à . . . . . . . 838,000,000 — —

Ce qui fait à peu près 289,500,000 francs.

Or, avec ces revenus il y eut dans la seule année de 1797, un déficit de près d'un milliard de réaux, ou de 250 millions de francs. Charles III avait laissé une dette de 2064 millions de réaux; sous Charles IV elle alla jusqu'à 7194 millions. Chaque année y ajouta, malgré le peu de délicatesse de Godoy à combler les déficit annuels.

Après avoir ainsi réuni dans le même tableau le contraste des idées nouvelles qui franchirent les Pyrénées, malgré les efforts de la sainte Hermandad, avec les prétentions de l'Inquisition et le despotisme du gouvernement, la richesse du clergé et la détresse de l'agriculture et de l'industrie, le délabrement des finances, l'immoralité de Godoy et la faiblesse de Charles IV, M. de Schepeler retrace rapidement les principaux événemens du règne de ce prince. Tous les vices autorisés par l'exemple de la cour, malgré la bonté naturelle du roi; deux ministres habiles que Charles III expirant avait recommandés à son fils, bannis de la cour et emprisonnés pour faire place au favori de la reine, naguère encore simple garde du corps, et qui n'avait aucune espèce de talent; toutes les parties de l'administration livrées au désordre et à la dilapidation; Godoy, nommé prince de la paix, en récompense du traité honteux de S$^t$-Ildefonse; une branche de la maison de Bourbon alliée à la république française; toutes les folles entreprises de la reine et de Godoy, inspirées par les plus viles passions; une guerre vainement dirigée contre le Portugal, parce que, à l'entrevue de Badajoz, la princesse Charlotte, fille de Charles IV et femme du prince royal de Portugal, n'avait pas montré assez de respect au favori de sa mère; les vues politiques fondées sur l'alliance de la France, sans cesse traversées par les intrigues amoureuses de la reine et de Godoy, et par des mouvemens de jalousie, suite de leurs infidélités réciproques; les gardes du corps formant le sérail de l'épouse de Charles IV, les dames de la cour celui du prince de la paix; les chasses du roi aussi dispendieuses que des expéditions militaires; Godoy, devenu l'allié de son roi par son mariage avec une infante, renonçant à la place de premier secrétaire d'état pour mieux gouverner la reine ; deux ministres habiles, Saavedra et Jovellanos, bannis et traînés de prison en prison, parce qu'ils refusent d'être les instrumens du favori ; le prince de Parme, neveu de Marie-Louise, nommé roi d'Etrurie par un traité onéreux pour l'Espagne; l'Espagne épuisée d'argent par les subsides payés à Napoléon, et par la guerre avec l'Angleterre, fruit de l'alliance obstinée avec le France ; la marine espagnole détruite à Trafalgar. Cependant, à mesure que la cour se précipitait vers sa ruine, la nation s'éclairait au spectacle de la révolution française. Elle suivit avec intérêt et avec une secrète jalousie les progrès de la puissante république, et murmurait hautement des désordres de la cour. Bonaparte, héros républicain, fut long-tems l'objet de l'admiration des Espagnols ; mais quand ils eurent compris que son alliance était funeste à l'Espagne, ils portèrent leurs regards sur le prince des Asturies. L'intérêt qu'on lui portait augmenta lorsqu'il parut visiblement l'objet de l'aversion de sa mère et de Godoy. La haine publique contre ce ministre s'accrut encore par les bruits qui se répandirent sur la part qu'il aurait eue à la mort prématurée de la princesse des Asturies. Tout était prêt pour un grand mouvement, lorsque la paix de Tilsit permit à Napoléon de porter ses forces vers le Midi. Le refus du Portugal de recevoir des troupes françaises, fut pour le conquérant l'occasion d'entrer dans la Péninsule, et le traité de Fontainebleau, par lequel Godoy consentit au partage du Portugal et à l'invasion de ce royaume, fut pour le peuple espagnol le signal de l'insurrection et le commencement de la révolution.

Abordant l'histoire même qu'il s'est proposé d'écrire, l'auteur raconte dans les trente chapitres dont se compose le premier volume, l'invasion du Portugal et les premiers mouvemens du parti du prince Ferdinand; la manière dont les troupes françaises s'emparèrent de plusieurs forteresses espagnoles; l'abdication de Charles IV; l'avénement et la captivité de Ferdinand; la journée du 2 mai, première explosion de l'énergie long-tems comprimée des Espagnols; les événemens de Madrid jusqu'au mois de Juillet et les négociations de Bayonne; l'insurrection de Murcie et de Valence; les opérations du maréchal Moncey, dans ce dernier royaume; le pillage de Cuença par les Français; l'insurrection d'Aragon; le premier siège de Saragosse; l'insurrection de la Catalogne; celles des Baléares; la révolution d'Andalousie; l'insurrection de Cadix et de Grenade; l'établissement de la junte de Séville et les opérations du général Dupont dans l'Andalousie, qui se terminent par la capitulation de Baylen; l'insurrection de Badajoz et de l'Estramadure; celle d'Alentéjo, de Ciudad-Rodrigo et du nord du Portugal; les événemens de Lisbonne et les dispositions de Junot; la descente des Anglais, la bataille de Viméira et la capitulation de Junot; la révolution des Asturies et de la Galice, de la vieille Castille et de Léon; les opérations des généraux espagnols Cuesta et Blake; l'arrivée de Joseph à Madrid, le 20 juillet; la reprise de la capitale par le général espagnol Llamas le 13 août; enfin la formation de la Junte centrale. Le volume se termine par le récit de l'évasion du corps d'armée espagnol, placé sous les ordres de La Romana. Dans le chapitre cinq, l'auteur donne une liste de toutes les troupes françaises qui entrèrent en Espagne jusqu'en 1813; et en fait monter le nombre à plus de 673,000; il n'en sortit que 253,500, de sorte que l'Espagne est devenue le tombeau de plus de 420,000 Français ou alliés. L'ouvrage que nous annonçons est écrit avec vivacité, avec intérêt, avec clarté ; on reconnaît partout, dans le récit, un homme qui raconte ce qu'il a vu par lui-même. Il s'est bien instruit du caractère, des mœurs et des vœux de la nation espagnole. Il se prononce franchement pour le parti constitutionnel tel qu'il était à Cadix. Il ne cache pas combien l'invasion française a blessé son sentiment moral ; mais s'il se souvient un peu trop peut-être qu'il fut l'ennemi des Français, il se plait du reste à rendre justice à leur bravoure. Cet ouvrage mériterait d'être traduit, ne fût-ce que pour donner à plusieurs généraux l'occasion de se justifier des accusations dont ils y sont l'objet.

W.

3. *Allgemeine historische Taschenbibliothek für jedermann*, etc. — *Bibliothèque portative de l'histoire universelle. Première partie : Histoire de France, 2 vol. Seconde partie : Histoire d'Angleterre, 2 vol. Troisième partie : Histoire d'Ecosse, 2 vol. Quatrième partie : Histoire des Etats-Unis de l'Amérique du Nord. 3 vol. Dresde, chez Hilscher* 1826.

Voici encore une entreprise utile à laquelle nous devons des éloges. Dirigée par quelques écrivains distingués de l'Allemagne, elle ne peut manquer d'obtenir tout le succès qu'elle mérite. Les rédacteurs de ce recueil ont pris pour guides, dans leurs travaux, ceux des écrivains qui ont le mieux réussi à tracer l'histoire des différens pays dont ils s'occupent tour à tour, en s'écartant toutefois de l'original à mesure qu'ils y ont rencontré des inexactitudes importantes à relever. Quelques extraits de chacune des parties qui ont paru jusqu'ici, donneront une idée de la manière dont chaque sujet a été traité.

1° *Histoire de France*, par A. L. Herrmann, d'après M. Félix Bodin. Le premier volume présente un tableau rapide de la situation de la Gaule avant la domination romaine, et s'arrête à la fin du règne de François II. Le second volume commence au règne de Charles IX, et va jusqu'en automne de 1815. Nous en traduirons le passage suivant, dans lequel l'auteur décrit d'une manière rapide et énergique une partie des horreurs de la St. Barthélemy. « Le roi, accompagné de sa cour, alla voir le cadavre mutilé de Coligny, qu'on avait suspendu à un gibet; déjà il répandait une odeur infecte et l'un des courtisans se tenait le nez bouché. C'est à cette occasion que Charles IX redit cet horrible propos : *Le corps d'un ennemi mort sent toujours bon !* Le roi annonça alors solennellement que tout avait été exécuté d'après ses ordres; le parlement en témoigna sa satisfaction et arrêta qu'une procession annuelle célébrerait le massacre de 100,000 Français ! Le nom seul de la St. Barthélemy excite maintenant l'horreur, *quoiqu'elle ait encore trouvé de nos jours des défenseurs !* »

2° *Histoire d'Angleterre*, par J. H. G. Hensinger, d'après M. Félix Bodin. Le premier volume s'étend jusqu'en 1603, le second jusqu'en 1815. Nous en extrairons le morceau qui suit : « On a beaucoup écrit sur l'origine du gouvernement représentatif. Montesquieu prétend l'avoir trouvé dans les forêts de la Germanie. D'autres l'ont cherché dans les institutions féodales. D'autres encore l'ont fait descendre de l'église et des conciles; on a même été jusqu'à remonter aux anciens Romains. A laquelle de ces opinions faut-il ajouter foi ? Je ne me hasarderai pas à le décider. Mais comme l'état représentatif est tout-à-fait fondé sur le droit et sur la nature des choses, il a dû nécessairement s'en présenter quelques élémens dans chaque nation et à chaque époque. La société, considérée sous le rapport de la communauté de ses intérêts, étant un *gage*, et le gouvernement étant *l'administrateur de ce gage*, il est naturel qu'une portion plus ou moins grande de ceux qui constituent ce gage prennent part à son administration. Partout, et même sous le despotisme le plus absolu, on trouvera des espèces de conseils, chargés de porter les vœux du pays à la connaissance du pouvoir, et de s'opposer à l'arbitraire. Chez les Turcs ce sont les Ulémas; en Chine les Mandarins; dans tel pays ce seront les prêtres; dans un autre les soldats; dans un troisième les juges. L'essentiel est de savoir quelle est l'institution nationale qui fait concourir le plus de membres de la société à l'administration des intérêts communs. Fuyons l'Orient esclave, où la crédulité l'a de tout tems emporté sur le soin de l'intérêt général, *où le pouvoir absolu n'a jamais cessé d'être un article de foi, et d'avoir des prêtres pour ministres.* »

3° *Histoire d'Ecosse*; par Lindau. L'auteur s'est écarté du *Résumé de l'histoire d'Ecosse* de M. Carrel, ouvrage qui lui a paru rempli d'inexactitudes. Dalrymple, Hume, Henry, Guthrie, Robertson, ont servi de guides à M. Lindau. Nous traduirons les lignes suivantes qui se trouvent dans le second volume, page 109. « Semblable aux autres états de l'Europe, dont le mode de gouvernement dérive de certaines institutions féodales, l'Ecosse était une monarchie tempérée, où la noblesse et le clergé formaient le contrepoids du pouvoir monarchique. L'Ecosse ne possédait point un tiers-état éclairé qui aurait pu rétablir l'équilibre dans le royaume; aussi l'histoire de ce pays n'offre-t-elle que des troubles continuels et des luttes multipliées entre le trône et la noblesse. La noblesse écossaise avait dans le système féodal de sûrs moyens d'agrandir sa puissance, et se trouvait encore favorisée par d'autres circonstances accidentelles. La liberté habite les montagnes, et la nature particulière de ce pays montagneux, qui arrêta les aigles romaines dans leur vol et fit échouer les efforts de Guillaume-le-Conquérant, permettait facilement à la noblesse de défier les souverains du haut de ses châteaux et de ses forteresses. Le manque de grandes cités contribua beaucoup à augmenter la puissance des nobles et à affaiblir le pouvoir royal. *Les grandes communes sont le berceau des lois et de l'ordre public.*»

4° *Histoire des Etats-Unis de l'Amérique du Nord*, par F. Philippi. Les deux volumes qui en ont déjà paru font attendre le troisième avec impatience. Le premier finit avec l'année 1688, le second va jusqu'en 1776. L'auteur n'a pas cru devoir suivre l'ouvrage de M. Barbaroux, qui lui a paru peu proportionné à l'importance politique des États-Unis. M. Philippi promet une histoire complète de la constitution des Etats-Unis, qui, à en juger par ce premir essai, sera un travail digne du plus vif intérêt. Nous allons en attendant que nous puissions entretenir nos lecteurs de la nouvelle production que médite M. Philippi, leur donner un extrait de son histoire des Etats-Unis (tome 2 page 104). « C'est ordinairement le malaise des peuples qui produit les révolutions et qui excite en eux une tendance générale vers le changement; mais quelquefois aussi les révolutions sont la conséquence des progrès de l'intelligence, qui, appelant la force physique à son secours, cherche à briser les entraves d'un ordre de chose resté en arrière du siècle. Quelqu'attachés qu'ils soient à leurs anciennes institutions, les peuples acquièrent, avec l'émancipation, le désir de se soustraire à toute espèce d'arbitraire, et à la tutelle que l'on cherche toujours à conserver sur leur esprit. La révolution américaine dirigée à son origine principalement contre la théorie du despotisme, et se conformant aux principes proclamés dans ses manifestes, a pris, dès ses premiers pas, un caractère d'abstraction philosophique, de prudence et de sociabilité dont l'histoire nous offre peu d'exemples, et qui ne peut, par conséquent manquer d'exciter la curiosité de tous les peuples. Ce phénomène s'explique lorsque l'on remarque qu'au moment où cet événement eut lieu, la nation était déjà arrivée à un haut degré de liberté politique et religieuse. L'exposé des droits des colonies était un résumé de ces principes et la déclaration d'indépendance en fut l'application pratique. » G. S.

4. *Recherches sur la nationalité, l'esprit des peuples allemands et les institutions qui seraient en harmonie avec leurs mœurs et leur caractère, par Fr. L. Jahn, traduit de l'allemand, avec notes par P. Lortet, docteur en médecine; Paris chez Bossange* 1825. *in-8. un vol. de* 432 *p.*

5. *Lettre sur l'Allemagne, à l'occasion des recherches sur la nationalité etc., par M. Stanislas Gilibert. Lyon à l'imprimerie de Coque*, 1826. *broch. de* 17 *p.* 8.

Ces deux publications faites par deux médecins philosophes de Lyon, sont une preuve bien agréable du vif intérêt que la nation et la littérature allemandes commencent à inspirer aux Français les plus instruits et les plus détachés des préventions nationales. Nous ne saurions mieux faire, pour caractériser l'ouvrage de Jahn, et pour apprécier le service que M. Lortet a rendu à la philosophie sociale, en traduisant en français un ouvrage aussi difficile et aussi intéressant, que de suivre, l'auteur de la *Lettre sur l'Allemagne* écrite à l'occasion de ce livre remarquable. « Le sort de l'Allemagne n'étant pas changé, dit M. Gilibert, l'ouvrage de Jahn (écrit il y a plus de quinze ans) n'a rien perdu de son opportunité; il reste ce qu'il était, une machine de guerre élevée pour la défense du pays contre la tyrannie de l'étranger et contre cette folle prétention de conquêtes et de domination universelle, qui a pu être long-tems un mal nécessaire et le seul moyen de communication entre les peuples ignorans et les barbares, mais qui certainement cèdera enfin l'empire à d'autres moyens de civilisation qui ne coûteront ni sang, ni larmes. Philosophe autant que patriote, l'auteur combat franchement, dans l'intérêt de son pays comme dans celui de l'humanité, cette vieille folie qui, déguisée sous les noms de Sainte-Alliance, de congrès, de cosmopolitisme, aspire encore aujourd'hui, sans égard pour la diversité naturelle des peuples, à les soumetttre tous également au même régime, comme Procuste plaçait toutes ses victimes dans son lit de fer. »

« Un Tamerlan seul, écrivait Jahn, quelque tems après la bataille de Wagram, un Tamerlan dont l'œuvre journalière était la destruction, et qui portait trois globes sur ses armoiries et ses enseignes, pouvait seul ne vouloir sur la terre qu'un peuple, une langue et une religion. »

« En effet, poursuit M. Gilibert, n'est-ce pas entendre à contre-sens ce besoin réel d'unité qui tient à l'origine même de l'âme, comme à sa destinée, et qui pousse l'esprit humain à travers toutes les variétés de formes, de tems et de lieux, vers ce qui est général, universel, infini? En toutes choses humaines, en politique, comme en littérature, comme en religion même, tout ne se réduit-il pas au fini et à l'infini, à l'unité et à la diversité? L'unité peut-elle se trouver séparée de la diversité? La multitude qui ne se réduit pas à l'unité est confusion; l'unité qui ne dépend pas de la multitude est tyrannie, a dit Pascal, cet homme prodigieux, dont le génie a comme pressenti et indiqué, deux siècles d'avance, le grand système de philosophie qui règne aujourd'hui en Allemagne. C'est dans cette école philosophique, la plus complète de toutes, puisqu'elle ne méconnaît aucun élément ni aucun rapport de la nature humaine, c'est à cette doctrine qu'appartiennent les *Recherches sur la nationalité*. Ce n'est même qu'en partant de ce point de vue élevé, qu'on peut embrasser l'ensemble des idées de l'auteur sur l'existence de chaque nation, considérée dans tous les développemens de son activité naturelle, sur le droit inviolable, bien que souvent violé, d'être elle-même en toutes choses et non autre qu'elle, de s'appartenir à elle-même et non à d'autres, de penser, de juger par elle-même, de sentir et de s'exprimer dans sa langue maternelle, et non dans des langues mortes ou étrangères au climat comme aux habitants, enfin d'agir et de gouverner par elle-même, d'après les lumières et les besoins du pays et non d'après des mœurs étrangères ou des intérêts ennemis. On sait ce que la civilisation moderne doit au génie inventif et à l'esprit d'indépendance de la nation allemande; combien de découvertes utiles, de travaux importans, d'idées saines, d'exemples salutaires et généreux, soit en politique et en religion soit en philosophie et en morale, soit en littérature, dans les beaux-arts et dans l'éducation publique. Depuis le triomphe populaire d'Hermann, l'Allemagne a donné à l'Europe moderne une autre leçon d'indépendance bien autrement importante; c'est celle de la liberté d'examen, de la liberté religieuse, philosophique et littéraire, en un mot de l'affranchissement de l'homme moral et intellectuel. »

« Avec un auteur qui embrasse une si grande diversité d'objets, d'un point de vue si élevé, le lecteur ne risque pas de tomber sur la lettre morte de ces écrits méthodiques, composés froidement, sous la seule inspiration des livres, loin du monde réel et comme en exil de la vie positive: résultat stérile de la séparation qui existe presque partout entre la théorie et la pratique, le savoir et la sagesse, les principes et les affaires. Dans le livre de Jahn, le caractère allemand paraît encore tout palpitant de réalité. C'est à cette plénitude de vie qu'il faut attribuer l'apparence de désordre que présente cet ouvrage. »

« Habile observateur autant que savant historien, réunissant aux trésors d'une profonde érudition les connaissances positives que donne la pratique d'une vie active, consacrée tout entière au salut de sa patrie, Jahn passe en revue toutes les parties de l'organisation sociale, telles que les ont faites les origines nationales, les révolutions anciennes et modernes, la nature du climat, les mœurs, les habitudes et toutes les circonstances de tems et de lieu qui modifient les lois générales de la nature humaine. Calculant ainsi la somme de maux et de biens, de progrès et de revers que l'Allemagne doit à l'influence de ces circonstances, et dressant l'inventaire de tous les développemens de la vie sociale, il en conclut une appréciation exacte des besoins de l'époque, de ses ressources et des obstacles à un état meilleur. »

« *Division naturelle des territoires, administration intérieure de l'état, unité de l'état et du peuple; église, éducation du peuple, constitution de la nation, sentiment national, littérature nationale, vie domestique, voyages dans la patrie:* rien de ce qui existe ou de ce qui devrait être, n'est omis dans cette espèce de statistique physique, intellectuelle et morale de la nation allemande. Toutes les institutions, toutes les parties de l'organisation sociale y sont appréciées telles qu'elles sont devenues, comparativement à ce qu'elles étaient autrefois, et telles qu'elles devraient être relativement aux besoins de la civilisation générale et aux intérêts particuliers du pays. Mais c'est surtout dans leur rapport avec l'esprit et le caractère des peuples allemands, que l'auteur s'applique à les considérer ; c'est dans ce rapport intime, dans l'accord et l'harmonie de toutes les institutions avec les mœurs et le génie national, qu'il trouve *la force d'unité de toute société humaine, et ce qu'il nomme Volksthum, nationalité.* »

Après avoir ainsi rendu compte de l'esprit de l'ouvrage original, l'auteur de la *Lettre sur l'Allemagne* parle du travail du traducteur. « J'ai lu, dit-il, cet ouvrage comme j'aurais écouté une conversation d'un sage ou d'un ami, sans trop prendre garde à la correction du langage. *C'est ici un livre de bonne foi,* a dit M. Lortet de l'ouvrage allemand ; on peut le dire aussi de la traduction, et ce jugement devrait suffire ; Montaigne s'y fût tenu : pourquoi ne nous en contenterions-nous pas ? Qu'importe, dans un sujet aussi grave, la vaine parure du style ? Ne cesserons-nous donc pas de prendre un livre bien écrit pour un bon livre, l'extérieur de l'homme pour l'intérieur ? *Je me méfie de ces gens qui ne font point de fautes en parlant,* disait d'Alembert. » Ici, nous l'avouons, nous ne sommes pas tout-à-fait de l'avis de M. Gilibert, et nous ne pensons pas qu'il soit nécessaire de faire des solécismes pour être honnête homme. M. Gilibert lui-même écrit du reste trop bien pour qu'on puisse regarder son opinion comme intéressée. Mais ses paroles à ce sujet semblent renfermer une critique indirecte de la traduction, critique qui nous paraît peu fondée. Sans doute le travail de M. Lortet est rempli de germanismes, quoique composé sur les bords du Rhône; mais cela même ajoute à son mérite : c'est une preuve de la fidélité de la traduction, qui est le premier devoir du traducteur. D'ailleurs s'il y a du germanique dans l'ouvrage français, il est moins dans l'expression matérielle que dans les idées. « Il y a deux manières de traduire, dit M. Lortet dans sa préface : dans l'une le traducteur s'empare des pensées de l'original, et les exprime dans sa langue comme si elles lui étaient propres ; dans l'autre il doit non seulement rendre les idées, mais conserver la couleur des expressions et souvent la tournure des phrases. Je me suis déterminé pour cette dernière parce que je voulais faire connaître l'ouvrage et son auteur. Le style est une manifestation de l'homme. »

Nous en avons assez dit pour faire connaître l'esprit de l'ouvrage de Jahn, et pour le recommander à ceux qui veulent connaître la nation allemande. Il ne nous reste plus qu'à en indiquer en détail le contenu. Dans la préface, M. Lortet donne sur l'auteur une notice dont les matériaux lui ont été communiqués par un Allemand qui a voulu garder l'anonyme. L'ouvrage même est divisé en dix livres, distribués ainsi qu'il suit :

I. *De la division naturelle des territoires.* II. *De l'administration intérieure de l'état :* du gouvernement de l'état, des provinces, du gouvernement de marche, de cercle et des communes ; de l'organisation judiciaire, de la simplification de la perception des impôts ; des établissemens d'éducation : écoles communales et paroissiales, écoles de cercle, de marche, universités etc. III. *De l'Unité de l'état et du peuple:* sûreté publique, connaissance des affaires publiques; droit civil, unité de mesures; union intime entre le civil et le militaire; droit public civil et pénal; perfectionnement de la langue maternelle; convocation des notables; capitale; manie du *compatriotisme.* IV. *De l'église.* V. *De l'éducatiou du peuple.* VI. *De la Constitution de la nation :* ordres de l'état, lois constitutionnelles, diète, maisons souveraines, droit de citoyen, noblesse, défense du pays. VII. *Du Sentiment national:* costume national, fêtes nationales, sépultures d'honneur et monumens nationaux. VIII. *De la Littérature nationale.* IX. *De la Vie domestique.* X. *Des Voyages dans la patrie;* nécessité de ces voyages; esprit allemand.

M. Lortet a joint à la traduction, un grand nombre de notes, quelquefois très-étendues, qui ne sont pas la partie la moins intéressante de son travail. Pour achever de faire connaître ce livre, nous allons extraire, au hazard, du texte et des notes, quelques passages qui pourront faire juger du reste.

« Un état composé de toutes sortes de pays, imparfaitement unis, jouit tout au plus de la vie d'un polype, où chaque partie peut être divisée sans dommage et sans commotion pour le tout. Un état doit être un corps dont les provinces sont les membres (page 47). »

« Un grand peuple éloigné des mers doit étouffer, parce qu'il n'est pas libre de sortir et de rentrer à volonté. Dût-il soutenir des guerres à outrance, ce peuple doit avoir en vue d'établir des relations avec les autres peuples, ainsi que l'immortel Pierre l'a fait pour la Russie (page 51). »

« Chez les peuples anciens, on trouve la grandeur; chez les modernes on ne trouve que l'esprit d'agrandissement. La grandeur a une force expansive, l'esprit d'agrandissement envahit et englobe (page 97). »

L'auteur blâme l'emplacement de la plupart des capitales de l'Europe. « Copenhague, dit-il, est comme la plus extrême patache d'une flotte à l'ancre. Stockholm est cause de la faiblesse de la Suède. Si Diogène ressuscitait, il crierait aux Russes : renversez votre capitale, si non, votre peuple se disperse dans de vastes déserts. Vienne, qui est une cause de dépérissement pour l'Autriche, n'est point un centre pour les provinces de l'empire. Si les Grecs (qu'on se souvienne que ceci est écrit en 1810) renouvellent les journées de Marathon et de Platée, leurs Amphictyons doivent songer à ce mot du rusé Philippe : « Celui qui » possède Corinthe et Chalcis en Eubée, tient le taureau par les » cornes. » Il ne manque à Madrid qu'un fleuve navigable. *La France dans Paris* regarde vers Londres comme les statues de ses anciens rois. Les Pyrénées forment son talon gauche et, comme Achille, elle est vulnérable dans cette partie ; son bras droit menace le Rhin. Entre les deux épaules seulement elle n'est pas défendue par des fortifications de la nature ou de l'art ; de Genève à Bâle elle ressemble à ce Siegfried armé d'écailles, chanté dans les Niebelungen. »

Nous ne pouvons nous empêcher de transcrire encore ces paroles qui commencent le livre de l'*Eglise* : « Le sentiment de l'éternité accompagne l'homme dans toutes les situations et toutes les phases de la vie, depuis le premier réveil de l'esprit jusqu'à son dernier sommeil. Il est créateur dans les grandes œuvres et dans les grandes entreprises ; il anime tout dans les petits travaux et les moindres affaires. Planter des arbres, ensemencer, fonder des établissements, consacrer sa vie à des recherches philosophiques, méditer sur chaque invention utile, passer sa vie à faire des découvertes, telles sont les richesses qui découlent de cette source toujours jaillissante. Les liens sacrés de l'humanité tiennent à ce pressentiment plein de vie, à ce désir indestructible, à cette douce croyance, et sur sa bannière brille cette inscription : Immortalité. » Les notes de M. Lortet sont remplies d'une érudition saine et bien choisie. Nous signalons surtout la quatorzième sur le *génie de la langue allemande*, extraite de l'ouvrage de Jahn sur la gymnastique, et la quarante-troisième qui renferme un parallèle entre *Gœthe* et *Schiller*.

Nous ne croyons pas mieux pouvoir terminer cet article qu'en rapportant quelques passages de la première note. « La langue allemande réunit l'originalité à une ductilité très-étendue, le grand âge à la fraîcheur de la jeunesse : c'est une œuvre faite d'un seul jet. Sa grande richesse en mots radicaux lui donne une supériorité positive; l'abondance et la précision des mots auxiliaires employés dans la formation d'autres mots, forment un trésor inépuisable. Ce qui est possible en allemand est par-là même réel. Toute distinction de mots en *vieux* et *nouveaux* y est une chose incertaine. Il n'existe point de différence de rang entre les premiers nés et les plus tardifs. Dans la faculté, dont jouit cette langue pour la formation des mots, se trouve le principe de son rajeunissement : elle est la source de son immortalité. »

« Par la facilité qu'on a de décomposer, de transposer et de composer les mots, la langue allemande possède une configuration multiple, qui permet de la faire marcher dans toutes les directions. Comme langue originale, elle a pour dot une clarté dont manque toute langue bâtarde. Elle est intuitive, vit par l'intuition et pénètre dans la profondeur du sentiment. Elle a conservé une simplicité enfantine, elle est expressive dans les images, édifiante dans le discours, entraînante dans le chant, énergique et concise dans les sentences. »   W.

# III. MÉLANGES ET VARIÉTÉS.

### *Société des sciences à Gœttingue.*

Dans la séance du mois de décembre dernier, dont nous avons parlé dans notre sixième numéro (page 392), le professeur Tychsen, président de la société, a donné lecture de la seconde partie d'un mémoire sur l'origine de l'histoire ancienne des Perses, et sur la foi qu'on peut y ajouter. Voici une analyse de cet important travail. Dans la première partie de ce mémoire M. Tychsen s'était arrêté à la dynastie des Sassanides; la seconde traite des Arabes et de la Perse moderne. « Les Arabes, dit M. Tychsen, faisaient peser leur joug beaucoup plus sur les Perses que sur les autres nations, parce qu'ils les méprisaient comme adorateurs du feu et idolâtres, et parce qu'ils craignaient qu'un peuple si nombreux, ayant une religion et une langue particulière, ne fût difficile à gouverner, aussi long-tems que le puissant ordre des Mages existerait. Ils détruisirent donc les temples, brûlèrent les livres, forcèrent les vaincus à embrasser l'islamisme, donnèrent tous les emplois à des Arabes, et ordonnèrent qu'à l'avenir on ne se servirait que de la langue arabe dans les affaires publiques. Les Mages s'opposèrent à ces prétentions, et il paraît que cette lutte donna naissance à plusieurs livres écrits en ancien perse. Cette tyrannie diminua cependant sous le règne des Abbassides, originaires de la Perse; leurs sujets, et surtout les habitans du Khorasan, commencèrent à se familiariser avec la civilisation de leurs maîtres, tandis que de leur côté les Arabes étudiaient les traditions, l'histoire et la philosophie pratique des Perses. En 731, Hescham II fit traduire une histoire des Sassanides dont Massudi a vu au dixième siècle un très-beau manuscrit. Un auteur persan, Mokaffa (ou Mukni, Mukfa, Mokanna) traduisit, sous le règne du second Abasside, plusieurs ouvrages, tels que le *Calila vt Dimna*, les règles du roi Ardschir, les traditions d'Esphendiar, de Rustem et d'autres héros, une histoire de Nushirvan et Tarich Fars, une histoire de Perse écrite sous les Sassanides. Depuis cette époque les Perses s'adonnèrent à la langue arabe, et un grand nombre d'entre eux publièrent des ouvrages arabes sur différentes branches des sciences. On remarque parmi eux Behram, auteur d'un livre sur Moïse et sur Jésus-Christ; Chosru, Hescham, et Cassim d'Ispahan, qui a laissé une histoire des rois parthes et quelques biographies. L'histoire fut encore cultivée avec plus de zèle vers la fin du dixième siècle, lorsque les Samanides, famille persane, gouvernèrent la Perse orientale. Mansur, fils de Nuh, se proposa de rassembler des matériaux pour composer une histoire du pays, et en chargea particulièrement son vizir Abu Mansur. Le ministre recueillit un nombre considérable d'ouvrages historiques, et avec le secours de quelques savans il écrivit le *Schachnameh*, ou le livre des rois. D'après la déclaration que fait l'auteur lui-même dans la préface, son ouvrage paraît avoir été fait avec peu d'exactitude. Il se borne à citer les sources auxquelles il a puisé, sans s'expliquer davantage sur leur contenu, et il fait à peine mention du *Tarich Fars*, qui lui a servi principalement de guide. Il ne fait aucune distinction entre l'histoire proprement dite et les traditions fabuleuses. Ces traditions, conservées en partie dans le Khorasan et la Perse orientale, étaient déjà altérées depuis plusieurs siècles, et c'est de là que proviennent ces noms modernes de pays et de villes qu'on trouve fréquemment dans ce recueil. Il n'y est presque question que des guerres avec les Turaniens, tandis que les grands événemens arrivés dans la Perse occidentale y sont passés sous silence. L'ordre chronologique n'était pas suivi, et ce n'est qu'après que l'ouvrage fut terminé qu'on l'y ajouta; mais comme il fallut répartir un laps de tems de trois mille ans entre les règnes de vingt rois, les seuls dont les traditions eussent conservé les noms, on donna à quelques-uns de ces règnes une durée de plusieurs siècles. C'est ainsi que celui de Rustem, l'un des princes qui rendit le plus de services à son empire, se trouve avoir six cents ans. Malgré ces défauts, le livre des rois pourrait être d'une grande utilité pour l'histoire, s'il avait été conservé intégralement. Mais on n'en possède qu'un extrait en vers, le *Schachmaneh* de Ferdusi, qui a souvent sacrifié la vérité pour donner plus de charmes à sa poésie. L'idée singulière de mettre en vers l'histoire d'un grand empire, fut déjà conçue sous les Samanides par le poète Dekiki ; mais ce n'est que sous le règne de Mahmud, prince issu de la dynastie des Ghasnevides, que Ferdusi la réalisa, et le vieillard Assedi, maître de Ferdusi, termina le poëme de son élève en y ajoutant l'histoire de la conquête de la Perse par les Arabes. Un grand nombre des traditions, qui composent ce poëme, avaient été déjà traitées antérieurement par Dekiki, Assedi, Ansari et Ferdusi. Mahmud avait rassemblé des traditions sur Sam, Zal et Rustem, et avait puisé dans une histoire de Perse par Horferose. Ferdusi doit avoir apporté à Ghasna une histoire des rois de Perse que Mahmud compara avec le *Basitan Nameh* et quelques autres ouvrages historiques de la bibliothèque de son souverain. Il est même question dans ce poëme d'un ouvrage écrit en pelwi, ou traduit du pelwi, sans qu'on puisse cependant déterminer s'il traitait de la mythologie ou de l'histoire. En général, il est difficile de démêler l'histoire qui sert de base au poëme de Ferdusi, et comme les annalistes qui lui ont succédé n'ont puisé que dans son ouvrage, il faut convenir que l'histoire ancienne de Perse, telle que les auteurs persans nous l'ont transmise, est très-vague et très-incertaine. Il faudrait, en tout cas, la comparer avec les plus anciens historiens arabes qui nous ont été conservés, tels que Abu Giafar al Tabari, qui a écrit cinquante ans avant la confection du *Schachnameh* historique; Masuti qui a vécu au milieu du dixième siècle et qui probablement s'est servi du *Basitan Nameh*; Hamzah d'Ispahan qui, long-tems avant Ferdusi, a écrit avec beaucoup d'exactitude une histoire de Perse. On conserve un manuscrit de ce dernier ouvrage dans la bibliothèque de Leyden, et il faut espérer que M. Hamacker publiera dans son catalogue des extraits qui jetteront une lumière nouvelle sur l'histoire ancienne des Perses."

J.

*Universités allemandes. — Epoques de leur fondation.*

En donnant à nos lecteurs la liste des universités que l'Allemagne possède, nous avons cru qu'il ne serait pas sans intérêt de faire connaître l'époque de la fondation de chacune d'elles. Nous suivrons l'ordre chronologique dans cet aperçu.

L'université de Prague a été fondée en 1348.
— de Vienne — 1365.
— de Heidelberg — 1368.
— de Würzbourg — 1403.
— de Leipsig — 1409.

l'Université de Rostock a été fondée en 1419.
— de Greifswalde — 1456.
— de Fribourg — 1457.
— de Bâle — 1460.
— de Tübingue — 1477.
— de Marbourg — 1527.
— de Kœnigsberg — 1544.
— de Jéna — 1557.
— de Giessen — 1607.
— de Kiel — 1665.
— de Halle — 1694.
— de Breslau — 1702.
— de Gœttingue — 1734.
— d'Erlangen — 1743.
— de Landshut — 1810.
— de Berlin — 1810.
— de Bonn — 1818.

Quelques universités, célèbres par leur antiquité et par les savans qui les ont illustrées, ont été supprimées dans les dernières révolutions. Ce sont les suivantes :

Celle de Mayence, fondée en 1477, a été abolie en 1790.
— de Stoutgardt, — 1784, — 1794.
— de Cologne, — 1388, — 1798.
— de Bamberg, — 1648, — 1803.
— de Dillingen, — 1549, — 1804.
— d'Altdorf, — 1678, — 1809.
— de Rinteln, — 1623, — 1809.
— de Salzbourg, — 1623, — 1809.
— d'Ingolstadt, — 1472, — 1810.

Celle d'Erfurt, fondée en 1392, a été abolie en 1815.
— de Wittenberg, — 1502, — 1815.

L'université d'Ingolstadt a été transférée à Landshut; celles d'Erfurt et de Wittenberg ont été réunies à l'université de Halle.

J.

## *Ecoles d'enseignement mutuel dans le Danemarck.*

Les écoles lancastriennes se multiplient tous les ans dans le Danemarck. Le gouvernement vient de fonder à Ekkernfœrde une école normale, destinée à former des instituteurs d'après cette méthode pour tout le Danemarck. Il se fait présenter annuellement un rapport sur toutes les écoles de ce genre qui sont dans le royaume et sur le succès de leurs travaux. Une commission attachée à l'école normale, dont nous venons d'annoncer l'institution, est spécialement chargée de propager ce mode d'enseignement, et d'en provoquer l'introduction dans toutes les provinces. Des ordres ont été donnés aux autorités administratives, pour qu'elles aient égard aux besoins de cette méthode dans toutes les constructions de maisons d'écoles, de manière à laisser à chaque enfant un espace de dix pieds carrés. Les 236 tableaux employés dans l'enseignement mutuel se vendent dans les deux langues, danoise et allemande, pour le modique prix de 6 thalers, ou 24 francs. Les instituteurs reçoivent, outre ces tableaux un commentaire qui contient tous les développemens et les explications nécessaires. Dans cet ouvrage, qui est dû aux soins d'une société de savans, on a introduit différentes modifications, afin de combiner les avantages du mode d'instruction suivi jusqu'à présent avec ceux que présente la nouvelle méthode.

J.

## Nouvelles diverses.

*Halle.* On connaît les bienfaits que Franke a répandus sur cette ville, par les pieuses et philanthropiques institutions qu'il y a fondées. Le professeur Knapp, l'un des directeurs de ces établissemens, est décédé, et M. le chancelier Niemeyer, son collègue, s'est adjoint le professeur Jacobi, qui vient d'être confirmé dans ces fonctions par une ordonnance royale.

*Hofwyl.* L'institut de M. de Fellenberg, pour l'éducation des enfans pauvres, compte en ce moment quatre-vingts élèves. Un établissement semblable, pour les jeunes filles, vient d'être formé et promet des résultats aussi satisfaisans.

*Culture des arbres fruitiers, enseignée dans les écoles d'Allemagne.* Dans un grand nombre de communes, l'administration fait enseigner, dans les écoles, l'art de planter et de cultiver les arbres fruitiers. Il résulte d'un rapport, fait par l'autorité administrative de Düsseldorf sur les progrès de cette partie de l'agriculture, dans le district soumis à sa surveillance, que depuis peu d'années 160,000 pieds d'arbres fruitiers ont été plantés dans les environs de la ville, par les maîtres d'école, d'après les leçons de M. Weyhe, jardinier du roi.

*Abo en Irlande.* Cette université voit augmenter tous les jours son importance littéraire et scientifique, sous la direction paternelle de son chancelier, le ministre secrétaire d'état baron de Rehbinder. Elle lui doit l'achat de la bibliothèque du professeur Haubold, mort à Leipsig, laquelle contient, entre autres recueils importans, une collection complète des ouvrages de jurisprudence grecque et romaine. On évalue cette augmentation de la bibliothèque publique d'Abo, à 10,000 volumes.

*Berlin.* La liste des cours donnés dans cette université, pendant le semestre d'été, contient les noms de près de cent professeurs. Ce sont les facultés de médecine et de philosophie qui tiennent les cours les plus nombreux. Il est à regretter que l'état de la bibliothèque ne soit pas en harmonie avec la prospérité des autres parties de l'université. Les fonds, que le chancelier d'état, M. de Hardenberg, lui avait destinés, ont été beaucoup réduits, et il n'est plus question d'achats considérables. Les fonctionnaires, qui se servent également de cette bibliothèque, entravent encore l'usage qu'en devraient faire les étudians. On se plaint d'ailleurs de ce que les bibliothécaires n'ont pas toute l'urbanité qui distingue les personnes chargées de cet emploi en France, en Angleterre et dans d'autres parties de l'Allemagne.

*Upsala.* Dans le mois de janvier cette université a perdu le célèbre professeur et orientaliste Norberg, mort dans sa 79$^e$ année. Il avait été pendant quelque tems professeur à Lund. Avant sa mort il est encore parvenu à achever le catalogue de tous les manuscrits orientaux que possède la bibliothèque d'Upsala.

*Munic.* Le 28 avril une députation de magistrats et de représentans de cette capitale, a été appelée auprès de Sa Majesté, qui lui a déclaré qu'elle a résolu de faire transporter l'université de Landshut à Munich. Cette petite ville sera dédommagée par quelques branches de l'administration, qu'on y établira. L'université ne pourra que gagner à ce changement; car la capitale possède un musée des arts, une grande bibliothèque, un jardin botanique, des hôpitaux et plusieurs autres établissemens nécessaires aux étudians. On dit que le nombre des professeurs sera considérablement augmenté, et on nomme parmi ceux que le roi de Bavière a l'intention d'y appeler M. Frédéric de Schlegel qui est à Rome, et M. Gœrres qui se trouve en ce moment à Strasbourg.

— Le second numéro de l'*Atlantis* vient de nous parvenir. Dans un prochain numéro nous en donnerons quelques extraits; nous nous bornons maintenant à en indiquer le contenu. 1° Suite de l'aperçu historique des opérations les plus importantes de la seconde séance du dix-huitième congrès des Etats-Unis; 2° Aperçu historique sur le gouvernement des Etats-Unis, depuis la constitution de 1787; 3° Extraits de documens sur le message du Président, du 5 décembre 1825; 4° Nécrologie et esquisse biographique du commodore américain Macdonough; 5° Proclamation du président des Etats-Unis du Mexique, à l'occasion de la reddition de S$^t$-Jean d'Ulloa; 6° Déclaration de l'indépendance des provinces du Haut-Pérou; 7° Essai sur la nécessité de former une confédération générale des états espagnols dans l'Amérique du sud, et sur le plan de son organisation, par D. Bernarda de Montragudo; 8° Traité sur une confédération et une alliance perpétuelles entre les républiques du Mexique et de Colombie; 9° Note diplomatique du secrétaire d'état de Buénos-Ayres, adressée au ministre des affaires étrangères de l'empire du Brésil, avec la déclaration de guerre de l'empereur du Brésil, en réponse à cette note; 10° Traité conclu entre S. M. I. l'empereur du Brésil et S. M. T. F. le roi de Portugal, à l'occasion de la reconnaissance de l'empire du Brésil, le 29 août 1825, sous la médiation de la Grande-Bretagne; 11° Extrait du traité d'amitié, de commerce et de navigation, conclu le 18 octobre 1825 à Rio-Janéiro, entre le Brésil et la Grande-Bretagne; 12° Extrait du traité conclu à Rio-Janéiro, le 12 octobre 1825, entre la Grande-Bretagne et le Brésil, concernant l'abolition de la Traite des nègres ; 13° Correspondance diplomatique entre le gouvernement des Etats-Unis et le ministre anglais accrédité auprès de lui, au sujet d'une convention à conclure, pour empêcher la Traite des noirs; 14° Constitution des Etats-Unis du Mexique; 15° Notices géographiques et statistiques ; 16° Récompense honorable accordée au mérite.

— On vient de découvrir à Londres, dans les archives de l'État, de nouveaux trésors littéraires. Le hazard a fait trouver un gros paquet de manuscrits qui contiennent une histoire de la vie publique et privée de Milton. Ces papiers avaient été saisis sous le règne de Charles II, et étaient restés inaperçus jusqu'à ce moment dans le bureau des archives. Une nouvelle vie de ce poète célèbre, écrite par l'éditeur de ses poëmes, est maintenant sous presse. Elle contiendra des faits extrêmement curieux dont on n'avait pas encore eu connaissance, et qui sont consignés dans les documens nouvellement découverts. Il paraît que ces manuscrits ont été possédés par la veuve de Milton.

*(Journal universel de Stoutgard.)*

# I.
# ANALYSES ET ANNONCES D'OUVRAGES.

## LITTÉRATURE.

*Friedrich Heinrich Jacobi's auserlesener Briefwechsel*, etc. — Correspondance choisie de Fréderic Henri Jacobi. Vol. I. Leipsic, 1825.

Cette correspondance, dont le premier volume s'étend depuis 1762 jusqu'à 1789, nous ramène au milieu de l'époque la plus brillante de l'histoire littéraire de l'Allemagne. Pendant long-tems ce pays avait semblé être condamné à rester à jamais la patrie du mauvais goût; mais tout-à-coup, comme si le génie allemand n'avait fait jusque-là que développer en silence ses forces, on vit éclore au milieu de cette nation une foule de talens, qui s'efforçaient à l'envi de l'enrichir de chefs-d'œuvre en tout genre, et qui portèrent en peu d'années sa littérature, à peine naissante, à une hauteur, où elle peut disputer la supériorité à la littérature des pays les plus civilisés de l'Europe. Doué d'autant de goût que d'esprit philosophique, occupant d'ailleurs un rang distingué dans la société, Jacobi était en relation avec la plupart des hommes célèbres qui ont illustré cette époque. Ami intime de Wieland, de Lessing, de Lavater, de Herder, de Hamann, il entretenait une correspondance scientifique avec Mendelsohn, Jean de Müller, Kant et Fichte; et sans produire un seul livre volumineux, Jacobi contribua beaucoup à l'immense mouvement des esprits, qui caractérise en Allemagne la seconde moitié du dix-huitième siècle, et qui produisit tant d'ouvrages d'un mérite supérieur, et surtout à cette révolution philosophique, qui, en donnant une nouvelle impulsion à la spéculation, a fait naître tant de systèmes d'une profondeur étonnante, et a communiqué à toute la philosophie des Allemands un génie particulier, dont elle est restée animée jusqu'aujourd'hui. La correspondance, que nous annonçons, peut servir en quelque sorte de mémoires sur cette époque remarquable. En la parcourant, nous devenons, pour ainsi dire, les contemporains des grands hommes, qui y ont vécu; nous sommes témoins de leurs immenses travaux, nous assistons à leurs entretiens les plus secrets, nous apercevons avec admiration l'ardent amour pour les sciences dont ils étaient animés, et leur activité prodigieuse : mais malheureusement, les dissensions que nous voyons souvent règner entre eux, leurs démêlés d'amour-propre, leurs haines, ne nous fournissent que trop d'exemples propres à nous convaincre, que la grandeur du génie ne suppose pas nécessairement la grandeur du caractère, et que le savoir le plus vaste peut subsister à côté de sentimens peu élevés, et de toutes les petitesses de l'amour-propre le plus susceptible.

Mad. de Staël, dans son ouvrage sur l'Allemagne, a consacré un article entier à Jacobi, qu'elle met au rang des hommes de lettres les plus distingués des tems modernes; mais elle n'entre pas dans les détails de sa vie, et ne considère sa philosophie que sous le point de vue de la morale, dont cependant Jacobi s'est beaucoup moins occupé que de la métaphysique, sur laquelle il a exercé une influence marquée. Cet illustre écrivain, auquel les philosophes allemands assignent d'un commun accord un rang si élevé, mérite d'être mieux connu en

France. Peut-être qu'une esquisse de sa vie et de son système philosophique ne sera pas sans intérêt pour des lecteurs français; sa correspondance, qui est d'ailleurs enrichie d'une notice biographique très-bien faite, et ses œuvres, publiées à Leipsic depuis 1812 jusqu'à 1825, en 6 volumes in-8, seront les sources dans lesquelles nous puiserons nos matériaux.

Fréderic-Henri Jacobi naquit à Dusseldorf en 1749. Son père, qui était négociant, jouissait d'une fortune considérable et de la réputation d'un homme de bien. Il reçut sa première éducation dans la maison paternelle; malheureusement l'homme de lettres, auquel elle était confiée, était un pédant maussade, et peu propre à développer les talens de son jeune élève. Aussi les progrès que Jacobi fit sous un tel maître, n'étaient pas brillans; l'instituteur, ainsi que son père désespéraient de voir jamais en lui un homme distingué, et auguraient infiniment mieux de son frère aîné, Jean-Georges, qui devint célèbre dans la suite par ses poésies pleines de grâce et de sentiment. Mais tandis qu'il ne s'occupait qu'avec aversion des langues et des autres sciences, qui font l'objet de la première instruction, les leçons de religion seules lui inspiraient un vif intérêt et excitaient toute son attention. Dès sa tendre enfance, le sentiment religieux, qui resta prédominant dans son caractère, et qui, dans la suite, donna à tout son système philosophique la tournure particulière qui le distingue, éclatait en lui avec une force étonnante. Il cite lui-même à ce sujet un trait bien remarquable. (1)

Agé de 8 à 9 ans, en méditant un jour sur l'éternité, il fut saisi tout-à-coup de l'idée d'un avenir sans bornes, avec une

---

(1) OEuvres, vol. 4, sect. 2, p. 67 et suivantes.

telle violence, qu'après avoir poussé un haut cri, il tomba comme évanoui. Revenu à lui, il se sentit comme entraîné involontairement à renouveler en lui la même idée ; et toutes les fois qu'elle se présentait à son esprit, elle le remplissait d'un sentiment de désespoir inexprimable. Long-tems il eut toute la peine possible à se défendre contre les impressions terribles de cette idée, qui, quoique dégagée des terreurs enfantines, avec lesquelles elle lui apparaissait dans son premier âge, n'a jamais cessé de faire sur lui un effet extrêmement violent, à tel point, qu'il était convaincu lui-même, qu'en la renouvelant plusieurs fois de suite, il aurait pu se donner la mort. (1)

Jacobi fut destiné par son père à l'état de négociant, et envoyé d'abord à Francfort, plus tard à Genève, pour en faire l'apprentissage. Mais il n'avait aucune inclination pour cet état. Peu à peu un goût décidé pour les études s'était emparé de son âme, et ne faisait qu'augmenter, à mesure que ses connaissances s'étendaient davantage. Les moyens d'instruction que Genève lui offrait en si grand nombre, les mœurs hospitalières des habitans de cette ville, et le bon ton qui y règne généralement dans la société, lui en rendirent le séjour très-agréable ; et les leçons de Bonnet, de Lesage, professeur de mathématiques, et de plusieurs autres hommes de lettres très-distingués, qui d'ailleurs l'avaient admis dans leur intimité, et dirigeaient ses études par leurs conseils, le consolaient du dégoût que ne cessait de lui inspirer le travail du comptoir. Guidé, encouragé par de tels maîtres, Jacobi se livrait aux études avec une ardeur infatigable, et fit des progrès si rapides, que ses professeurs mêmes en furent étonnés. Lesage fut un

---

(1) OEuvres, vol. 4, sect. 2, p. 69.

des premiers qui reconnurent le génie dont son jeune élève était doué. Il lui écrivit en 1763 (1) : « Si j'ai à me plaindre du ciel, c'est de ne vous avoir pas laissé libre de donner essor à vos grands talens. O quels succès n'auriez vous pas eus dans la poésie et l'éloquence, comme dans la morale délicate et sublime, sans laquelle les beaux-arts ne sont qu'une vaine harmonie ! Non, je ne crois point trop hasarder en présumant que vous nous eussiez consolé de la perte de Shaftesbury ou de Rousseau. » On voit par ce passage que, quoique Jacobi se fût livré, à Genève, avec prédilection à l'étude de la philosophie, il n'avait pas négligé pour cela de former son goût par la lecture assidue des meilleurs écrivains. En effet, c'est à l'étude approfondie des auteurs français, les plus distingués par la beauté du style, qu'il devait non-seulement la pureté avec laquelle il écrivait le français, mais c'est peut-être encore à la même cause qu'il faut attribuer, du moins en grande partie, le goût et l'élégance, qui distinguent tous ses écrits, et le charme qu'il savait répandre sur les matières les plus abstraites.

Après être resté trois ans à Genève, Jacobi fut rappelé par son père, pour se charger des affaires de son commerce. Ce fut avec une véritable douleur qu'il quitta une ville qui lui offrait tant de moyens pour satisfaire son goût pour les études, et dans laquelle il avait vécu dans des relations si agréables. Pendant long-tems il avait bien de la peine à s'accoutumer à sa nouvelle position et aux occupations qu'elle lui imposait ; et il n'a jamais cessé de compter les années qu'il avait passées à Genève parmi les plus heureuses de sa vie.

---

(1) Voy. Corresp. p. 9.

Quoiqu'au milieu des affaires du commerce, il sut toujours se ménager des loisirs, pour continuer ses études, qui prenaient de plus en plus une direction décidée vers la philosophie, il est cependant probable que son génie ne se serait jamais développé dans toute sa force, s'il n'eut trouvé bientôt le moyen d'entrer dans une autre carrière, plus appropriée à ses talens et à ses goûts. Sur la recommandation du comte de Goltstein, alors gouverneur de Dusseldorf, qui avait reconnu les connaissances approfondies que Jacobi s'était acquises en économie politique, il fut placé, peu d'années après son retour de Genève, dans le conseil des finances de l'administration du duché de Berg, et reçut quelque tems après le titre de conseiller intime. Quoique les services signalés qu'il rendit dans cette place ne fussent pas appréciés et récompensés comme ils l'auraient mérité, l'idée du bien qu'elle lui offrait l'occasion de faire, et le loisir qu'elle lui procurait, l'engageaient à la conserver jusqu'en 1794, où les événemens de la guerre, dont les environs de Dusseldorf furent pendant quelque tems le théâtre, le déterminèrent à quitter sa patrie et à se retirer dans le Holstein, où il était appelé par les vœux de plusieurs de ses amis les plus intimes.

La situation de Jacobi pendant cette époque de sa vie, fut en général douce et heureuse. Il jouissait d'une fortune indépendante; il occupait un rang distingué dans la société; les affaires de sa place ne l'empêchaient pas de se livrer à des travaux littéraires; il se trouvait en relation avec les hommes les plus distingués de l'Allemagne; et sa belle campagne de Pempelfort près de Dusseldorf, qui lui offrait un séjour délicieux pendant la plus grande partie de l'année, était le rendez-vous ordinaire de la meilleure société des environs, et souvent pour ses illustres amis un lieu de refuge, où ils venaient se reposer de leurs travaux et oublier les malheurs qu'ils avaient éprouvés, et l'ingratitude des hommes, dont ils avaient fait l'expérience.

Parmi les hommes qui ont exercé le plus d'influence sur Jacobi, il faut compter Wieland et Gœthe. Le premier, dont il fit la connaissance dès 1770, lui inspira d'abord une estime sans bornes. Plein d'admiration pour le génie de cet auteur fécond et élégant, Jacobi était encore enthousiasmé de son caractère, et presque porté à le considérer comme un être idéal. Voici le portrait qu'il en fait dans une lettre datée de l'année 1771 (1) : « Wieland, auquel le ciel a confié non-seulement la lyre d'Apollon, mais encore la bonté sublime de ce Dieu, Wieland, qui est la franchise même, et ennemi de toute dissimulation, est d'une taille moyenne; ses formes sont maigres et délicates. A la première vue, sa figure n'annonce pas un homme éminent; ses yeux sont petits et sans éclat; ses traits, altérés par les traces profondes de la petite vérole, ne sont pas assez saillans pour exciter l'attention. Mais tous ses gestes annoncent d'une manière toute particulière le feu de son génie et l'originalité de ses sentimens. Quand il est fortement ému, tout son corps entre dans un tressaillement qui est presque imperceptible; ses muscles s'étendent, ses yeux deviennent plus brillans, sa bouche s'ouvre tant soit peu; il reste ainsi dans une espèce de stupeur, jusqu'à ce qu'il ait prononcé quelques paroles, ou serré la main de son ami. Wieland passe subitement d'un objet à un autre, parce qu'il ne lui faut qu'un clin-d'œil pour embrasser de son esprit ou de son cœur toute une suite de pensées, ou une situation toute entière; il perdrait son

---

(1) Correspond. p. 35 et 42.

tems s'il voulait s'y arrêter plus long-tems. D'epuis que je le connais personnellement, je m'estime infiniment plus heureux d'être son ami, qu'auparavant. Ses sentimens naturels et mâles, son amour ardent et désintéressé pour ce qui est beau et vrai, son éloignement pour toute espèce d'envie et de jalousie, sa modestie sincère, sa franchise extrême, et beaucoup d'autres qualités excellentes, font aimer et respecter son caractère autant que son génie. Notre amitié alla en peu de jours jusqu'à la familiarité la plus intime. Wieland m'a souvent dit qu'il se retrouvait si bien dans mon esprit et dans mon cœur, qu'il pourrait dire de moi, comme la Galathée de Rousseau en touchant la main de Pygmalion : C'est moi. »

En effet, Wieland, de son côté, avait conçu pour Jacobi la plus haute estime et un attachement extraordinaire. Mais il y avait trop d'enthousiasme dans l'amitié de l'un et de l'autre, pour qu'elle pût être bien solide. Wieland qui, malgré toute la modestie que lui attribuait Jacobi n'était pas sans amour-propre, fut blessé par les observations franches et sévères que ce dernier s'était permis de faire sur plusieurs de ses ouvrages, notamment sur *Agathon* (1). Jacobi, de son côté, fut vivement indigné des éloges que Wieland avait prodigués dans le journal qu'il publiait alors, intitulé *le Mercure allemand*, à un roman de Nicolaï, éditeur de la *Bibliothèque allemande universelle*, dans lequel Jacobi avait cru reconnaître (peut-être à tort) une satire contre son frère. La froideur avait remplacé l'enthousiasme dont ils s'étaient sentis animés l'un pour l'autre. Peu de temps après, Wieland ayant inséré dans le même journal un article, dans lequel il défendait le droit divin des princes, Jacobi, tout outré, lui écrivit : « Il

---

(1) Voy. Corresp. p. 69, etc.

y a inimitié décidée entre l'esprit qui a dicté cet article et le mien;" et il rompit entièrement avec lui.

Cette liaison avec Wieland, quoique de peu de durée, avait été pour Jacobi d'une haute importance. Wieland avait enrichi son esprit d'une foule d'idées; c'était encore lui qui l'avait engagé à rédiger plusieurs articles qui furent insérés dans le *Mercure allemand*, et qui, quoique les premiers essais de Jacobi, firent voir de quoi il serait capable, dès qu'il aurait l'ambition de devenir auteur.

Il le devint, encouragé par Gœthe, dont il fit la connaissance en 1774, et qui, comme il s'exprimait lui-même, lui communiqua bientôt une âme nouvelle. Gœthe avait conçu une haute idée des talens de Jacobi, et ne cessait de lui répéter, qu'au lieu de se contenter de jouir seulement des productions des autres, il devait essayer de produire lui-même, et de faire usage du génie dont Dieu l'avait doué (1). Cédant aux instances d'un tel ami, Jacobi publia dans un journal, intitulé *Iris*, les premières lettres d'*Alwill*, et le commencement de *Woldemar* dans le *Mercure allemand*. Ces deux ouvrages, que Jacobi continua dans la suite, mais qu'il n'a jamais achevés, doivent être considérés plutôt comme des livres philosophiques, que comme des romans. On pourra leur reprocher, que les événemens, qui en composent la fable sont en général sans intérêt, que la sensibilité des personnages qui y figurent au premier rang, est souvent exagérée et bizarre. Mais on avouera que les idées philosophiques que l'auteur y a déposées sont presque toujours originales et profondes, et constamment exprimées avec un goût et une éloquence admirables.

---

(1) Voy. la Dédicace de Woldemar à Gœthe, OEuvres, T. 3.

En 1785 il publia ses *Lettres à Mendelsohn sur le système de Spinoza*. Cet ouvrage fut reçu avec défaveur. Il est vrai qu'on rendit justice à la persévérance avec laquelle Jacobi avait pénétré dans les profondeurs du système de Spinoza, et à la sagacité avec laquelle il en avait saisi le véritable sens; mais on trouva bien étrange son assertion, que la philosophie de la démonstration, comme il l'appelait, c'est-à-dire la philosophie qui prétend que le raisonnement logique seul suffit pour nous élever aux vérités les plus sublimes et pour les démontrer d'une manière indubitable, conduit nécessairement au Spinozisme et parconséquent au fatalisme ; qu'il y a des vérités qui ne sont pas le résultat du raisonnement, qui ne peuvent pas être démontrées, qui sont vraies par elles-mêmes, et doivent être embrassées par la *foi*, et que cette *foi* constitue le premier principe de toute philosophie. Bientôt des voix s'élevèrent de tous côtés contre ces assertions ; on alla même jusqu'à dire que leur auteur était un mystique, un homme superstitieux, un enthousiaste insensé.

Jacobi defendit et développa ses principes dans son *Dialogue sur le Réalisme et l'Idéalisme*, publié en 1787, dans son *Epître à Fichte*, publiée en 1799; plus tard dans son ouvrage sur les choses divines et leur révélation, et dans son *Introduction à ses œuvres philosophiques.* (1)

Dans l'état où se trouvait alors la philosophie, surtout la métaphysique, les principes de Jacobi durent nécessairement paraître étranges, et trouver des adversaires nombreux, d'autant plus que dans le commencement on ne les comprenait pas bien, et que peu à peu seulement, et à mesure que l'au-

---

(1) OEuvres, T. 2.

teur lui-même les présentait avec plus de développement, on en saisissait le vrai sens. Jusqu'au milieu du dix-huitième siècle, la philosophie dominante en Allemagne avait été celle de Wolf, dogmatisme achevé, qui, en considérant les sensations et le raisonnement logique comme la source unique de toute vérité, prétendait démontrer, par les syllogismes, d'une manière indubitable les vérités les plus sublimes, qui, de tout tems, ont été l'objet des spéculations philosophiques : la spiritualité et l'immortalité de l'âme, la liberté de la volonté, l'existence d'un Dieu tout-parfait, et d'un monde invisible. Il est vrai que peu après le commencement de la seconde moitié de ce siècle, les philosophes allemands, pour imiter le goût et l'élégance, qu'ils voyaient régner dans la littérature philosophique des Français et des Anglais, abondonnèrent presque tous la méthode mathématique de Wolf, dont la sécheresse rebutait tous les lecteurs; mais ses principes n'en continuaient pas moins de dominer la philosophie; on songeait d'autant moins à les soumettre à un nouvel examen, que pendant longtems la psycologie était à la mode, et occupait presque exclusivement les philosophes allemands. Peu à peu cependant quelques têtes pensantes avaient commencé à sentir confusément, que les raisonnemens de l'école de Wolf reposaient quelques fois sur des bases bien peu solides. Les ouvrages des encyclopédistes français, de Voltaire, de Helvétius, le fameux Système de la Nature, qui se répandirent rapidement en Allemagne et y furent lus avec avidité, ébranlèrent encore d'avantage la considération dont le dogmatisme de Wolf avait joui jusqu'alors; les *Essais* de Hume, qui par un raisonnement serré et profond attaquaient les bases les plus solides de la philosophie du raisonnement, notamment ce principe de la causalité qu'on avait considéré jusqu'àlors comme indubitable, achevèrent de porter la confusion et l'anarchie dans la philosophie allemande; le scepticisme gagna de jour en jour plus de terrein ; la morale même fut atteinte de cet ébranlement général ; et en se relâchant de sa sévérité sublime, elle finit par dégénérer en science de l'intérêt bien entendu, et devint incapable d'inspirer l'enthousiasme des belles actions et du dévoûment désintéressé.

Cet état de la philosophie fixa l'attention de Kant, et détermina les recherches auxquelles il a consacré sa vie. La sagacité de son esprit lui avait fait découvrir facilement la faute capitale que la philosophie avait commise jusqu'alors, de s'en tenir avec une aveugle confiance au raisonnement et de le considérer comme un moyen, qui, joint à l'observation, pouvait conduire à la connaissance de toutes les vérités, sans avoir préalablement soumis l'entendement même à une analyse rigoureuse, sans avoir déterminé avec précision les lois auxquelles il est attaché dans toutes ses opérations et les limites qu'il ne lui est pas permis de franchir, et au-delà desquelles commence pour lui la région de l'inconnu. Kant declara par conséquent, que le dogmatisme, et le scepticisme ne menaient à rien, que pour arriver dans la philosophie à des principes solides et inébranlables, il fallait suivre une méthode toute différente qu'il appela le *criticisme*, et qui, selon lui, consistait précisément dans cette analyse des lois de l'entendement, et dans la recherche des bornes, où toute son activité doit nécessairement s'arrêter. Kant, plein d'un courage sublime, entreprit cette réforme de la philosophie; il publia sa *Critique de la raison pure* en 1781; il compléta son système par la *Critique de la raison pratique* et celle du *jugement*, qui parurent en 1787 et 1790. (*La suite au prochain numéro.*) B.

7. *Hamann's Schriften, etc.* — Œuvres *de Hamann, publiées par Roth,* 8 *volumes. Berlin, chez Reimer,* 1821 — 1826.

Hamann est un des esprits les plus originaux et les plus profonds de l'Allemagne. Long-tems méconnu de sa nation, apprécié seulement par un petit nombre d'esprits du premier ordre, tels que Kant, Herder, Lavater, Gœthe, Jean-Paul, Jacobi, il resta long-tems inaperçu et sans influence directe sur son siècle, qui ne le comprenait pas. On trouve sur lui une notice assez exacte dans la *Biographie universelle* à laquelle nous renvoyons nos lecteurs. Depuis long-tems on recherchait avec soin ses ouvrages qui ne se trouvaient plus dans la librairie. Le philosophe Jacobi avait promis de les recueillir et d'en publier une édition complète. L'éditeur actuel avait été le collaborateur de Jacobi ; il vient de remplir avec zèle l'engagement que celui-ci avait contracté, et dont différentes circonstances l'avaient empêché de s'acquitter lui-même. Ainsi se trouve justifiée l'espérance que nourrissait Hamann, que la postérité rendrait plus de justice à ses travaux. " On se console facilement, dit-il dans la préface d'un recueil qu'il publia en 1762, sous le titre de *Croisades du philologue,* du double malheur de n'être pas compris de ses contemporains, et d'en être maltraité, par le pressentiment qu'une génération meilleure aura plus de lumières et de capacité. „

Gœthe, qui n'a pas peu contribué à faire réhabiliter sa mémoire, le comparait, il y a trente ans, à Vico, qui eut un sort semblable, et qu'on traduit aujourd'hui dans plusieurs langues. Herder qui fut un des premiers à lui rendre justice, en parlant d'un écrit de Hamann publié en 1762, sous le titre de *Croisades du philologue,* s'exprime ainsi dans ses fragmens sur la littérature allemande, „ le noyau de ses écrits renferme beaucoup de semences de grandes vérités, des observations neuves et une érudition remarquable; l'écorce en est un pénible tissu d'expressions énergiques, d'allusions et de métaphores. Le *philologue* a beaucoup lu, il a lu longuement et avec goût, *multa et multum.* Mais les parfums embaumés de la table éthérée des anciens, mêlés à des vapeurs gauloises, et à des émanations de l'*humeur* britannique, ont formé autour de lui un nuage qui l'enveloppe toujours soit qu'il châtie, comme Junon lorsqu'elle épie son époux adultère, soit qu'il prophétise comme la Pythonisse, lorsque du haut du trépied, elle profère en murmurant les inspirations d'Apollon. „ Herder en jugeant ainsi Hamann, imite son style. Hamann est en général obscur comme les prophètes. Gœthe a comparé ses écrits aux livres sibyllins qu'on ne pouvait pas considérer en eux-mêmes, et que l'on ne consultait que lorsqu'on avait besoin d'oracles. Toutes les fois qu'on les ouvre, dit-il (1), on croit y trouver quelque chose de nouveau, parce que le sens de chaque passage nous frappe et nous excite de plusieurs manières. Hamann n'a composé aucun grand ouvrage : ses nombreuses brochures ne dépassaient jamais cinq ou six feuilles. Jamais il ne se fit un métier de l'art d'écrire, à peine soupçonnait-il que ce fût un art. Il écrivait pour agir, il n'appartenait à aucune école, à aucun parti; à peine était-il de son siècle, avec lequel il se met constamment en opposition. Ses écrits ne sont point susceptibles d'analyse, parce que le plus souvent, ils manquent de plan et de disposition. La meilleure manière de le faire apprécier nous a paru d'extraire de ses ouvrages quelques-unes de ses pensées les plus remarquables, et, autant qu'il est possible de les traduire, les plus originales.

---

(1) *Wahrheit und Dichtung.* T. III.

*Homo sum, humani nihil me alienum puto* ( je suis homme, tout ce qui est humain m'intéresse); telle est la devise de Hamann, et en la citant, il ajoute: "Il ne faut pas chercher bien loin la cause de la grandeur d'un peuple, qui reçut ces paroles, prononcées par la bouche d'un acteur, avec de vives acclamations. On sait qu'au rapport d'un ancien, lorsque ce vers fut récité sur la scène romaine, tous les spectateurs, romains et barbares, se levèrent spontanément et firent retentir le théâtre d'unanimes applaudissemens.

« La première occupation de ma raison a été d'observer les sots et les méchans, comme les jeunes Spartiates regardaient leurs esclaves ivres. »

"Il y a une espèce de misanthropie qui n'est point l'effet d'une maladie ou de l'imagination, mais de la mélancolie de la raison, qui nous dispose autant à la vertu, que la mélancolie du tempérament nous dispose à certains arts et à certaines sciences. »

"L'état cessa d'être la *chose publique* alors que les citoyens devinrent des vassaux. Le souverain féodal était dans l'impossibilité d'être le père de la patrie, ou n'avait plus besoin de l'être. Alors le prince devint tantôt un Hobbès armé, tantôt le modèle de Machiavel, tantôt un Vespasien gouvernant par des publicains et des vampires, tantôt enfin l'esclave des prêtres. »

" On peut dire avec vérité que pour mépriser les honneurs et les richesses, on n'a qu'à regarder la plupart de ceux qui les possèdent. »

" La société et l'inégalité parmi les hommes ne sont pas l'ouvrage de la politique : ce sont les effets des dispositions de la nature, que nous avons mal entendues et dont nous avons abusé. »

« Par le commerce, tout ce qui est quelque part, se trouve

transporte partout. Il est la vraie corne d'abondance pour les peuples. Il réconcilie l'économie avec le luxe et la prodigalité. Son exercice consiste dans une exacte justice, et c'est de ses profits que le patriotisme distribue ses prix et s'acquitte de ses vœux. »

« Que d'heureuses améliorations le monde pourrait se promettre de l'esprit commercial qui commence maintenant à dominer (ceci est écrit en 1756), s'il était ennobli par des lumières et de nobles sentimens ! Peut-être alors pourrions-nous espérer avec confiance de voir renaître de leurs cendres et revivre dans toute leur force l'esprit public et les vertus civiles. Le commerce hâtera l'heureux retour de la liberté, de cette liberté qui consiste dans la faculté de pouvoir faire tout ce qui n'est point contraire au bien public, et qui bannira insensiblement cette licence effrénée avec laquelle aujourd'hui chacun se permet tout et cherche à réaliser tout ce qui lui semble utile à lui seul. Trésor inestimable, sans lequel l'homme ne saurait ni penser ni agir, dont la perte le prive de tous les avantages, c'est par toi que doit fleurir le commerce, et se répandre sur toutes les conditions. Que par toi chacun rentre dans ses droits antiques et naturels, que nous avons abdiqués pour des passions serviles et de misérables préjugés ! »

« C'est en faveur de son commerce que la Hollande abolit la tyrannie qui prétendait contraindre les consciences, et qu'elle a établi, comme loi de l'état, la liberté religieuse non moins utile que raisonnable. »

« L'esprit de commerce finira par abolir l'inégalité des conditions ; il nivellera ces éminences et ces sommités que la vanité et la cupidité ont élevées. L'impuissance de l'oisiveté cessera d'être une marque de distinction pour l'orgueil, alors que la peine et le travail donneront seuls des jouissances, de la considération et des faveurs. Les lauriers des ancêtres se flétrissent avec leurs ossemens. »

« On savait autrefois très-peu des principes du commerce. Il se faisait d'une manière grossière, et était si méprisable qu'on l'abandonnait presque exclusivement aux Juifs. Aujourd'hui on en fait une science exacte. On ne peut plus appliquer aux rois actuels le vers du satirique Regnier :

« Les fous sont aux echecs les plus proches des rois. »

« Grâces aux progrès du commerce et de l'industrie, les rois ont mieux appris à connaître le prix et l'usage de leurs sujets. Ils savent maintenant qu'un état n'est grand qu'autant qu'ils s'appliquent à multiplier leurs peuples, qu'ils regardent l'oisiveté comme un crime de lèse-majesté, et qu'ils la punissent par la faim et le mépris. »

« Les sujets ont appris à mieux apprécier les fruits de leur sol et de leurs sueurs. La philosophie n'est plus de la sculpture. Le savant est sorti des *Châteaux espagnols* du monde intellectuel et de la poussière des bibliothèques, et s'est rendu sur le grand théâtre de la nature et de ses phénomènes, de l'art et de ses instrumens, de la vie sociale et de ses ressorts ; il est devenu le spectateur attentif, le disciple, le confident du laboureur, de l'artisan, du commerçant, et par ses observations et ses recherches, il s'est fait leur aide et leur maître. » Ceci est une allusion aux travaux des encyclopédistes relativement aux arts mécaniques et industriels. (1)

---

(1) Ces passages sont extraits des notes que Hamann publia avec une traduction de l'ouvrage intitulé : *Remarques sur les avantages et les*

Un second ouvrage de Hamann, daté de Londres 1758, est intitulé : *Méditations bibliques d'un chrétien*; il est rempli d'un mysticisme élevé et souvent uni à une haute philosophie. En voici quelques fragmens :

« L'incrédulité et la superstition sont également fondées sur une physique et une histoire superficielles. Un Newton et un grand historien seront également frappés de la sagesse divine. »

« On ne devrait pas oublier dans la critique qu'on fait de la révélation, que Dieu a voulu se révéler à des hommes et par des hommes. Il ne s'agit pas d'une révélation qu'eût pu agréer Voltaire ou Bolingbroke ou Shaftesbury, qui eût satisfait le mieux leurs préjugés, leur esprit, leurs vues morales, politiques ou épiques, mais de la révélation des vérités qui intéressent tout le genre humain. Des gens qui se croient assez de lumières pour pouvoir se passer d'une instruction d'en haut, eussent trouvé des défauts dans toute autre révélation, et n'en ont pas besoin. Ils sont des sains qui n'ont pas besoin du médecin. »

« Plus la vue de la raison s'étend, plus aussi s'agrandit le labyrinthe où elle s'égare. Ainsi, lorsque les yeux sont armés d'un microscope, la peau la plus douce devient désagréable, les mets les plus appétissans, un tas de vers, et l'ouvrage de l'art le plus délicat, une œuvre grossière. »

Le troisième fragment est intitulé *Brocken*; c'est ainsi qu'on appelle en allemand les restes des mets d'un festin. Ce morceau porte ce titre par allusion à la multiplication miraculeuse des pains, (Évangile selon St-Jean, VI, 12); il est daté de 1758.

---

*désavantages de la France et de la Grande-Bretagne*, *par rapport au commerce*, traduites de l'anglais de Nickols, ouvrage pseudonyme attribué à Dangueil.

L'auteur y compare aux cinq petits pains de l'évangile, les cinq sens qui fournissent les matériaux de la pensée. " Notre raison, dit-il, est semblable au devin aveugle de Thèbes, auquel sa fille décrivait le vol des oiseaux et qui prophétisait sur ses rapports. „

Viennent ensuite des pensées détachées suggérées par la lecture. Nous transcrivons le fragment sur la liberté : il peut être curieux de voir comme un philosophe prussien, âgé de 28 ans, pensait sur ce grave sujet au milieu du dix-huitième siècle.

« On s'accorde à dire qu'il n'y a point de liberté sans loi, et l'on appelle états libres ceux où le prince aussi bien que les sujets sont soumis aux lois. Une loi n'est jamais si inquiétante et si offensante qu'une sentence arbitraire, quelque équitable que puisse être cette dernière. Le juge, dans un pays libre, obéit tout aussi bien à la loi en prononçant un jugement, que celui qui s'y soumet. Les lois ne bornent pas la liberté; elles déterminent seulement quelles seront les suites bonnes ou mauvaises de nos actions, et par cette prévision elles modifient nos volontés sans les détruire. »

Hamann a lui-même écrit l'histoire des trente premières années de sa vie. Ce mémoire est suivi de lettres souvent intéressantes, adressées à ses parens et à ses plus anciens amis, entre autres à Kant et à Emanuel Lindner (1). Dans sa vingtième lettre, au baron de W., il examine la question, alors agitée en France, si la noblesse pouvait se livrer au commerce sans déroger. Un abbé Coyer avait publié un ouvrage sous le titre :

---

(1) G. Em. Lindner, philosophe distingué, mort en 1817, a laissé un ouvrage remarquable, qui vient d'être publié par son neveu, sous le titre: *Philosophie der religiœsen Ideen*, Philosophie des idées religieuses, Strasbourg chez Treuttel et Würtz. 1825.

*De la Noblesse commerçante*, dans lequel il invitait les nobles, et surtout les cadets de famille, à préférer les dangers des entreprises maritimes aux périls de la guerre, et l'activité du comptoir aux loisirs stériles du cloître. « L'esprit des conquêtes, dit Hamann à cette occasion, est passé ; la détestable et ténébreuse politique de Machiavel s'est trahie elle-même ; le tems montrera ce que pourra la politique actuelle, avec ses nouveaux principes d'économie et de finances. Le meilleur gouvernement, ainsi que la véritable éloquence, est fondé sur la morale. Tous les projets de l'ambition ont leur source dans un désir de fruits défendus, qui portent en eux la semence de la ruine. »

Hamann avait, avant Rousseau, des idées très-saines sur l'éducation, et ce fut parce que dans ses places de précepteur il ne voulait pas suivre la routine, qu'il ne put réussir auprès des barons et baronnes de la Livonie. « Tous ces artifices, écrit-il à son ami Lindner, qu'on a inventés pour enseigner les enfans, ne servent de rien. Vous trouverez de plus en plus que les enfans sont nos maîtres, et que nous devons apprendre d'eux. Lorsqu'ils n'apprennent rien de nous, c'est toujours notre faute. »

Dans une autre lettre au même, il compare le public littéraire à « un officier blessé qui, pour se désennuyer, lit je ne sais quoi. »

Ce qu'il dit de ses lettres peut s'appliquer à tous ses ouvrages. « Mes épitres sont peut-être difficiles à comprendre parce que j'écris en ellipses, comme un Grec, et en allégories comme un Oriental. Le laïque et l'incrédule ne peuvent que trouver mon style absurde, parce que je m'exprime en plusieurs langues, que je parle tour-à-tour le langage des sophistes, des jeux de mots, des Crétois et des Arabes, des Blancs, des Noirs et des Créoles, et que je mêle ensemble critique, mythologie, *rebus* et principes, tantôt *ad hominem* et tantôt selon la vérité. »

Ailleurs il communique à son ami Lindner le projet ou le squelette, comme il l'appelle, d'un écrit intitulé : *Choses mémorables de Socrate, compilées pour désennuyer le public, par un amateur de l'ennui,* avec une double dédicace, à *Personne* et à *Deux.*

« Si vous avez honte d'être fier, écrit-il à Kant, avec qui il voulait alors publier un grand ouvrage de philosophie, laissez dormir votre plume. Dans ce cas votre projet serait au-dessus de vos moyens. Ne craignez pas votre fierté, elle sera assez humiliée dans l'exécution. Comment sans cette noble passion ne reculeriez-vous pas devant les périls et les peines de votre entreprise Il faut de la fierté pour *prier* et pour *travailler.* Un homme qui n'est que vain, ne peut ni l'un ni l'autre. »

« Il faut plus que de la physique pour interpréter la nature. La physique n'est que l'*A. B. C.* La nature est une équation d'une grandeur inconnue; un mot hébreu, composé seulement de consonnes, auxquelles la raison doit ajouter des voyelles. »

W.

9. *Die schweizerische Amazone etc.* — *L'Amazône suisse; aventures, voyages et campagnes d'une Suisse en France, dans les Pays-Bas, l'Egypte, l'Espagne, le Portugal et l'Allemagne, écrits par elle-même et publiés par un de ses parens. Seconde édition corrigée. St.-Gall, chez Huber et Comp.*ᶜ 322 *pages in-*8°. *Prix* 1 *Rthlr.* 16 *gr.*

Ce petit volume renferme l'histoire de l'épouse d'un officier. Cette femme, douée des qualités physiques et morales des plus agréables, de beaucoup de naïveté et d'ingénuité, a su gagner l'affection des personnages les plus marquans. Elle a pris part à presque tous les événemens remarquables des dernières guerres, et a éprouvé toutes les inconstances d'un sort capricieux. Zuric la vit naître; son père, nommé Egli, servait en qualité d'officier dans les grenadiers de Potsdam, et sa haute taille lui avait valu le surnom de *Grand Egli*; il donna sa démission pendant la guerre de sept ans. Quelque tems après il se sépara de sa femme à la suite de querelles de ménages, et contracta de nouvaux liens. Sa fille resta d'abord auprès de lui; mais les mauvais traitemens de sa belle-mère la forcèrent à chercher un refuge chez sa propre mère. A l'âge de 17 ans, elle se maria avec un jeune sergent-major, nommé Engel, qui servait dans la garde suisse au service de France, et chaque année vit accroître le nombre de ses enfans. La révolution fit de son époux un citoyen, de défenseur de la royauté qu'il était; peu après il devint officier dans l'armée de Bonaparte. Elle le suivit dans les guerres d'Italie, où ce général cueillit ses premiers lauriers, et en Egypte, où elle sut se concilier son amitié, en se mêlant, le sabre à la main, aux patrouilles et aux avant-postes. Aussi le général daigna baptiser de ses propres mains les deux enfans qu'elle eut au Caire, où il ne se trouvait aucun ecclésiastique. La franchise avec laquelle elle raconte et excuse l'empoisonnement des 600 blessés français, à S$^t$-Jean-d'Acre, est vraiment remarquable. Après la triste fin de Kléber, la courageuse amazône retourna en Europe avec Desaix, et prit part, avec son mari qui avait été nommé colonel, à de nouvelles guerres. A Marengo périt un de ses fils. La guerre de Prusse la conduisit à Berlin, où elle trouva mille souvenirs qui lui rappelèrent son père. Moins heureuse que son protecteur impérial, elle fut faite prisonnière avec son époux à la guerre d'Autriche en 1809, et accoucha à Semlin. Lorsque Napoléon obtint la main de Marie-Louise, elle fut du nombre des dames françaises qui furent chargées d'aller au-devant de la nouvelle impératrice, et elle sut s'en faire chérir par les soins délicats qu'elle lui prodigua. Son mari ne fut pas de l'expédition de Russie, mais il fut envoyé en Espagne, où il remplit une mission importante. Ici une maladie obligea notre héroïne à se séparer de lui pendant quelque tems. Deux autres de ses fils lui furent encore enlevés par les guerres d'Espagne. Après la grande catastrophe (à Leipsic elle perdit son gendre, le général Perrino); les deux époux accompagnèrent l'ex-empereur à l'île d'Elbe, et revinrent avec lui à l'époque des cent jours. Mais leur bonheur s'évanouit avec celui de leur protecteur. A la bataille de Waterloo, elle vit périr à ses côtés son époux et deux de ses fils, et fut couverte du sang de l'un d'eux. Elle-même reçut une blessure dangereuse. Transportée à l'Hôtel-Dieu à Paris, elle fut honorée des visites des monarques russe et prussien. Ce n'est cependant que du moment de sa guérison que datent ses plus grands malheurs. Sa petite campagne à Versailles était dévastée, et, malgré ses instances réitérées, elle ne put rien obtenir du gouvernement. Pendant un voyage dans le midi de la France, au moment des persécutions qu'on exerçait contre les protestans, elle fut arrêtée et retenue assez long-tems en prison. Enfin elle se décida à aller en Amérique, où se trouvait un de ses fils, auprès de Joseph Bonaparte. Mais, hélas! elle n'arriva que pour le voir expirer des suites de la fièvre jaune. Elle revint en Europe et sollicita en vain à Londres la permission de joindre deux de ses fils, qui avaient suivi Napoléon à Sainte-Hélène. Sur le champ de bataille de Waterloo, où elle cherchait la tombe de son époux et de ses fils, elle fut saisie d'une maladie grave, et ce ne fut que grâce aux secours des officiers suisses qui se trouvaient en Belgique, et des loges maçonniques françaises, qu'elle revint à la vie, et qu'elle parvint à rentrer dans sa patrie, mais faible, vieille, pauvre et abandonnée; car son dernier espoir fut trompé : sa fille, la veuve du général Perrino, qu'elle croyait trouver auprès de Marie-Louise de Parme, n'était plus; et des vingt-un enfans qu'elle avait mis au monde, il ne lui en restait que trois qui vivaient loin d'elle.

Après son retour à Zuric, elle s'occupa à retracer les événemens de sa vie; on ne lira sans doute pas ces mémoires sans s'intéresser beaucoup à l'auteur, qui dans les momens les plus critiques, n'a jamais perdu ni son courage, ni sa gaîté. On peut à la vérité lui reprocher un peu de légèreté et trop d'attachement pour Napoléon; mais cet attachement s'explique et nous parait excusable. Son style est agréable, et, pour une femme qui a parcouru une carrière pareille à la sienne, elle écrit assez bien. Puisse-t-elle avoir réussi à retrouver un de ses enfans, pour passer auprès de lui, une tranquille vieillesse!

G. S.

10. *Allgemeine Encyclopédie der Wissenschaften und Künste etc. — Encyclopédie universelle, publiée par MM. Ersch et Gruber. Leipsic, chez Gleditsch.*

Cet ouvrage, dont la publication fera époque dans l'histoire de la littérature allemande, est, sinon le premier qui ait paru dans ce genre en Allemagne, du moins le premier qui puisse être comparé aux grandes Encyclopédies de la France et de l'Angleterre. Le *Lexique universel* de Zedler ne méritait guère ce nom, il était d'ailleurs à-peu-près inconnu à la génération actuelle. Le dictionnaire appelé *de Conversation* ( *Conversations-Lexikon* ), publié par M. Brockhaus à Leipsic, travail utile, mais fait à la hâte et plus destiné aux gens du monde qu'aux savans, ne pouvait satisfaire au besoin généralement senti d'une *Encyclopédie universelle*.

Trop long-tems l'Allemagne, agitée par des guerres continuelles, découragée par l'occupation étrangère, ne pouvait songer à se livrer à ces grandes entreprises littéraires, qui exigent le concours d'un grand nombre de savans, une liberté entière de penser et d'écrire, et qui ne peuvent réussir que soutenues par les suffrages d'un grand public. Mais à peine se vit-elle délivrée du joug de l'étranger, qu'une vie nouvelle se manifesta dans les sciences et les lettres. L'idée de l'ouvrage que nous annonçons fut conçu dès 1813 ; le libraire Gleditsch de Leipsic osa se charger de son exécution. Il s'adressa pour la diriger à l'un des savans de l'Allemagne qui, par la variété et la solidité de ses connaissances, par son activité infatigable, et par l'estime bien méritée, dont ils jouit, était le plus propres à présider à l'édification d'un pareil monument. M. Ersch, professeur à Halle, de ce qu'on appelle aux universités allemandes *Connaissance des sciences* ( *Wissenschaftskunde* ), était déjà célèbre par de nombreux ouvrages encyclopédiques et bibliographiques. Plusieurs années furent employées par lui à préparer les matériaux de l'immense édifice, à organiser la correspondance avec les collaborateurs, à intéresser le public à l'entreprise. Il s'associa pour la direction M. le professeur Gruber, nouvellement appelé à Halle, et connu par plusieurs ouvrages estimés. Le premier volume parut enfin en 1818 : il répondit assez à l'attende du public pour qu'il se plaignît de la lenteur avec laquelle les volumes se succédèrent. Chaque volume a près de 500 pages in-4°, et est accompagné de planches et cartes géographiques d'une exécution soignée.

Le plan suivi dans l'*Encyclopédie universelle*, est assez semblable à celui des ouvrages du même genre : cependant il s'en distingue à plusieurs égards, et quelquefois avec avantage.

L'objet de la vaste entreprise de MM. Ersch et Gruber est d'exposer, avec une certaine étendue, par ordre alphabétique, et pour un public éclairé, toutes les sciences et tous les arts, tels que les a faits le demi-siècle qui vient de s'écouler. L'*Encyclopédie universelle* embrassera toutes les branches du savoir, toutes les parties de l'industrie humaine, elle expliquera tous les termes techniques; elle traitera tous les sujets avec exactitude et précision, et en indiquant les ouvrages particuliers écrits sur la matière, et surtout les sources où les auteurs auront puisé. Tous les sujets seront approfondis, mais les sciences et les arts qui exercent une influence plus directe sur la vie pratique, et qui intéressent un public plus nombreux, seront plus développés que les sciences purement spéculatives, et celles qui ne sont cultivées que par un petit nombre de personnes. C'est pour cette raison qu'on traitera avec le plus d'étendue les articles d'histoire. En général tous les sujets seront autant que possible envisagés sous le point de vue historique. La méthode historique rend non seulement intéressantes, pour un plus grand nombre de lecteurs, les matières naturellement les plus arides et les plus abstraites, mais encore elle jette une grande lumière sur les choses, et peut seule garantir de l'esprit de secte et de parti.

Quant au style, les auteurs s'appliqueront avec d'autant plus de soin à s'exprimer avec toute la clarté et toute la simplicité que comportera la matière, qu'une *Encyclopédie* est particulièrement destinée à être consultée par les savans sur les branches qui ne font pas l'objet habituel de leurs études, et par les hommes du monde qui n'ont pas le loisir de remonter aux sources même des connaissances dont ils peuvent avoir momentanément besoin.

Les savans éditeurs de l'*Encyclopédie universelle* ont pris des mesures pour éviter les deux écueils qui sont le plus à redouter dans de pareilles entreprises.

Le premier danger, qu'ils ont pris soin d'écarter, c'est celui de trop grossir leur ouvrage, de lui donner une étendue démesurée, en y admettant trop de topographies et des biographies trop détaillées. Autant les descriptions des lieux célèbres et les biographies des hommes vraiment remarquables sont nécessaires et intéressantes, autant les descriptions de localités vulgaires et les vies de tant d'hommes obscurs, qui grossissent les dictionnaires biographiques, sont fastidieuses et inutiles. Une justice sévère présidera au choix des hommes et des lieux qui seront traités avec quelque détail dans l'*Encyclopédie universelle*.

Quant à l'histoire naturelle, qui présente une abondance inépuisable, on n'admettra en général que les *genres* et les *espèces* les plus remarquables.

Un autre écueil non moins dangereux était la diversité des opinions spéculatives et religieuses qui divisent le public auquel l'*Encyclopédie* est destinée. N'admettre que des opinions uniformes, si cela avait été possible, eût été en faire un ouvrage de parti, et non le dépôt des connaissances actuellement acquises, le rapport fidèle et circonstancié des progrès et de l'état actuel de l'esprit humain. Pour arriver à ce but, les éditeurs ont prié ceux de leurs collaborateurs, auxquels cette partie a été confiée, de la traiter, autant que possible, sous le point de vue historique ; les différens systèmes de théologie en particulier, sont exposés avec modération par des théologiens des différentes confessions.

Il y avait un troisième écueil à éviter ; et il nous semble que les éditeurs ne songent pas assez à s'en garantir : c'est la lenteur de l'exécution. Il y a huit ans que l'ouvrage est commencé; quinze parties seulement en ont paru, et la lettre C est à peine entamée. Si la publication se continuait sur ce pied, il faudrait trente ans au moins pour l'achever : ce délai serait mortel pour l'entreprise, et déjà la crainte de ne pas en voir la fin, a refroidi le zèle et des souscripteurs et des collaborateurs. Nous dirons tout à l'heure quelles mesures viennent d'être prises par les éditeurs, pour hâter leur entreprise, qui semblait languir surtout dans les dernières années.

Nous avons parcouru les premiers volumes, et lu un assez grand nombre d'articles ; il nous a semblé qu'il y en avait beaucoup d'inutiles, et qu'on s'est surtout trop appesanti sur les détails de technologie. A ces défauts près (comment une aussi vaste entreprise en serait-elle exempte ?) l'exécution, autant que nous en avons pu juger, répond assez aux promesses du prospectus. Les noms des savans les plus illustres et les plus laborieux qui concourent à la rédaction de l'*Encyclopédie universelle*, sont une garantie suffisante du mérite de cet important ouvrage ; mais que les éditeurs se hâtent, qu'ils redoublent de zèle, s'ils veulent que leur immense recueil soit réellement l'expression scientifique et littéraire de la même époque, et que la même génération qui l'a vu commencer, la voie terminer.

La seconde livraison est accompagnée d'une dissertation sur l'étude encyclopédique, considérée comme un besoin de notre tems, avec un essai sur le meilleur système des sciences par M. Gruber, pour servir d'introduction à l'*Encyclopédie universelle*. Il divise toutes les sciences en trois grandes classes : sciences de la nature, sciences de l'homme et sciences transcendantes.

Cette division ne nous paraît pas exacte, quoiqu'elle soit beaucoup plus juste que celle de d'Alembert et de Bâcon ; mais il nous semble qu'on donne trop d'importance à ces arbres généalogiques de la science, en tête d'une Encyclopédie distribuée alphabétiquement. La plûpart des mots, qui servent de rubriques aux différens articles, sont donnés d'avance, et le petit nombre de ceux qui sont fournis par les systèmes, dépendent moins de la division générale des sciences, que des divisions particulières.

La librairie Gleditsch vient de publier avec le quinzième volume un nouveau *prospectus*, qui fera beaucoup de plaisir à tous ceux qui s'intéressent à cette haute entreprise. MM. Ersch et Gruber, effrayés de la grandeur de leur tâche, renoncent à la direction exclusive de l'ouvrage, et se sont adjoint des collaborateurs dignes d'être associés par eux au gouvernement littéraire de l'Encyclopédie allemande.

Elle sera divisée en trois sections : la première comprendra les lettres A — G, et continuera à paraître sous la surveillance immédiate des premiers éditeurs ; la seconde, de H — N, est confiée aux soins de MM. Hassel, professeur à Weimar, et Guill. Müller, bibliothécaire à Dessau, et les livraisons de cette section paraîtront concurrement avec celles de la première. On a pris des mesures pour empêcher que l'unité des principes et de rédaction ne soit point détruite par cette double rédaction. Les directeurs de la troisième section ne sont pas encore désignés. La librairie s'engage à faire paraître désormais quatre volumes par an, de sorte que dans peu d'années tout sera terminé. Nous reviendrons prochainement sur cette œuvre monumentale; nous indiquerons les parties les plus importantes, et nous profiterons de cette occasion pour faire connaître à nos lecteurs les littératures, les savans et les professeurs les plus illustres de l'Allemagne, qui presque tous y ont pris une part plus ou moins grande. W.

11. *Addrich im Moos.* — *Addrich im Moos, par Henri Zschokke.* 2 v. in-18. *Aarau, chez Sauerlænder.* 1826.

Le célèbre auteur de l'histoire populaire de la Suisse, et de tant d'autres écrits aimés du public, a entrepris de faire sur l'histoire de la Suisse l'opération que Walter Scott a faite avec tant de succès sur l'histoire de la Grande-Bretagne. Il se montre un des plus heureux imitateurs de l'illustre auteur de Waverley. C'est la même fidélité dans les tableaux de mœurs et de caractères, le même art de rendre l'action dramatique, sans en ralentir la marche, le même mélange de sensibilité et d'*humeur*, de plaisanterie et de pathétique. Nous donnerons dans une prochaine livraison l'analyse de ce roman.

## SCIENCES POLITIQUES.

12. *Diplomatischer Bericht über die revolutionnairen Drohbriefe, etc.* — *Rapport diplomatique sur les lettres menaçantes et révolutionnaires, adressées à l'électeur de Hesse-Cassel, par Jean de Horn. Zerbst,* 1826. in-12.

Toute l'Europe a retenti des lettres menaçantes, adressées au souverain de Hesse-Cassel, qui seul a conservé le titre d'électeur, dans un tems où il n'y a plus d'empereur à élire. On sait comment, par suite de ces lettres, qu'on regardait comme l'ouvrage d'une faction puissante, tout le pays fut mis en prévention, et comment on découvrit enfin qu'elles étaient parties de la police même qui était chargée de veiller à la sûreté de l'état.

L'ouvrage que nous annonçons jette une vive lumière sur cette affaire ténébreuse. C'est en grande partie à l'auteur que fut due la découverte des auteurs de cette criminelle et absurde machination. Il donne tous les détails possibles sur un événement qui n'est pas un des moins remarquables de l'histoire contemporaine.   W.

13. *Von Staats-Schulden, deren Tilgungs-Anstalten, und vom Handel mit Staatspapieren, etc. — Des dettes de l'Etat, de la manière de les amortir, et du commerce des effets publics, par le chevalier N. Ch. de Gœnner, conseiller d'état du roi de Bavière. Tom. I, in-8, de 312 pages. Munich chez Fleischmann, libraire.* (1)

Le premier chapitre de cet important ouvrage contient un aperçu historique du commerce des effets publics en général et de l'agiotage en particulier, tels qu'il se fait en Angleterre, en Hollande, en France et en Allemagne. Dans le second, l'auteur entre dans des détails sur les dettes publiques et sur les moyens de les amortir. Dans le troisième enfin, il traite de la nature des effets publics et de la législation qui les concerne.

---

(1) A Strasbourg, chez Levrault, libraire, rue des Juifs n° 33.

Nous nous proposons de donner une analyse de cet ouvrage dès que le second volume en aura paru.

## BIBLIOGRAPHIE.

14. *Allgemeines bibliographisches Lexicon. — Lexique bibliographique universel, par Fréd. Adolphe Ebert, bibliothécaire du roi de Saxe. Leipsic chez Brockhaus, deux vol. in-4$^{to}$. 1821 — 1826.*

Voici sans contredit le travail à la fois le plus vaste et le plus exact de ce genre, et un des livres qui font le plus d'honneur à l'Allemagne savante. Nous avons déjà fait connaître M. Ebert à nos lecteurs (1); personne plus que lui n'était propre à entreprendre un tel ouvrage. La principale difficulté de cette entreprise, d'une si haute utilité pour le savant comme pour le littérateur, était de faire un choix raisonné. La plupart des ouvrages bibliographiques sont grossis par une foule d'articles et de titres de livres que personne n'y cherche, et le plus souvent on leur demande vainement les renseignemens dont on a réellement besoin. M. Ebert a exclu du sien : 1° tous les livres qui, quel que soit leur mérite scientifique, ne sont pas généralement recherchés, et à quelques exceptions près, tous ceux qui se trouvent encore actuellement dans la librairie ; 2° toute cette foule de curiosités et de livres prétendus rares qui ne présentent aucune espèce d'utilité ou d'intérêt. Il y a admis au contraire : 1° pour les sciences dites de *faculté*, la théologie, la médecine, le droit, les sciences physiques et

---

(1) Voyez tome I. pages 63 et 391.

mathématiques, les meilleures éditions des *sources* avec les commentaires les plus recherchés, les ouvrages les plus importans sur l'histoire de ces sciences ; ceux des livres dogmatiques qui, ayant influé sur la marche de quelque partie du savoir, sont d'un intérêt historique ; ceux enfin qui se recommandent par leur prix élevé, par une rareté véritable, ou par un mérite éminent ; 2° tous les ouvrages anciens et modernes, qui font partie de ce qu'on appelle en France *Littérature* ; 3° toutes les éditions des auteurs grecs et latins qui intéressent la critique ou l'amateur ; 4° tous les ouvrages de philologie, d'histoire, de philosophie, etc., qui sont d'un intérêt général et durable et qui sont réellement recherchés ; 5° toutes les éditions dites *incunables*, jusqu'en 1470 inclusivement ; 6° les livres vraiment rares et d'un intérêt général ; 7° les éditions de luxe ; 8° les ouvrages avec planches ; 9° les ouvrages précieux par la difficulté de l'impression et la rareté des types ; 10° des livres qui se distinguent par quelque singularité influant sur le prix ; 11° les ouvrages qui forment collection ; 12° les suites d'ouvrages d'un même auteur ; 13° les ouvrages d'un grand nombre de volumes ; 14° les ouvrages composés de différentes pièces indépendantes les unes des autres, mais réunies dans le même volume et sous le même titre général.

Tels sont les matériaux du *Lexique bibliographique universel*. En voici la forme : l'indication la plus exacte possible du titre d'un ouvrage est suivie de notices bibliographiques et typographiques, avec les prix ordinaires. Dans un *Appendice* l'auteur donnera les catalogues complets des ouvrages sortis de presses célèbres, et des collections les plus recherchées.

Cette grande entreprise annoncée en 1817, est sur le point

d'être terminée. Des douze livraisons dont tout l'ouvrage se composera, il n'en reste plus que deux à publier.

M. Ebert s'occupait depuis plusieurs années de la haute bibliographie, lorsqu'en 1817 le libraire Brockhaus de Leipsic vint lui proposer de refondre pour l'Allemagne le *Manuel du libraire de Brunet*. Mais tout en rendant justice à ce travail qu'il regarde comme la meilleure bibliographie pratique, M. Ebert avait trop de science pour se traîner servilement sur les traces d'un autre. Il avait d'ailleurs conçu l'idée de concilier, autant que possible, les besoins du libraire, du bibliophile et du savant, tandis que Brunet n'a eu guère égard qu'à ceux des deux premiers. Il convient que Brunet a été son maître pour la méthode et la forme, qu'il lui a emprunté une grande partie de ses notices; mais il a de beaucoup étendu son plan, et il revendique comme sa propriété plus de la moitié de son ouvrage. Tous les critiques et tous ceux qui se sont servi de ce lexique, s'accordent jusqu'ici à rendre témoignage à son exactitude. Il était impossible qu'il ne s'y glissât quelques fautes, mais du moins elles ne sont pas de nature à en diminuer l'utilité. - W.

# MÉLANGES ET VARIÉTÉS.

*De l'Étude des hiéroglyphes en Allemagne.*

Pendant que le savant anglais Young dispute à M. Champollion jeune la priorité des découvertes faites dans le domaine des sciences de l'ancienne Egypte, il s'est également formé en Allemagne un parti qui, quoique très-faible, s'attribue néanmoins quelques rayons de la lumière que l'on est parvenu à jeter sur les inscriptions mystérieuses qui couvrent les anciens monumens égyptiens. Spohn, professeur à Leipsic, commença en 1819 à s'occuper de l'inscription de Rosette (1), et après de longues rcherches le hasard lui fit découvrir la clef de l'écriture démotique. Les premiers documens qui tombèrent entre ses mains, furent des rouleaux trouvés sur des momies, et écrits en caractères hiératiques. Il parvint à trouver aussi la clef de cette espèce d'écriture, et s'exerça de plus en plus à lire les anciens manuscrits et les inscriptions antiques. Lorsqu'en 1822 le gouvernement prussien eut acheté la collection des Papyrus du baron de Minutoli, Spohn fut invité à venir à Berlin et il obtint l'autorisation de publier toutes les pièces de cette collection

---

(1) Le mémoire dans lequel il rend compte de ses recherches, se trouve dans l'*Amalthéa*, collection de mémoires relatifs aux antiquités, et publiée par M. Bœttiger à Dresde.

qu'il jugerait dignes d'être connues. Il préparait un grand ouvrage sur la littérature de l'ancienne Egypte, lorsqu'en 1824 la mort vint le surprendre au milieu de ses travaux. Son ami et disciple M. Seiffarth, professeur à la même université, fut chargé de ses manuscrits relatifs aux hiéroglyphes, mais il n'y a trouvé que des fragmens et le texte de quelques inscriptions, transcrit en lettres latines, avec des explications incohérentes. Il lui fut dès-lors impossible de publier ces manuscrits ; mais ce savant se propose, en se vouant aux mêmes études, de continuer et de compléter les découvertes de son maître. Il a déjà commencé la publication d'un premier volume intitulé:

*Fried. Aug. Guil. Spohn, de Linguâ et Litteris veterum Ægyptiorum cum permultis lithographicis tabulis etc.* Leips. 1825. in-4°.

Cette partie contient outre la vie de Spohn: 1° l'Inscription de Rosette, avec une traduction latine, qui diffère beaucoup du texte grec. Cependant il est impossible d'en juger, parce qu'il ne se trouve encore dans ce volume aucune explication sur les principes que M. Spohn a adoptés pour déchiffrer les hiéroglyphes ; 2° et 3° deux documens de Colchites, appartenant à la collection de Minutoli, dont Spohn n'a pu déchiffrer que la date ; 4° enfin, un manuscrit de la collection de Cassati de Paris, qui existe aussi en égyptien à Berlin et en grec en Angleterre. L'existence des deux derniers manuscrits n'était pas connue de Spohn, et l'on peut dès-lors voir jusqu'à quel point il faut ajouter foi aux principes qu'il a émis. Le commencement du 2$^d$ répond à l'inscription de Rosette, et la traduction de M. Spohn s'est par-là très-facilitée. Mais la fin contient une série de mots, dont M. Spohn n'en a déchiffré que deux ou trois qui appartiennent à la langue grecque, en se trompant sur tous les autres, qui sont égyptiens. Le texte égyptien est divisé en 15 lignes très-courtes. Voici comment M. Spohn les a lues :

| Texte égyptien, transcrit par M. Spohn. | Traduction de M. Spohn. | Traduction grecque. |
|---|---|---|
| 1. npeηe nhmthrue uee.. | Statuti testes. | Μάρτυρες. |
| 2. ner oeδiη neô enerneô........ | | Ερευς Φανρέους. |
| 3. nearnteo.............. | | Πετεάρτης, Πατευτήμος. |
| 4. nearntschneoe hne.......... | | Πετεαρποχράτης Ωρου. |
| 5. te — ............. | | Σναχομνευς Πετευριος. |
| 6. ten — neηeo neoschηo.. | Templi.. | Σναχόμης Ψευχώνσιος. |
| 7. — — ............. | | Τοτόης Φίβιος. |
| 8. nschô met plonieseme......... | | Πόρτις Απολλώνιον. |
| 9. — etoe nehoschηô.......... | | Ζμῖνις Πετεμεστουτος. |
| 10. ischre pepo eepô nenee........ | | Πετεύτημις Αρσίηκος. |
| 11. hô nneô mηtemo............. | | Αμονορύτιος, Πακήμιος. |
| 12. beusjhoesjme.............. | | Ωρος Χιμνάραυτος. |
| 13. nbime nchschischô .......... | | Αρμήνις Ζθεναήτιος. |
| 14. eumolme nnelleme........... | | Μάησις Μίρσιος. |
| 15. anetimeaδesme } mantikneesme } | { Antimaus Antigones } | Αντίμαχος Αντιγένους. |

Les principes que l'éditeur de ces fragmens promet de publier dans les volumes suivans, avec l'explication des inscriptions, une grammaire et un glossaire, paraissent, d'après cet essai, être évidemment faux. On ne peut donc pas dire que ce savant soit en état de lire l'écriture démotique, et la *Bibliotheca aegyptiaca* que M. Seyffarth promet de publier, est anticipée.

Au lieu de continuer la publication des manuscrits de M. Spohn, M. Seiffarth nous donne maintenant un ouvrage tout nouveau, un système qui n'appartient plus à son maître, mais qu'il a développé peut-être en se fondant sur quelques principes de M. Spohn, qu'il paraît adopter comme vrais et incontestables. Cet ouvrage est intitulé: *Rudimenta hieroglyphices. Accedunt explicationes speciminum hieroglyphicorum, glossarium atque alphabeta cum 36 tabulis lithographicis*. Leips. 1826. 97 p. in-4".

L'auteur soutient que les hiéroglyphes ne sont que le résultat d'une transfiguration calligraphique des caractères hiératiques, qui eux-mêmes sont des transformations de l'alphabet démotique, dérivé à son tour de l'écriture phénicienne. Quelques tableaux servent à donner une idée de cette transfiguration depuis les lettres phéniciennes jusqu'aux signes hiéroglyphiques. Cette méthode jette dans une confusion qui ne peut qu'embrouiller les recherches et les rendre absolument vagues. La même figure se trouve être le résultat de plusieurs lettres différentes, et l'auteur établit même en règle, qu'il n'y a pas de signe hiéroglyphique qui n'ait qu'une seule signification, et qu'il y en a beaucoup qui représentent tour-à-tour six lettres et même plus. M. Seyffarth divise ensuite les hiéroglyphes en deux classes; les Emphoniques, qui représentent à eux seuls une lettre, et les Symphoniques, dans lesquelles la lettre est représentée par une combinaison de signes. Il ajoute que la faculté que les auteurs des inscriptions avaient, d'omettre plusieurs signes dans un mot, que les permutations des voyelles entre elles et avec des consonnes qui ont quelques rapports avec elles, de même que l'arrangement arbitraire des signes qui composent un hiéroglyphe symphonique, présentent autant de difficultés à ceux qui veulent déchiffrer les hiéroglyphes. Il établit en outre une troisième classe de signes aphoniques ou symboliques, dont la signification vague et indéfinie doit en avoir restreint l'usage. C'est ainsi qu'il dit que les signes kyriologiques ou représentant quelque objet, se trouvent rarement; que les hiéroglyphes tropiques ne doivent avoir été employés que dans très-peu de cas, et que lui-même n'en a trouvé aucun où ils le fussent. M. Müller, professeur à Gœttingue, oppose à ces assertions, qu'il est peu vraisemblable que l'écriture que nous trouvons sur les anciens monumens ait été formée des alphabets découverts dans des documens dont l'origine remonte aux tems des Ptolémées. Il ne croit pas non plus qu'une nation ait commencé par avoir un alphabet simple, et qu'elle l'ait surchargé et transfiguré dans la suite jusqu'au point où nous trouvons les hiéroglyphes des Egyptiens. Les signes sont d'ailleurs dans un rapport si intime avec le culte religieux, l'industrie et la nature de leur pays, qu'il est difficile de se persuader qu'ils ne sont que des signes alphabétiques. Les opinions contraires émises par MM. Champollion et Young paraissent beaucoup plus naturelles. M. Seyffarth s'appuie d'ailleurs sur l'explication absolument fausse d'un passage de Clément d'Alexandrie, qui dit que les Egyptiens apprenaient d'abord l'écriture démotique, plus tard l'hiératique et en dernier lieu les hiéroglyphes. M. Seyffarth se trompe en croyant que Clément indique par-là les différentes époques de l'invention de ces signes.

Cette année, l'infatigable M. Seyffarth a commencé la publication d'une série de cahiers ayant pour titre: *Beytraege zur Kenntniss der Literatur des alten Egyptens. — Recueil sur la littérature, les arts, la mythologie et l'histoire de l'ancienne Egypte.* Leips. 1826. 41 p. avec des lithographies. Ce sont des remarques sur les Papyrus de la collection de Minutoli. Il y en a 57, parmi lesquels 26 sont en caractères démotiques. Les observations faites d'après ses propres principes, autorisent à douter de l'exactitude du résultat de ses recherches.

Le professeur Kosegarten, à Greifswalde, connu par ses recherches sur l'histoire ancienne des peuples et sur leurs rapports entre eux, a publié un essai sur un papyrus, intitulé : *Bemerkungen über den egyptischen Text eines Papyrus.* — *Remarques sur le texte égyptien d'un papyrus de la collection de Minutoli.* Greifswalde. 1824. 35 pag. in-4$^{to}$. On trouve sur ce papyrus un contrat de vente, que M. Kosegarten essaie d'expliquer selon les principes de M. Champollion. La science n'y a rien gagné, pas plus que du mémoire suivant de M. Buttmann, professeur à Berlin : *Erklaerung der griechischen Beischrift. etc.* — *Explication de l'inscription grecque qui se trouve sur un Papyrus égyptien de la collection de Minutoli.* Berlin, 1824. 27 pages. in-4$^{to}$.

Nous ne nommons M. Pfaff, un autre écrivain sur les hiéroglyphes, qu'à cause des assertions singulières qu'il a débitées dans deux ouvrages publiés récemment à Erlangen. Le premier est intitulé : *Hieroglyphik. Ihr Wesen. etc.* — *L'hiéroglyphique (science des hiéroglyphes), sa nature et ses sources.* Nuremberg, 1824. 207 pages. in-8°. L'auteur s'élève contre les explications des hiéroglyphes données par MM. Champollion et Letronne, selon lesquelles l'origine des hiéroglyphes devrait être attribuée à des tems plus récens que ceux qu'on leur assigne ordinairement. Il appelle ces explications la découverte la plus malheureuse qu'on ait pu faire (*der aller unglücklichste Fund*), qui n'a conduit qu'à trouver à Thèbes aux cent portes, à Edfou, couverte de sable, à Philé, l'île sainte, les noms des Ptolémées et de quelques méprisables empereurs romains. M. Pfaff voit en celà une dégradation, un avilissement impardonnable de la science des anciens Egyptiens.

Le second écrit de M. Pfaff, a pour titre : *Die Weisheit*

*der Ægypter, und die Gelehrsamkeit der Franzosen. etc. — La science des anciens Egyptiens et le savoir des Français. Critique des recherches de M. Champollion sur les hiéroglyphes.* Nuremberg, 1825. 76 pages. in-8°. Cette brochure est rédigée dans un style peu digne de l'importance et de la gravité des études des hiéroglyphes. Sans connaissances suffisantes, l'auteur rejette le système entier du savant Français, et il croit même voir dans ces recherches qui bouleversent ses idées d'antiquité et de haute sagesse des anciens Egyptiens, un dernier fruit des principes révolutionnaires qui ont agité l'Europe. Les feuilles littéraires d'Allemagne se sont empressées de venger le bon sens outragé par M. Pfaff, et de rendre toute justice à M. Champollion. J.

## La vallée du Missisippi.

La vallée qu'arrose le Missisippi et ses différentes ramifications, surpasse en étendue tous les autres pays dont les eaux ne se réunissent qu'en un seul fleuve pour se déverser dans l'océan. Le Missisippi partage les États-Unis, du nord au sud, en deux parties assez égales, l'une orientale et l'autre occidentale, d'où l'on voit que la vallée qu'il parcourt se trouve placée au centre de la République américaine. A l'est, elle s'étend vers les montagnes alléghaniques qui divisent l'Union en états atlantiques et occidentaux; à l'ouest, elle va jusqu'aux monts rocailleux (*rocki montains*) qui séparent les états et territoires à l'ouest du Missisippi des pays dont les côtes sont baignées par l'Océan pacifique. Cette vallée s'étend sur 19 degrés de latitude nord-est, sur 23 degrés de longitude, et embrasse une superficie de plus d'un million de milles quarrés anglais. Les fleuves qui traversent cette immense région et finissent par se réunir au Missisipi, sont en grand nombre dans toutes les directions et d'une longueur extraordinaire. Ceux qui se jettent dans le Missisipi du côté de l'ouest sont : l'Arkansas, long de 2000 milles, dont 1000 sont navigables; le Missouri, long de 4400 milles, dont 2600 sont navigables. Il faut encore citer le fleuve Rouge, 500 m., le Des Moins, 800 m., et le fleuve Saint-Pierre, 200 m., navigables. Ceux qui se joignent au Missisippi du côté de l'est sont le Yazoo, 100 m., navigable; le Ohio, long de 945 m., navigable dans toute sa longueur; l'Illinois, 200 m.; le Ouisconsin, long de 350 m., dont 180 sont navigables.

Presque toutes les marchandises d'entrepôt, la canne à sucre, des Indes, le riz d'Ethiopie, les épiceries de Malaca, les ceps de France et les cotonniers des îles de la Mer pacifique, sont des produits naturels de ce sol riche et fertile. On trouve en outre dans cette contrée une nombreuse et rare variété de minéraux et de métaux du plus grand prix et de l'usage le plus général.

Depuis la révolution américaine des colonies se sont établies dans l'intérieur de cette vallée, des états et des territoires s'y sont organisés, et les lieux jadis les plus sauvages s'y sont transformés, dans l'espace de vingt ans, en des villes qui rivalisent par leurs richesses avec des cités qui ont employés des siècles à conquérir leur prospérité. Nouvelle-Orléans qui, par sa grandeur, est la sixième ville des Etats-Unis, compte actuellement 40,000 habitans; Cincinnati qui, en 1805, n'avait qu'une population de 500 habitans, en comptait 9600 en 1820; Lexington, dans le Kentucky, avait 5300 âmes à son dernier recensement; Nashville, dans le Tennesée, 6000; et Saint-

Louis, dans le Missouri, 4200. Toute la population de ce pays à l'ouest des montagnes alléghaniques, s'élève, sans compter les Indiens, à environ 2,300,000 habitans, ce qui fait un peu plus de deux individus par chaque mille quarré (anglais).

Mais la civilisation luit à peine sur cette belle et féconde partie du continent américain. Le peu que l'on a déjà fait se perd dans l'immensité de ses ressources, et le développement complet de la prospérité à laquelle peut atteindre cette contrée, sera pour les siècles avenir un problême digne d'occuper les efforts continuels de plusieurs milliers d'hommes. Un pays comme celui-là, dès que le tems aura fait connaître ses tré-, sors et ses ressources, verra nécessairement sortir de son sein les cités et les états les plus riches et les plus peuplés de la terre.

*(Atlantis.)*

### Aperçu géographique et statistique sur la province anglaise du Canada.

La partie du continent de l'Amérique du Nord, qui s'étend depuis les frontières septentrionales des États-Unis jusqu'aux régions du pôle, et depuis la mer atlantique jusqu'aux terres baignées par l'océan pacifique, appartient en entier à la couronne d'Angleterre, et se divise en différentes provinces, dont les plus importantes sont le Haut et le Bas-Canada. Les Français avaient commencé à établir des colonies dans ces provinces avant les Anglais; cependant ces derniers s'y multiplièrent bien plus rapidement que les Français. En 1820, leur population s'élevait à 500,000 âmes, et actuellement elle se trouve dans un tel état d'accroissement continuel que, d'après les règles de la progression, elle ne peut manquer, eu égard d'ailleurs à la beauté du climat et aux arrivages multipliés d'une foule d'émigrés européens, de monter en peu d'années à quelques millions.

Aucune partie de l'Amérique du nord n'offre aux colons un meilleur sol et un climat plus sain que les déserts du Haut-Canada : ajoutons, que les productions indigènes des états, qui forment le centre de l'Union, trouvent dans ces vastes contrées un sol des plus favorables à leur culture. La nature dans ce pays est d'une beauté admirable; elle est remplie de variétés et offre un agréable assemblage de lacs, de fleuves et de montagnes.

Le commerce entre ces deux provinces et les États-Unis, qui avait été jusqu'ici une source de richesse et de prospérité pour les villes de Montréal et de Québeck, a soudain cessé presque entièrement par suite des droits élevés dont le parlement anglais l'a chargé. Mais ces mesures finiront par tourner au profit de l'agriculture et de l'industrie manufacturière, et par servir au développement des ressources du pays. Les principaux objets d'exportation du Canada, ont été, jusqu'ici, le bois de construction, la potasse et la pelleterie, qui joints au commerce à l'extérieur, se montent annuellement à environ 150,000 tonneaux.

La province du Bas-Canada est administrée par un gouverneur qui réside à Québec, par un lieutenant-gouverneur, un conseil exécutif, nommé par le roi, et par une assemblée législative (*house of assembly*), composée des représentans du peuple. Les deux provinces ont en outre un parlement. Le gouvernement du Mont-Canada est confié à un lieutenant-gouverneur et à un conseil législatif, dont le grand-juge de la province est président, et dans lequel siége l'évêque de Québeck. Ces fonctionnaires sont nommés par le roi et sont inamovibles. Le conseil exécutif est composé de six membres et la chambre des représentans de vingt-cinq. La justice civile et criminelle est administrée par un grand-juge et par deux juges adjoints; il y a une cour du banc du roi, des plaies-communs et un tribunal d'appel. Les dépenses de la liste civile sont supportées par la couronne, qui entretient, en outre, une force armée de d'environ 30,000 hommes, pour la défense du Canada. (*Atlantis.*)

## *Universités allemandes.*

Dans notre dernier numéro nous avons présenté un aperçu des universités d'Allemagne et des époques de leur fondation; quelques tableaux des cours donnés dans ces écoles célèbres et des professeurs qui y enseignent les différentes sciences, serviront peut-être à faire comprendre en France les avantages littéraires de ce pays.

Nous donnons aujourd'hui la liste des leçons et des professeurs de l'université de Berlin.

*Université de Berlin.* (Année scolaire de 1825 à 1826, semestre d'été.)

### Théologie.

Professeurs.            Cours. (1)

*Uhlemann* : Grammaire hébraïque. — Job. — Histoire ecclésiastique.

---

(1) Ces cours se donnent par semestre et régulièrement six fois par semaine.

| Professeurs. | Cours. |
|---|---|
| *Hengstenberg :* | Introduction à l'Ancien-Testament. — La Genèse. |
| *Bellermann :* | Les Psaumes. |
| *Bleek :* | Les Prophètes. — Daniel et les fragmens en langue chaldéenne. — Epître aux Romains. — Exercices de disputation. |
| *Bœhl :* | L'Evangile de S$^t$ Matthieu. — Introduction aux livres symboliques de l'église protestante. |
| *Schleiermacher :* | Epîtres de S$^t$ Paul. — Théologie pratique. |
| *Néander :* | Epîtres de S$^t$ Paul. — Histoire ecclésiastique. |
| *Marheinecke :* | Dogme. — Doctrine des Livres symboliques. |
| *Strauss :* | Catéchétique, Liturgie et théologie pastorale. — Pédagogie ecclésiastique. — Exercices d'éloquence sacrée. |

### Droit.

| | |
|---|---|
| *Schmalz :* | Méthode de l'étude du droit. — Encyclopédie. — Droit canonique. — Droit public allemand. — Procédure civile avec exercices. — Droit public des nations européennes. |
| *Rudorff :* | Encyclopédie du droit positif. — Droit héréditaire civil. — Sur les fragmens d'Ulpien. |
| *Klenze :* | Histoire du droit romain jusqu'à Justinien. — Exercices et répétitions. |
| *De Savigny :* | Histoire et institutes du droit romain. |
| *Backe :* | Institutes du droit romain. — Droit hypothécaire. — Les Institutes de Gajus. |
| *Bethmann-Hollweg :* | Les Pandectes. — Le droit de tutelle. |
| *De Reibnitz :* | Droit héréditaire. — Procédure civile de Prusse. |

| Professeurs, | Cours. |
|---|---|
| *Rossberger :* | Droit héréditaire. — Droit féodal. — Procédure civile. |
| *Sprickmann :* | Droit public allemand avec son histoire. |
| *Homeyer :* | Le même. — Législation de l'Allemagne pendant le moyen-âge. — Droit féodal. |
| *Lancizolle :* | Droit privé allemand. — Droit public allemand. — Sur l'origine des droits seigneuriaux. |
| *Jarcke :* | Droit public de Prusse. — Droit criminel allemand et prussien. — Histoire du Droit criminel allemand. |
| *Laspeyres :* | Droit des princes. (*Fürstenrecht.*) —. Droit féodal. |
| *Biener :* | Droit et procédure criminels. — Littérature du droit. |
| *Gans :* | Histoire, antiquités et institutes du droit anglais. |

### MÉDECINE.

| | |
|---|---|
| *Rudolphi :* | Méthodologie et encyclopédie. — Anatomie comparée. — Physiologie. |
| *Knape :* | Ostéologie. — Art de formuler (*das Formulare*). |
| *Horckel :* | Physiologie générale. |
| *Schultz :* | Botanique médicale. |
| *Hermbstœdt :* | Pharmaceutique. |
| *Schubarth :* | Chimie pharmaceutique ; avec un *examen*. — Pharmacopée prussienne. |
| *Osann :* | Matière médicale. — Traitement des noyés et asphyxiés. |
| *Rose :* | Chimie pharmaceutique. |

| Professeurs. | Cours. |
|---|---|
| *Casper :* | Matière médicale. — Art de formuler. — Médecine légale. |
| *Link :* | Toxicologie. |
| *Hufeland, cadet :* | Pathologie. — Sémiotiques. — Thérapie générale. |
| *Reich :* | Pathologie générale. — Thérapie générale et spéciale. — Maladies des enfans. |
| *Naumann :* | Pathologie générale. — Maladies cutanées. — Maladies du bas-ventre. |
| *Eck :* | Pathologie générale. |
| *Horn :* | Pathologie spéciale. — Pathologie et thérapie de l'aliénation mentale. |
| *Hecker :* | Thérapie générale. — Histoire moderne de la médecine. — Explication de l'ouvrage de Celsus. |
| *Oppert :* | Thérapie générale. — Maladies syphilitiques. |
| *Wagner :* | Médecine pratique. — Maladies des yeux. — Médecine légale. |
| *Hufeland, aîné :* | Thérapie spéciale. — Clinique dans l'institut royal polyclinique, conjointement avec MM. Osann et Busse. |
| *Wolfart :* | Thérapie spéciale. — Maladies cutanées fébriles. Médecine pratique. |
| *Bérends :* | Pyrétologie. |
| *Rust :* | Maladies syphilitiques. — Opérations chirurgicales dans l'institut clinique. |
| *Græfe :* | Chirurgie. — Traitement des maladies des yeux dans l'institut royal clinique. |
| *Jüngken :* | Chirurgie générale et spéciale. — Pansement. |

| Professeurs | Cours. |
|---|---|
| *Kluge :* | Akiurgie. — Pansement. — Fractures d'os. — Accouchement. |
| *De Siebold :* | Accouchement. — Emploi des instrumens. |
| *Friedlœnder :* | Accouchement. — Opérations dans l'institut clinique. |
| *Berends :* | Elémens de la clinique. — Explication des Aphorismes d'Hippocrate. |
| *Barez :* | Médecine légale. |
| *Reckleben :* | Art vétérinaire. — Maladies des animaux domestiques. |

### Philosophie.

| | |
|---|---|
| *Ritter :* | Logique. — Sur là vérité — Histoire de la philosophie parmi les peuples anciens. |
| *Hegel :* | Logique et métaphysique. — Philosophie des arts. |
| *De Keyserlingk :* | Logique et dialectique. — Droit naturel. — Anthropologie. |
| *Stuhr :* | Histoire de la philosophie. |
| *Schleiermacher :* | Principes de la pédagogie. |
| *De Henning :* | Histoire de la philosophie. |

### Mathématiques.

| | |
|---|---|
| *Ideler :* | Géométrie. — Trigonométrie. |
| *Jacobi :* | Analyse. |
| *Ohm :* | Algèbre. — Calcul intégral. — Elémens de la stéréométrie. — Astronomie. |
| *Dirksen.* | Calcul intégral. — Calcul différentiel appliqué à la géométrie. — Dynamique analytique. — Astronomie sphérique. |

*T. II.* 8

| Professeurs. | Cours. |
|---|---|
| *Lubbe :* | Calcul. |
| *Grüson :* | Statique. |
| *Oltmann :* | Astronomie populaire. — Cosmographie. — Nautique. |
| *Encke :* | Astronomie sphérique. |

SCIENCES NATURELLES.

| | |
|---|---|
| *Link :* | Encyclopédie des sciences naturelles. — Histoire générale de la nature. — Théorie de la Botanique. |
| *Hermbstœdt :* | Physique expérimentale. — Introduction à la chimie. |
| *Turte :* | Physique expérimentale. — Chimie expérimentale. — Chimie forestière. |
| *Ermann :* | Sur la lumière et le calorique. — Atmosphérologie météorologique. |
| *Fischer :* | Electricité ; force magnétique ; lumière. |
| *De Henning :* | Sur les couleurs. |
| *Schubarth :* | Introduction à la chimie, |
| *Mitscherlich :* | Chimie expérimentale, et théorie générale. |
| *Rose :* | Théorie de la chimie. — Chimie pratique. — Chimie organique. — Minéralogie. |
| *Schultz :* | Philosophie de l'histoire naturelle. |
| *Lichtenstein :* | Zoologie générale. |
| *Klug :* | Entomologie. |
| *Horckel :* | Physiologie des plantes. |
| *Hayne :* | Botanique générale. — Botanique forestière, et excursions. |
| *Weiss :* | Géognosie. — Aperçu de la Minéralogie appliquée à la médecine. — Connaissance des terres pour la culture des forêts. |

## Sciences politiques.

| Professeurs. | Cours. |
|---|---|
| *De Raumer :* | Développement historique des notions de droit, d'état, de politique et d'église. — Statistique. |
| *Stein :* | Statistique de l'Europe. |
| *Hoffmann :* | Economie politique. — Législation de la police. — Sur la Consommation publique. |
| *De Henning :* | Droit public prussien. |
| *Hermbstœdt :* | Technologie générale. |
| *Pfeil :* | Culture des forêts. — Utilisation des forêts. — Police forestière. — Science et Règlement de la chasse. |

## Sciences historiques.

| | |
|---|---|
| *Leo :* | Histoire des Grecs. — Histoire des Juifs. |
| *Blum :* | Histoire romaine. |
| *Radlof :* | Histoire ancienne des Germains : |
| *De Raumer :* | Histoire du moyen âge. |
| *Van der Hagen :* | Antiquités du moyen âge. |
| *Rauke :* | Histoire générale moderne. — Histoire de 1789 jusqu'en 1815. |
| *Ritter :* | Géographie d'Europe. — Histoire des voyages. |

## Beaux-Arts.

| | |
|---|---|
| *Schmidt :* | Histoire de la poésie dramatique. |
| *Hirt :* | Théorie des arts plastiques. — Histoire de l'Architecture chez les Egyptiens. |
| *Tœlken :* | Archéologie de l'Architecture et de la Peinture |

| Professeurs. | Cours. |
|---|---|
| | parmi les Egyptiens, les Orientaux, les Grecs et les Romains. — Explication des œuvres de Vitruve. — Sur la Peinture des Anciens. |

### PHILOLOGIE.

| | |
|---|---|
| *Bopp :* | Histoire générale des langues. — Grammaire de la langue sanscrite. — La langue arabe. |
| *Radloff :* | Connaissances générales des langues et des peuples. |
| *Hengstenberg :* | Elémens de la langue syriaque. |
| *Ideler :* | Explication du recueil de la littérature persane, par Wilken. |
| *Bekker :* | Elémens de la langue grecque. — Eschine contre Ctésiphon. |
| *Bœckh :* | Histoire de la littérature grecque. — Démosthène *pro Coronâ*. |
| *Lange :* | Hésiode, Eschyle, les Sept devant Thèbes. |
| *Bernhardy :* | Eschyle, Agamemnon. — Horace, odes. |
| *Rœtscher :* | Aristophane. — Platon, Theædet. |
| *Lachmann :* | Horace, épîtres. — Poésies de Hartmann von der Aue. |
| *Klenze :* | Cicéron, *de causâ verrinâ*. |
| *Zeune :* | Langue des Goths. |
| *Van der Hagen :* | Grammaire allemande historique et comparée. — Explication des *Niebelungen*. |
| *Stuhr :* | Mythologie des anciens Scandinaves. |
| *Uhden :* | Dante, *divina commedia*. |
| *Schmidt :* | Explications de quelques apologues du poëme |

| Professeurs. | Cours. |

français : *Le chatoiement d'un père à son fils.*

*Franceson :* Caldéron. — Grammaire italienne et espagnole.
*De Seymour :* Langue anglaise. Shakespeare.

La Bibliothèque est ouverte tous les jours. L'Observatoire, les Musées anatomique, zootomique et zoologique, le Cabinet de minéralogie, la Collection d'instrumens de chirurgie, les Galeries des antiques sont ouverts pour les cours publics. Les exercices dans le séminaire théologique sont dirigés par M. *Néander*; ceux du séminaire philologique par MM. *Bœckh* et *Buttmann*. J.

## *Nécrologies.*

Dans le courant de cette année, l'Allemagne a perdu plusieurs savans qui pendant long-tems avaient brillé d'un grand éclat. Tous étaient sortis de l'école de Semler et de ses contemporains, qui, en introduisant dans les études des méthodes plus libérales, s'étaient affranchi des anciennes formes scolastiques.

Outre Voss et Jean-Paul, dont nous avons déjà entretenu nos lecteurs (1) deux autres littérateurs distingués ont été enlevés aux sciences et à leurs nombreux admirateurs, ce sont Manso et Vater.

J. C. Fréd. Manso était né en 1759. A l'âge de dix-sept ans il avait déjà lu tous les auteurs classiques latins, et c'est sous les yeux de son père que des maîtres distingués le dirigeaient dans ses études. Ainsi préparé, il se rendit au gym-

---

(1) Voyez Tome I. Pages 67 et 345.

nase de Gotha, où, quelques années après, à son retour de l'université, il revint en qualité de professeur. En 1790, il fut nommé aux mêmes fonctions au gymnase de Breslau, et, trois ans plus tard, il reçut du gouvernement la direction de cet établissement célèbre. Peu de tems après il commença aussi à donner des cours à l'université de cette ville. C'est à cette époque qu'il publia ses premiers ouvrages auxquels il doit une partie de sa réputation. Ils consistent en biographies de poètes anciens et modernes qu'il fit paraître successivement dans un recueil intitulé: *Charaktere der vornehmsten Dichter, etc.* — *Caractères des principaux poètes de toutes les nations.* Leipsic, 1792. in-8. 5 vol. Chaque volume est divisé en deux parties.

Manso publia dans ce recueil : un mémoire sur la différence entre la tragédie grecque et la tragédie allemande ; un autre mémoire sur les poètes élégiaques des Romains ; des notices sur Hésiode, Pierre-Joseph Bernard, Pétrarque, sur les poètes provençaux, sur les poètes satyriques des Romains, et enfin, un traité sur la poésie historique.

Poète lui-même, il prouva par ses productions qu'il possédait autant de goût que de sentiment. Parmi les traductions en vers qu'il publia, se distinguent celles des Géorgiques de Virgile, de Bion et Moschus, de l'Œdipe de Sophocle et de quelques chants de la Jérusalem délivrée. Manso était philologue profond, et ses travaux historiques lui assignent une place parmi les historiens les plus célèbres. Ses *Essais sur quelques parties de la mythologie des Grecs et des Romains*, quoique antérieurs aux recherches de Creuzer, prouvent néanmoins la profondeur de ses connaissances et la justesse de ses observations. Ses écrits sur Sparte et sur Constantin, sont les véritables monumens de sa gloire. Le premier est intitulé : *Essai sur l'histoire et la législation de Sparte.* Leipsic, 1800. 5 volumes in-8°, et le second : *Vie de l'empereur Coustantin-le-Grand.* Breslau, 1817.

J. Severin Vater, né en 1771, d'abord professeur à Jéna, ensuite à Halle et à Kœnigsberg, s'était fixé depuis plusieurs années à Halle, et y enseignait les langues orientales. Dès sa jeunesse il s'était appliqué à l'étude des langues anciennes et modernes, et s'y était acquis des connaissances aussi vastes que profondes. Il termina l'ouvrage commencé par Adelung, intitulé : *Mithridate,* ou *de la Science générale des langues* (en 1806 — 1817. 4 volumes). Ce travail fut suivi d'un autre qui devait lui servir de complément, c'est : *La Littérature des grammaires, dictionnaires et collections de mots de toutes les langues de la terre, avec un aperçu sur leur histoire et leurs liaisons.* Berlin, 1815. 1 vol. in-8°. Sa *Grammaire hébraïque* à laquelle il joignit une critique des *Systèmes antérieurs* (1797 et 1814), fraya le chemin aux recherches philosophiques de M. Gesenius sur cette langue. Plus tard, il publia un *Commentaire sur le Pentateuque* (1802. 3 vol.). Cet ouvrage est rempli de vues profondes sur les monumens de la plus haute antiquité, et les principes qu'il y émet sont tout-à-fait indépendans des systèmes théologiques. Vater fit encore paraître en 1810, une *Traduction avec des Commentaires du prophète Amos;* en 1819, des *Eclaircissemens sur le droit canonique et politique concernant les rapports des princes catholiques avec le pape;* et en 1823, un écrit *sur le Rationalisme, la Religion du sentiment et la Religion chrétienne.* Dans ce dernier ouvrage, son but était de tâcher se concilier les différens partis existant entre les théologiens. Déjà en 1812 il avait publié un travail sur le *Mysticisme* et *le Protestantisme*. Il rédigea, d'abord seul et ensuite conjointement avec MM. Stæudlin et Tzschirner, les *Archives de l'histoire ecclésiastique,* ouvrage périodique consacré à la publication de pièces intéressantes sur l'histoire et la littérature ecclésiastiques anciennes et modernes. Cette collection importante pour les Protestans, a été prohibée en France. Vater était aussi l'un des éditeurs du *Journal des Prédicateurs* qui paraît depuis 1770.

J.

### Nouvelles diverses.

— Le célèbre orientaliste, M. Fræhn, à Saint-Pétersbourg, vient d'achever le catalogue de la collection de médailles orientales, appartenant à M. le chancelier Romanzoff (1). Il y a maintenant huit ans que cette riche collection a commencé; à l'exception des doubles, elle compte sept cents pièces, parmi lesquelles il se trouve des monnaies très-rares des différentes dynasties orientales. M. Fræhn les a divisées en dix-neuf classes : 1° Califes de la dynastie des Ommiades. 2° Abassides. 3° Princes de la maison d'Edris à Maroque. 4° Tabirides à Khorasan. 5. Samanides dans la grande Bucharie. 6. Tulumides en Egypte. 7° Bnides. 8° Schahs de Coresmie. 9° Khans de Turkestan. 10° Seldjouks de l'Asie mineure. 11° Atabecks. 12° Khans à Kaptschak de la famille des Dschoudes, ou de la tribu d'or. 13° Khans tartares de la Crimée. 14° Khans de Persie de la famille mongole de Hulagon. 15° Khans de la famille de Timour, de Dschagatai, dans la grande Bucharie. 16° Sultans ottomans. 17° Sophis de Perse. 18° Rois de Géorgie. 19° Mé-

(1) M. le comte Romanzoff, chancelier de l'empire, est mort dans les premiers jours de 1826, à Homel, campagne qu'il possédait dans l'Ukraine. Il était ami des sciences et consacrait à leur développement son tems et sa fortune. C'est surtout à ses instances et à ses sacrifices que les sciences doivent l'expédition de Krusenstern.

dailles qui ne sont pas encore déterminées. Parmi ces classes, les plus riches sont celles des Samanides et de la tribu d'or, qui représentent presque une série complète de princes. Toutes ces médailles ont été trouvées sur le territoire russe, et en grande partie dans les domaines de M. le chancelier. Des paysans ont découverts à Homel à peu près 80 médailles des Lamanides, de l'époque de 896 à 942, et frappées dans la grande Bucharie.

— L'université de Kasan, en Russie, qu'un incendie avait forcé de suspendre ses travaux, a été réorganisée. Les nouveaux bâtimens construits avec beaucoup de magnificence, et la nouvelle église, ont été inaugurés, les étudians examinés de nouveau, et toutes ces cérémonies ont été terminées le 15 septembre, anniversaire du couronnement de Sa Maj. par un acte solennel, et un discours de M. le chancelier (*curator*) de l'université, qui a témoigné sa satisfaction à tous les membres. Les instrumens, les collections et tous les cabinets ont été entièrement renouvelés ou du moins très-complétés. Les cabinets d'astronomie et de physique ont coûté 40,000 roubles de réparation, le cabinet de médailles 20,000, et celui de zoologie 10,000. Le zèle du gouvernement fait encore espérer l'augmentation de la bibliothèque et la fondation d'un institut clinique.

— Nous avons déjà parlé des voyages que le professeur François Erdmann a faits dans le but d'examiner quels sont les anciens édifices qui se trouvent sur les bords de la Kama dans les gouvernemens de Wætka et d'Orenbourg. Il a de nouveau visité ces lieux pendant les mois d'avril et de mai, et a fait deux découvertes très-intéressantes. La première est le château du diable (*Teufelsburg*) près de

Jélabuga, dont l'histoire se perd dans les tems fabuleux, et la seconde est une ancienne Metsched tartare, très-bien conservée et entourée d'un grand nombre de pierres sépulcrales. Elle se trouve dans le village de Kalmasch, à cinquante werstes d'Ufa; elle est habitée de Metschéraedes et de Teptères. Les Tartares des ces contrées la regardent comme un lieu saint, et y font des pèlerinages. Une des tombes qui l'entourent, semble au milieu des inscriptions kufiques dont elle est chargée, porter le nom de Mustapha, Khan de la tribu d'or, et la date de 824 de l'égire. Les questions que M. Erdmann a adressées aux habitans du village de Kalmareh, sur l'antiquité et l'histoire de ce monument, n'ont pas été résolues d'une manière précise et satisfaisante. M. Erdmann a eu à combattre un grand nombre de difficultés résultant du manque absolu de communication entre ces provinces ; cependant il est parvenu à recueillir un assez grand nombre de manuscrits précieux qu'il a déposés à la bibliothèque de Kasan. C'est un *Schachnaméh* de *Ferdusi*, un *Chamsé* de *Nigami*, orné de beaucoup de figures ; l'ouvrage de *Hamdullah* sur la géographie; les poésies d'*Hafiz* ; les biographies des poètes persans par *Dewletschah* ; le roman de *Joussouf* et *Zoleikha* par *Dschami* (*Gianei*) ; la biographie de *Schach Abbas* par *Iskender Munschi* ; les œuvres philosophiques et médicales d'*Ibn Sina* ; l'ouvrage d'*Abdurrahma* sur la grammaire, etc.

— M. J. Voigt, professeur d'histoire et directeur des archives à Kœnigsberg, annonce que son ouvrage sur l'*Histoire de Prusse depuis les tems les plus reculés jusqu'à la fin de la domination de l'ordre teutonique*, va paraître en sept volumes. Le gouvernement a accordé à ce savant auteur les mêmes avantages que M. de Kotzebue avait autrefois obtenus pour composer son *Histoire de Prusse.* Le nom de l'auteur de ce nouvel ouvrage, déjà connu par plusieurs écrits historiques très-distingués, fait espérer que la faveur du gouvernement prussien produira cette fois un ouvrage plus profond et plus utile que celui de M. de Kotzebue.

— M. Berggren, ancien prédicateur de l'ambassade suédoise à Constantinople, a recueilli pendant ses voyages en Orient, des matériaux pour composer un *Dictionnaire arabe-français*, et dans ce moment il le fait imprimer à Saint-Pétersbourg. Il fera aussi imprimer la *Bible des Druses* qu'il a reçue d'un évêque maronite. ( *Gaz. litt. de Halle.* )

— Le Consul général suédois à Stralsund, M. de Lundbladd auteur du *Plutarque suédois* et de quelques autres ouvrages, a publié, il y a peu de tems, une *Histoire de Charles X, roi de Suède.* On y trouve des détails très-curieux sur quelques événemens, qui précédèrent la guerre de 30 ans, et plusieurs anecdotes très-intéressantes sur la reine Christine. L'auteur s'occupe d'une traduction française de son ouvrage, qui doit paraître sous peu à Paris. ( *Idem.* )

— Le royaume de Bavière possède déjà une *Collection des documens relatifs à son histoire*, publiée par l'académie de Munich (1760. 22 volumes in-4$^{to}$). Cependant cette collection, malgré son étendue, est loin d'être complète : les actes qui la composent ne se suivent pas d'après l'ordre chronologique et l'on y rencontre une foule de pièces insignifiantes qui rendent difficultueuses et embarassantes les recherches que l'on y fait. Les savans désiraient depuis long-tems qu'on en fît une nouvelle revue. Un littérateur distingué, M. C. H. de Lang s'en est chargé et a commencé la publication de : *Regesta, sive rerum boicarum autographa ad annum usque* 1300. Munich. 1822-1825. 3 vol. in-4$^{to}$. Non seulement l'éditeur a rangé tous ces documens d'après l'ordre chronologique, mais il les a encore classés, d'après les tribus allemandes auxquelles ils se rapportent, en Bavaroises, Alémaniques et Franconiques. Le premier volume contient 1342 pièces, depuis l'année 773 jusqu'en 1200; le second 1570 jusqu'en 1250; et le troisième 1760, jusqu'en 1275.

— L'université d'Erlangen, en Bavière, a clos définitivement ses cours le 31 juillet dernier. De tous les savans auxquels le roi s'est adressé, pour les inviter à entrer dans la nouvelle université de Munich, on ne connaît jusqu'à présent que le baron de Hormayr, historiographe de la maison impériale d'Autriche, qui ait accepté ; il doit arriver sous peu à Munich. Ce savant est connu par un grand nombre d'ouvrages très-estimés.

— La société qui s'est formée à Wiesbaden pour encourager l'étude des antiquités trouvées en Nassau et pour l'histoire de ce duché, a tenu sa quatrième séance annuelle le 29 mai de cette année. Le directeur, M. de Rœsler, a lu un rapport sur les travaux de la commission, les achats de l'institut, et sur la mesure salutaire qu'a prise le gouvernement en défendant de vendre des antiquités à l'étranger. M. de Gerning a communiqué un mémoire sur les deux temples de Mithras, découverts il y a peu de tems à Hædernheim, et sur la colonie romaine qui y était établie, et qui, selon Vopiscus doit avoir été une des plus considérables de la Germanie. Il a ajouté quelques notices sur le fort de Drusus, près de Hombourg, en exprimant le vœu de le voir retablir comme celui près d'Erbach. M. Habel a présenté des dessins exacts des autels, des inscriptions et d'autres objets trouvés dans les deux temples de Mithras, et M. le pasteur Luja a donné lecture d'un mémoire sur les habitations des Cattes et des Matliaques et sur le passage du Rhin par César. L'auteur de ce mémoire, M. Kraus, inspecteur ecclésiastique, est mort il y a quelques années. La séance a été terminée par la nouvelle nomination des six membres de la commission directrice: les membres qui en ont fait partie l'année dernière ont été maintenus, de même que le directeur M. de Rœsler.

— Depuis quelques années les amis des sciences naturelles en Allemagne, se réunissent annuellement pour se communiquer les découvertes nouvelles que chacun d'eux a pu faire, et pour former ainsi entre eux des relations plus intimes. S. M. le roi de Saxe a offert sa capitale pour tenir l'assemblée de 1826. En conséquence, MM. Seiler, directeur, et Carus, secrétaire de la société, ont invité par des circulaires les médecins et les naturalistes membres de la société, à se réunir le 18 septembre, à Dresde, et à annoncer à l'avance les mémoires qu'ils ont l'intention de communiquer à la société, afin que la direction puisse prendre les arrangemens nécessaires.

— Le nombre des étudians de l'université de Berlin se monte cette année à 1642, parmi lesquels il y a 1241 Prussiens (dont 217 de Berlin) et 401 étrangers. La faculté de théologie en compte 441, celle de droit 641, celle de médecine 389 et celle de philosophie 171.

L'université de Breslau compte 853 étudians.

— Le 24 Janvier, l'académie de Berlin a tenu une séance publique en mémoire de Fréderic II. M. Schleiermacher, secrétaire de la classe philosophique, a ouvert la séance. M. Uhden a donné lecture d'un mémoire sur une mosaïque antique qui se trouve dans la collection royale, et M. Schleiermacher a communiqué un autre mémoire dans lequel il a traité de l'opinion de Platon sur la médecine pratique.

— MM. d'Ammon, prédicateur ordinaire du roi de Saxe et Drumann, surintendant de l'église de Darmstadt, ont reçu l'ordre de l'aigle rouge, troisième classe.

— *Statistique des langues parlées en Amérique.* 11,647,000 habitans parlent l'anglais; 10,584,000 l'espagnol; 7,593,000 l'indien; 3,740,000 le portugais; 1,242,000 le français; 216,000 le hollandais, le danois, et le suédois.

— *Librairie allemande.* Nous avons sous les yeux le catalogue des livres qui ont été publiés en Allemagne dans la première moitié de l'année 1826. Il en résulte qu'il a paru en six mois plus de 260 livres de théologie, dont un tiers de théologie catholique; plus de 70 ouvrages de jurisprudence et 150 d'économie politique; plus de 120 de médecine ou de chirurgie; 21 de chimie et de pharmacie; 92 de physique et d'histoire naturelle; 107 de mathématiques; 63 sur le commerce et la technologie; 104 sur l'économie rurale et forestière; 38 de philosophie; plus de 150 écrits sur l'instruction publique et l'éducation; 180 de philologie; 165 d'histoire et de biographie; 22 de mythologie et d'antiquités; 112 de géographie et de statistique; plus de 200 ouvrages sur la belle-littérature et sur les beaux-arts; enfin 110 de mélanges: en tout près de 2000 ouvrages, sans compter les journaux ordinaires et une foule de romans, de pièces de théâtre, de contrefaçons, de réimpressions, d'atlas, etc.

— *Attala, Réné et le dernier des Abencérages.* (1) Ces trois romans de M. de Chateaubriand viennent d'être traduits en allemand par M. Ehrenfried Stœber. Si c'est un malheur pour un grand écrivain que ses ouvrages tombent entre les mains de ces traducteurs à gages, qui font du génie étranger métier et marchandise, M. de Chateaubriant a lieu de se féliciter d'avoir trouvé un aussi fidèle interprète que M. Stœber. Poète lui-même, et également maître des deux langues, il sent vivement les beautés de l'ouvrage original, et sait les rendre en termes équivalents. Il a surtout rendu avec bonheur la romance du *Captif* et celle du *Cid*, dans le dernier des Abencérages.

— La librairie Cotta à Stoutgard, annonce une nouvelle édition des œuvres complètes de Herder, dont les soixante volumes ne coûteront aux souscripteurs que 53 fr. 50 centimes. Jusqu'à ce jour on n'avait que l'édition originale des œuvres de ce spirituel écrivain, et une contrefaçon publiée à Vienne, mais les prix excessifs de ces deux éditions ne permettait qu'à bien peu de personnes d'en orner leur bibliothèque. Nous ne pouvons donc qu'applaudir à cette entreprise ; elle mérite tous les suffrages et ne manquera pas de succès.

La même librairie s'occupe aussi de la publication de deux éditions des œuvres de Gœthe. La première, en petit format, paraîtra en huit livraisons, composée chacune de cinq volumes de dix-huit à vingt-trois feuilles imprimées sur papier d'impression, et coûtera 42 francs pour ceux qui souscriront

---

(1) *Atala. Réné. der letzte der Abenceragen*, etc. Paris et Strasbourg, chez F. G. Levrault, in-12. 1826.

avant la Saint-Michel prochaine ; les exemplaires sur papier vélin reviendront à 72 fr. La seconde, en format in-8°, formant également quarante volume, paraîtra aussi par livraisons de cinq volumes, et sera des prix suivants : sur papier d'impression ordinaire 16 fr. la livraison; sur papier blanc 20 fr. la livraison, et 25 fr. 50 cent. sur papier vélin. Les volumes supplémentaires qu'on pourrait ajouter, seront du même prix. (1)

— La gazette littéraire de Leipsic annonce une seconde traduction de l'*Histoire de la révolution française*, par M. Mignet. Cet important ouvrage est fort estimé en Allemagne, où l'on n'hésite pas à le déclarer classique. Le critique fait néanmoins une observation que nous soumettons à M. Mignet ; il lui reproche de s'être trompé souvent dans la rédaction des dates républicaines. Il sera facile de corriger ces méprises dans une nouvelle édition.

— M. Wilken, bibliothécaire en chef et professeur à Berlin, un des savans les plus distingués, que l'on avait craint de voir enlever aux lettres allemandes, par une affection mentale qui l'affligeait depuis long-tems, a enfin heureusement échappé à cette affreuse maladie. A peine avons-nous eu le plaisir d'être instruits de son rétablissement, que nous avons reçu le quatrième volume de son *Histoire des croisades*. « Une maladie longue et pénible, dit l'auteur, m'a empêché pendant plusieurs années de continuer mes travaux : mais maintenant que j'ai recouvré la santé, je promets la fin de cet ouvrage pour un terme très prochain. » Cette histoire, dont les matériaux ont été recueillis en grande partie à Paris, mériterait d'être comparée à celle de M. Michaud.

---

(1) On souscrit, pour ces deux ouvrages, à Strasbourg; chez Treuttel et Würtz, libraires, rue des Serruriers, n° 30.

Jean-Pierre Hebel

Bibliothèque Allemande Tom. II.  Lith.: de M.F.Boche

# MÉMOIRES ET NOTICES.

## ESSAI SUR L'HISTOIRE DES SCIENCES HISTORIQUES EN ALLEMAGNE.

*Observations préliminaires.*

L'OBJET spécial de la BIBLIOTHÈQUE ALLEMANDE est de faire connaître en France l'état actuel de la littérature en Allemagne ; mais l'état présent étant le résultat de celui qui a précédé, il est indispensable d'exposer par quelles révolutions successives la littérature allemande est devenue ce qu'elle est. Nous donnerons en conséquence une suite de notices historiques sur les principales branches de cette littérature : une revue générale terminera ces tableaux séparés. Nous avons déjà, à plusieurs occasions, indiqué les principales époques de l'histoire littéraire d'Allemagne, auxquelles on devra rapporter les notices sur les genres particuliers. Il suffira de rappeler ici qu'on divise ordinairement l'histoire générale de la littérature en Allemagne jusqu'au commencement de ce siècle, en sept périodes : I. Les premiers tems jusqu'à Charlemagne ; II. Depuis Charlemagne jusqu'aux empereurs de la maison de Souabe, de 768 à 1137 ; III. Les tems des Minnesinger, ou des poètes souabes, jusque vers 1346 ; IV. L'âge des maîtres-chanteurs, de 1346 à 1520 ; V. Depuis la réformation, ou la traduction de la Bible par

Luther, jusqu'à Opitz, 1639 ; VI. Depuis Opitz jusqu'à Lessing et Klopstock ; VII. Enfin, depuis le milieu du dix-huitième siècle jusqu'au commencement de celui-ci. Cette division, qui a d'ailleurs l'avantage de se rattacher à de grandes révolutions politiques, est trop bien marquée pour qu'il soit permis de s'en écarter ; et c'est à tort que M. Loève-Veimars en a suivi une autre dans son *Résumé de l'histoire de la littérature allemande*, ouvrage d'ailleurs estimable à certains égards. Nous suivrons dans ce premier essai l'ouvrage publié par M. Wachler, bibliothécaire à Breslau, sous le titre de *Geschichte der historischen Wissenschaften* (*Histoire des sciences historiques depuis la renaissance des lettres et des sciences*. 2 tomes en 5 parties. Gœttingue, 1812 à 1820). M. Wachler divise l'histoire des sciences historiques chez les modernes en cinq périodes. La première commence vers la fin du treizième siècle, alors que l'esprit de liberté était dans toute sa force dans les cités républicaines de l'Italie, que l'Espagne régénérée poursuivait avec succès sa lutte contre les Maures, et qu'en France la politique royale était aux prises avec une aristocratie puissante et factieuse. La seconde embrasse le quinzième et le seizième siècles, si féconds en inventions et en découvertes, et si agités par de grandes révolutions. La troisième comprend le dix-septième siècle qui vit la grandeur de Gustave-Adolphe, la chûte des Stuarts et le glorieux despotisme de Louis XIV. La quatrième période commence avec le dix-huitième siècle et s'étend jusqu'à l'époque où les historiens de la Grande-Bretagne deviennent les modèles dans l'art d'écrire l'histoire. Enfin la cinquième embrasse les derniers tems jusqu'à nos jours.

Cette division générale, d'accord, pour l'essentiel, avec celle de l'histoire littéraire des Allemands, est parfaitement applicable aux progrès des sciences historiques en Allemagne.

PREMIÈRE PÉRIODE. *Treizième et quatorzième siècles.*

Si la littérature est en général l'expression de la société, aucun genre en particulier n'est déterminé plus directement par l'état moral et intellectuel, politique et social des nations, et ne le représente en conséquence plus fidèlement que la littérature historique. Les tems barbares se contentent de vagues traditions, de chants populaires, de chroniques informes, d'arides annales, en un mot, de monumens grossiers, semblables au monceau de pierres que les Israélites élevèrent pour perpétuer le souvenir du passage du Jourdain. Les tems de servitude et de despotisme offrent des récits pompeux et adulateurs, où le bien public n'est compté pour rien, et où tout est rapporté au prince, à la cour ou à la caste dominante : telles furent ces pyramides d'Egypte, double monument d'une servilité sans compensation et d'une puissance sans utilité, et dont la réflexion fait évanouir tout ce qu'il y a en apparence de grand et de sublime.

Toujours également fidèle aux yeux du philosophe, quant à l'esprit général des tems, l'histoire suit pas à pas, quant à sa perfection, les progrès des lumières et de la liberté. Il y a aussi loin des historiens du treizième siècle à Hume et à Robertson, que de la société dans le moyen-âge à celle de la Grande-Bretagne au milieu du dix-huitième siècle. Pour se faire une idée générale de la manière d'écrire l'histoire, dans cette première période, il suffit de jeter un coup-d'œil sur l'état social d'un côté, et de l'autre sur l'état des connaissances.

Il s'était formé en Allemagne, dans ces premiers tems, trois espèces de sociétés ayant des lois et des constitutions différentes : les seigneurs féodaux, les monastères et les villes libres. Les nobles qui, sous les empereurs de la maison de Souabe, avaient cultivé la poésie, retombèrent dans la barbarie, et il ne s'éleva aucun historien parmi eux qu'on puisse comparer à Ville-Hardouin ou à Joinville. Les moines, qui furent long-tems les seuls chroniqueurs, rapportaient tout à leur ordre et faisaient de leurs cloîtres le centre de l'univers. Peu d'entre eux surent, comme Otton, évêque de Freisingen (mort en 1158), s'élever à des considérations générales. La plupart ayant écrit un latin barbare, ils sont hors de notre plan. Les premiers historiens nationaux s'élevèrent dans ces cités républicaines, qui placées immédiatement sous la protection de l'empereur, surent à la fois se préserver du joug de la féodalité et de l'influence du clergé. Le plus remarquable de ces écrivains est Jaques Twinger de Kœnigshofen [*Regiovillanus*] (1), prêtre de Strasbourg, contemporain de Froissart. Sa *Chronique*, écrite en allemand et très-utile pour l'histoire du treizième et du quatorzième siècles, se rapporte surtout à l'Alsace et à Strasbourg. Après lui, les plus intéressans des ouvrages en langue vulgaire sont : la Chronique de Hesse, par Jean Riedesel, antérieur à Kœnigshofen ; celle de la ville et des seigneurs de Limbourg, commencée par Tillmann, et continuée jusqu'en 1461, par Gensbein. Vers le même tems, Jean Rothe, dominicain d'Eisenach, écrivit en allemand une *Chronique de la Thuringe*, depuis la naissance de J. C. jusque vers le milieu du quinzième siècle, tandis qu'Eberhard Windeck de Mayence composait l'*Histoire du roi Sigismond* (2). Tels sont, avec les deux recueils de lois

---

(1) Voyez J. J. Oberlin, *De J. Tw. Regiovillano*, Strasbourg, 1789; in-4. La meilleure édition est celle de Schilter, Strasbourg, 1698. in-4.

(2) Ces deux auteurs se trouvent dans *Menke, Scriptores rerum germanicarum.*

publiés dans la seconde moitié du treizième siècle l'un pour le nord, sous le titre de *Miroir des Saxons* (1), l'autre pour le midi de l'Allemagne, sous le nom de *Miroir des Souabes* (2); les principaux documens historiques en langue allemande de cette première période.

SECONDE PÉRIODE. *Le quinzième et le seizième siècles.*

Deux grands événemens, ou plutôt deux grandes révolutions remplissent ces deux siècles, d'ailleurs illustrés par les découvertes et les inventions les plus importantes : la renaissance des lettres anciennes et la réformation changèrent toutes les idées, en même tems que l'application plus générale de la boussole et de la poudre à canon préparèrent un changement total dans les habitudes sociales et politiques, et que l'imprimerie offrait un moyen facile d'instruction et de communication. Les restaurateurs de l'étude des anciens en Allemagne, Reuchlin et Rodolphe Agricola, et leurs nombreux disciples, attaquèrent avec autant de succès que de courage l'obscurantisme scolastique. Erasme, Ulrich de Hutten et leurs amis achevèrent l'œuvre; et si l'amour enthousiaste de l'antique arrêta pour quelque tems les progrès de la langue nationale, la civilisation en général y gagna. L'étude des historiens anciens influa nécessairement sur la manière d'écrire l'histoire; mais elle fit encore préférer pour long-tems la langue latine. La réformation, par la vive polémique qu'elle provoqua et qui roulait

---

(1) La meilleure édition du *Sachsenspiegel* et celle de C. W. Gærtner. Leipsic, 1732. in-fol.

(2) Voy. *Schilteri Thesaurus*, II.

presque toujours sur des faits, donna une impulsion nouvelle aux études historiques. Des travaux immenses furent entrepris de part et d'autre pour légitimer les prétentions et les réclamations opposées, et bien que les controversistes fussent souvent plus dirigés dans leurs recherches par l'intérêt de leurs partis respectifs que par l'amour de la vérité, ils produisirent au jour une grande masse de faits, matériaux précieux pour les historiens à venir. Mélanchthon recommanda vivement l'étude de l'histoire, et elle commença dès-lors à être publiquement enseignée dans les universités protestantes. Dans ces grands débats, la nécessité de justifier, aux yeux d'un public immense, qui ne demandait pas seulement à satisfaire une vaine curiosité, mais qui voulait se fixer sur les questions les plus graves et les plus saintes, les faits qu'on avançait en présence d'adversaires attentifs aux moindres négligences, força les historiens à recourir aux sources. La critique et l'érudition furent désormais indispensables, et un grand nombre de prétendus faits, aveuglément adoptés jusqu'alors, furent démontrés faux et controuvés. La réformation, en suscitant un nombreux public avide d'instruction, assigna aux historiens un but bien plus élevé que ne pouvait l'être celui de leurs prédécesseurs, dont toute l'ambition s'était bornée le plus souvent à charmer les loisirs du cloître par des légendes et de pieux mensonges, à amuser quelques bourgeois par le récit de la fondation de leurs petites cités, ou enfin à flatter les princes et les nobles par le souvenir des promesses de leurs ancêtres. On commença à sentir la nécessité d'assigner aux faits des dates certaines. Théodore Bibliander (1) de Zurich, Gérard

---

(1) *Temporum a condito mundo supputatio partitioque exactior.* Bâle, 1558. in-fol.

Mercator (1) de Ruremonde, Abraham Bucholzer (2) jetèrent les fondemens d'une chronologie plus exacte.

La géographie fut cultivée avec zèle. Depuis les grandes découvertes des Portugais et des Espagnols, la curiosité ne se borna plus à la Terre-Sainte ; mais celle-ci fut long-tems encore le pays de prédilection.

Hans Tucher (3) et Bernard de Breydenbach (4) publièrent en allemand des relations recherchées, de leurs pèlerinages dans la Palestine. Plus tard, Jaques Ziegler (5) décrivit, dans un latin élégant, la Syrie, la Palestine, et l'Arabie. Le botaniste Léonard Rauwolf (6) mort en 1596, fit un voyage scientifique dans la Syrie, la Judée, l'Arabie, la Mésopotamie, l'Assyrie et l'Arménie. Ces mêmes contrées, ainsi que l'Egypte, furent visitées vers le même tems (de 1565 à 1578), par le patricien de Nuremberg, Christophe Fürer de Haimendorf (7), et par J. J. Breuning (8), qui voyagea avec le Français, Jean Carlier de Pinon. Leurs ouvrages méritent encore aujourd'hui d'être consultés. Le

---

(1) Il publia en société avec Béroalde, prédicateur de Genève : *Chronologia ex eclipsibus et observationibus astronomicis et S. S. testimoniis demonstrata.* Bâle, 1577. in-8.

(2) *Isagage chronologica.* Freystatt 1576 in-8. — *Index chronologicus.* Francf. 1612. in-8.

(3) *Wallfahrt und Reise in das gelobte Land.* Augsb. 1482. in-fol.

(4) *Heilige Reisen.* Mayence, chez Schœffer 1486. in-fol.

(5) *Quæ intus continentur, Syria, ad Ptolemaici operis rationem,* etc. Strasbourg, 1532.

(6) *Beschreibung der Raiss, so er in die Morgenlænder vollbracht.* Francf. 1582. 3 vol. in-4. L'année suivante parut un quatrième volume tout consacré à la botanique.

(7) *Itinerarium Ægypti.* Nuremb. 1620. in-4.

(8) *Orientalische Reyss.* Strasbourg, 1612. in-fol.

Journal d'Etienne Gerlach (1), aumônier de l'ambassade d'Autriche à Constantinople, de 1573 à 1578, renferme des détails intéressans sur les Turcs et sur leurs rapports avec les Grecs, récemment subjugués. C'est par Gerlach que M. Crusius obtint une partie des notices dont celui-ci composa sa *Turco-Græcia.* (2) Il faudrait comparer avec ces ouvrages la relation d'un voyage que Salomon Schweigger (3) fit vers le même tems à Constantinople et à Jérusalem.

La Russie était, à cette époque, beaucoup moins connue que l'Orient. Les premiers renseignemens authentiques sur ces vastes contrées sont dûs au baron de Herberstein (4). La curiosité universelle portée vers les merveilles du nouveau monde, produisit un grand nombre de compilations plus ou moins exactes; mais l'ouvrage le plus remarquable qui parût en Allemagne, dans le seizième siècle, sur l'Amérique, est la description du Brésil par le Hessois, Jean Staden (5), que R. Southey a insérée en entier dans son histoire de cet empire.

La géographie mathématique ne fut pas cultivée avec moins de zèle que la géographie politique et physique. Les cartes de Mercator furent les meilleures jusqu'au dix-septième siècle. Il parut un grand nombre de topographies des villes et des provinces de l'Allemagne. La Germanie tout entière fut décrite par

---

(1) *Tagebuch der an die Pforte abgefertigten Gesandtschaft*, publié par le petit-fils de l'auteur. Francf. 1674. in-fol.

(2) Bâle, 1584. in-fol.

(3) *Eine neue Reyssbeschreibung nach Constantinopel und Jerusalem.* Nuremb. 1608. in-4.

(4) *Commentarius de rebus moscoviticis.* Bâle, 1556. in-fol.

(5) *Wahrhaftige Historia und Beschreibung einer Landschafft der wilden, naketen, grimmigen Menschenfresser Leuthen.* Marbourg, 1557. in-4.

Joachim de Watt (1), la Suisse par Glareanus (2) et par Simler (3) Tous ces travaux furent surpassés par la cosmographie universelle de l'orientaliste Sébastien Münster (4), professeur à Bâle, mort en 1552.

Nous passons sous silence les nombreuses compilations généalogiques et héraldiques qui parurent dans cette période, et qui sont toutes plus ou moins falsifiées par la vanité des grandes familles ou par l'adulation et le manque de critique des auteurs. (5)

L'archéologie en général fut cultivée avec peu de succès, et l'on ne s'y appliqua guère que pour faciliter l'intelligence des textes classiques. La science numismatique fit plus de progrès. Les princes d'Autriche et de Bavière, et de riches citoyens d'Augsbourg et de Nuremberg, à l'exemple des Italiens, formèrent des collections de médailles, et l'on ne tarda pas à en tirer d'utiles renseignemens pour l'histoire. Parmi ces nobles patriciens qui se consacrèrent tout entiers à la science de l'antiquité, il en est un surtout qui mérite d'être placé sur la même ligne que tout ce que l'Italie produisit de plus illustre en ce genre : c'est Wilibald Pirkheimer (6), sénateur de Nuremberg, l'un des plus grands hommes de l'Allemagne littéraire. Il forma

---

(1) *Germaniæ descriptio.* Marbourg, 1542. in-8.

(2) *Helvetiæ descriptio.* Bâle, 1519. in-4.

(3) *De Helvetiorum republica, pagis, etc.* Zurich, 1574. Paris, 1577. in-8.

(4) *Cosmographia generalis*, en allemand, Bâle, 1543. in-fol.

(5) L'ouvrage le plus complet de ce genre est celui de Jérôme Henninges, intitulé : *Theatrum genealogicum.* Magdebourg, 1598. in-4.

(6) Né en 1470, mort en 1531. Sa vie, par Rittershus, se trouve en tête de l'édition complète de ses œuvres : *Opera politica, historica, philologica, etc.* Ed. Goldast. Francf. 1610. in-fol.

un cabinet d'antiquités et de médailles, contribua plus que personne à répandre dans sa patrie le goût et la connaissance des lettres anciennes, et à y faire prévaloir la réformation. Hubert Golz (1) de Wurzbourg, mort en 1583, embrassa le premier la science des médailles dans toute son étendue; mais, par une critique arbitraire, il y introduisit une foule d'erreurs. Il fut infiniment surpassé par Adolphe Occon, auteur d'une excellente histoire monétaire des empereurs romains jusqu'à Héraclius. (2)

Dans ce siècle polémique, où l'histoire se traitait comme on instruit un procès qui se plaide contradictoirement, en même tems qu'on sentit la nécessité de recourir aux sources mêmes, on tira de la poussière des archives des documens précieux; on sauva de l'oubli, dans lequel ils étaient ensevelis, les historiens les plus remarquables du moyen-âge, et l'on commença à former ces volumineuses collections, depuis si enrichies par les Freher, les Goldast, les Lindenbrog, les Meibom, les Schilter, etc. Ainsi, pour ne citer qu'un ou deux exemples, Peutinger publia *Paul Warnefried et Jornandès*, et Cuspinien la *Chronique d'Otton de Freisingen*.

Cependant cet appareil et ces formes savantes mêmes nuisirent à l'art d'écrire l'histoire en Allemagne. Les historiens allemands travaillaient moins pour leur nation que pour les savans de tous les pays, et leurs ouvrages, la plupart écrits en latin, sont en général dépourvus de ce vif intérêt, de cette chaleur, de cette originalité nationale, qui animent à un si haut degré les compositions de plusieurs historiens italiens,

---

(1) *Thesaurus rei antiquariæ uberrimus*, etc. Anvers, 1575. in-4. 1619; in-fol. — *Sicilia et magna Græcia*, etc. Anvers, 1617. in-fol. — *Græciæ numismata*. Anv. 1620; in-fol. — *Opera*, 1708. 5 vol. in.fol.

(1) *Imperatorum rom. numismata etc*. Anvers, 1579. in-4.

français et espagnols de cette époque. Il ne s'éleva parmi eux aucun écrivain qu'on puisse comparer à Machiavel ou à Guichardin, à Commines ou à De Thou, à Mendoza ou même à Mariana, par la même raison que l'Allemagne était loin encore de produire des Montaigne et des Arioste, des Cervantes et des Camoëns.

Il parut un grand nombre de compilations sous le titre d'*Histoire universelle*. Nous citerons seulement quelques-unes de celles qui furent composées en allemand, et qui sont curieuses par la lumière qu'elles jettent sur les idées politiques du tems. Telles sont celle de Sébastien Frank (1), écrivain populaire et original, et celle de Jean Carion, disciple de Mélanchton. (2)

L'histoire littéraire fut cultivée avec succès par Conrad Gessner de Zurich. Il publia, jeune encore, une *Bibliothèque universelle, ancienne et moderne*, travail immense, encore utile aujourd'hui. (3)

Les ouvrages sur l'histoire ancienne offrent peu d'intérêt, si l'on en excepte quelques monographies, telles que les *Commentaires* de Cuspinien sur les consuls de Rome (4), la *Comparaison de Rome ancienne avec Rome moderne*, par George Fabricius (5), et surtout l'*Histoire de Cicéron*, par François Fa-

---

(1) *Cronica, Zeytbuch und Geschychtbibel von Anbegyn bis* 1531. Strasb. 1531.

(2) *Chronica durch M. J. C. fleisig zusammengezogen, meniglik nüzlich zu lesen*. Wittenberg. 1532. in-8. Avec la continuation de Funk, 1546.

(3) *Bibliotheca universalis*. Zurich, 1545. in-fol.

(4) *De consulibus romanorum commentarii*. Bâle, 1553. in-fol.

(5) *Roma, s. veteris Romæ cum novâ collatio*. Bâle, 1550. in-8°. In Grævii Ches. III.

bricius (1). Toutefois nous ne devons pas oublier les travaux fort estimables de Reiner Reineccius (2), qui fit preuve d'une critique peu commune.

L'histoire moderne, et surtout l'histoire contemporaine excita plus généralement l'attention, non-seulement des classes supérieures de la société, mais encore de la multitude. Il parut une foule de pamphlets politiques et historiques, qui furent lus avec avidité : les *Nouvelles* qui se vendaient à Francfort-sur-le-Mein, à la clôture de la foire, depuis 1548, les *Rapports* annuels d'Eytzinger (3), et les *Relations* des foires de Francfort, publiées depuis 1590 (4), en latin et en langue vulgaire, peuvent être regardés comme les premiers essais de journaux.

Les deux historiens allemands les plus illustres du seizième siècle sont Jean Sleidan et Jean Turnmayr, dit Aventin de sa ville natale Abensberg.

Le premier, Jean Philipson, de Sleiden, petite ville dans le comté de Manderscheid, est né en 1506. Il se forma aux universités de Cologne et de Paris, et à l'école de droit d'Orléans. A son retour de cette ville, François Ier se l'attacha en qualité d'interprète, et l'employa dans plusieurs ambassades. En 1542, son

---

(1) *Historia Ciceronis*, Cologne. 1563. in-8°.

(2) *Syntagma de familiis quæ in monarchii stribus prioribus rerum potitæ sunt.* Bâle, 1574 — 1580. 4 vol. in-fol., etc. Réimprimé sous le titre : *Historia Julia, S. Syntagma heroïcum.* Helmst. 1594 — 1597. 3 vol. in-fol.

(3) *Jæhrige Geschichtbeschreibung von* 1599 *bis* 1589. Cologne, 1594 et suivant. 2 vol. in-4. — *Niederlændische Geschichtbeschreibung von* 1559 *bis* 1584. Cologne, 1584 in-4.

(4) Les *Relations* continuées jusque dans les derniers tems, furent publiées jusqu'en 1597 sous le nom de *Jaques Frank*, par un certain Lautenbach, que sa mauvaise foi fit éloigner de la rédaction en 1597.

amitié pour Jean Sturm, son compatriote, et recteur de l'académie de Strasbourg, jointe à son attachement au protestantisme, l'engagea à quitter la carrière des honneurs qui lui était ouverte en France, pour se fixer dans la capitale de l'Alsace comme professeur d'histoire.

Bientôt après il fut nommé historiographe des confédérés de Smalcalde, initié dans toutes leurs affaires, et envoyé successivement par les princes protestans d'Allemagne auprès de François I$^{er}$, et par la ville de Strasbourg au concile de Trente. Enfin il publia en 1555 ses excellens *Commentaires sur l'état de la Religion et de la République sous Charles-Quint*, et mourut l'année suivante victime d'une épidémie qui alors ravageait l'Alsace. (1)

Les commentaires de Sleidan embrassent toute l'histoire du règne de Charles-Quint, de 1517 à 1559. L'objet principal de l'auteur était de montrer le véritable point de vue, sous lequel devait être envisagée la réformation, comme l'ouvrage de la Providence, et comme intéressant toute la société européenne. « Il saisissait, dit M. Wachler, les rapports politiques de cette grande révolution, dans toute leur étendue et dans toute leur profondeur, et son esprit pénétrant se représentait toutes les conséquences qui devaient nécessairement en découler. Et c'est pour cela qu'il voulait mettre la postérité à portée de connaître avec exactitude l'origine et les développemens de ces événe-

---

(1) On trouve une notice exacte sur cet historien distingué, par M. Jung, dans le *Musée des Protestans célèbres*. T. I. L'ouvrage principal de Sleidan parut sous le titre: *Commentarii de statu relegionis et reipublicæ Carolo V Cæsare*. La meilleure édition est celle que publia *Am Ende* à Francf. 1785. 3 vol. in-8. La meilleure traduction française est de *Le Courayer*, à la Haye 1767. 3 v. in-4. Sleidan écrivit aussi un abrégé de l'histoire universelle: *De quatuor monarchiis, libri III*, qui fut souvent réimprimé.

mens mémorables. » Les disgressions polémiques auxquelles il est souvent obligé de descendre, surtout pour rectifier les erreurs de Paul-Jove, qui joignait à la vénalité une ignorance complète des affaires d'Allemagne, ne l'entraînent jamais à des mouvemens passionnés et c'est moins le zèle du protestantisme qui respire dans ses réfutations que l'amour de la vérité. Il ne prononce jamais de sentences et n'absout ni ne condamne personne; il expose simplement les faits. Dans son récit, exactement chronologique, il rend avec fidélité ce qu'il a trouvé dans les documens qu'il mit seize années à recueillir. Il était bien instruit, non-seulement des affaires d'Allemagne, mais encore de celles de France, d'Angleterre et d'Italie. S'il laisse quelque chose à désirer, sous le rapport des opérations militaires, il se montre d'autant plus habile à dévoiler les mystères des cabinets et la politique des cours. Aussi son histoire jouit-elle, dès son apparition, d'une grande autorité, malgré les clameurs de quelques fanatiques. Le style de Sleidan, imité de Jules César autant que pouvait le permettre la différence du sujet et des tems, est à la fois simple et élégant. Tous ses adversaires contemporains sont tombés dans une profonde obscurité. Qui connaît aujourd'hui les noms du chartreux Laurent Suhr (1), et du curé Michel d'Isselt (2), qui osèrent écrire, en opposition avec Sleidan, l'histoire contemporaine ?

Jean Aventin est le seul historien allemand du seizième siècle qu'on puisse comparer à Sleidan. Il nâquit en 1477, dans la petite ville d'Abensberg en Bavière ; il fit ses *huma-*

---

(1) *Commentarius rerum suo tempore in orbi terrarum gestarum ab a.* 1500 *usque ad a.* 1566. Cologne 1566. in-8.

(2) *Historia sui temporis* (1566 — 1586). Col. 1602. in-8.

*nités* à Ingolstadt, à Paris et à Vienne. Nommé, en 1509, professeur de littérature ancienne à la première de ces universités, il se distingua au point que, dès 1512, le duc Guillaume IV le chargea de l'éducation des princes ses frères. Après un intéressant voyage qu'il fit avec l'un de ces princes en Italie, il fut nommé en 1517 historiographe de Bavière. Il consacra tout le reste de sa vie à l'étude de l'histoire de sa patrie. Ses *Annales Bavaroises* (1), qu'il composa d'abord en latin et ensuite en allemand, et qui lui ont mérité le nom de père de l'histoire de la Bavière, sont écrites avec une noble franchise et animées d'une piété éclairée. Son latin est pur, et dans son langage allemand, dit son dernier biographe, règne une vigueur semblable à celle de Luther. Une vie tout innocente et toute consacrée à la gloire de la patrie, ne fut point exempte de malheurs. En 1529, étant allé voir sa famille à Abensberg, il fut arraché des bras de sa sœur et jeté en prison. Il avait commis le crime irrémissible alors de manger de la chair le vendredi, et s'était attiré la haine du clergé par la franchise avec laquelle il se prononçait sur les abus de l'église. Mis en liberté par ordre du prince, il se maria, fut plus malheureux que jamais, et mourut en 1534, sans avoir eu le tems de publier lui-même l'ouvrage auquel il avait consacré sa vie.

L'histoire nationale occupa un grand nombre d'autres écri-

---

(1) *Annales Bojorum*, *lib. VII.* Ingolstadt, 1554. Cette première édition est tronquée. Cisner les publia complètes, à Bâle, 1580, 1615. Francf. 1627. La dernière est de Leipsic, 1710, in-fol. Le même Cisner publia la meilleure édition des Annales allemandes; sous le titre de : *Baierische Chronik*, Bâle, 1580, 1622. in-fol. — Voy. sur cet homme remarquable : *Breyer, über Aventin, etc.*, sur Aventin, le père de l'histoire de la Bavière, discours lu dans la première séance de l'académie royale des sciences de Munich, 1807.

vains. « L'histoire de l'Allemagne, dit M. Wachler, était devenue l'objet de l'attention des princes, des hommes d'état et de la partie éclairée de la nation. » Pirkheimer, Conrad Peutinger, Beatus Rhenanus, Wimpheling, Trittheim et plusieurs autres, recherchèrent et expliquèrent les antiquités germaniques. Albert Kranz, syndic de Hambourg, répandit les premiers rayons de lumière sur l'histoire de l'Allemagne septentrionale et des états du nord. Hermann, comte de Nueñar, qu'Ulrich de Hutten appelait le *plus savant des nobles et le plus noble des savans*, porta le flambeau de la critique sur les traditions fabuleuses de l'origine des peuples (1).

François Irenicus (2), professeur à Heidelberg, zélé partisan de la réforme, Jaques Wimpheling (3) de Schlettstadt, traitèrent l'histoire générale de l'Allemagne, et Henri Pantaléon (4) de Bâle publia la biographie des héros de la nation, ouvrage qui, bien qu'écrit sans talent, n'est pourtant pas sans intérêt.

L'empereur Maximilien I$^{er}$, jaloux de conserver la mémoire de son règne, fit rédiger par son secrétaire, sous des noms supposés, sa propre histoire, qui ne fut publiée que vers la fin du dernier siècle (5). Sa cour était le rendez-vous de plusieurs esprits distingués, parmi lesquels nous remarquerons Jean Spiess-

---

(1) *De origine et sedibus priscorum Francorum.* Col. 1521. in-4. — *De Gallia belgica.* Anvers, 1584. in-8.

(2) *Exegesis historiæ Germaniæ.* Haguenau, 1518, et Hannovre, 1628. in-fol.

(3) *Epitome rerum Germanicarum.* Strasbourg, 1505. in-4.

(4) *Prosopographia heroum et virorum illustrium Germaniæ.* Bâle, 1565. 3 vol. in-fol. Et en allemand : *Heldenbuch deutscher Nation.* Bâle, 1568, 1578. 3 vol. in-fol.

(5) *Der weiss Kunig, eine Erzæhlung von den Thaten des Maximilian I.* Vienne, 1775. in-fol.

haymer, connu sous le nom de *Cuspinien* (1), président du conseil impérial, qui publia l'histoire des empereurs jusqu'en 1515, et un traité de l'origine de la religion et du gouvernement des Turcs. Plus tard, le belge Gerhard van Roo (2), bibliothécaire de l'archiduc Ferdinand, frère de Maximilien II, écrivit, avec un profond savoir, une histoire de la maison de Habsbourg, depuis Rodolphe I$^{er}$ jusqu'à Charles-Quint.

L'amour de l'histoire est en raison des beaux souvenirs et de la liberté. La Suisse eut, dès le quinzième siècle, un grand nombre d'ouvrages historiques en langue vulgaire : nous n'en citerons que les plus remarquables. Diebold Schilling de Soleure, greffier au tribunal de Berne, composa une Chronique de ce canton, depuis 1152 jusqu'en 1480. Elle fut approuvée par le conseil de la république et déposée dans les archives. Il n'en a été imprimé que la partie qui est relative à l'histoire de la guerre de Bourgogne, morceau qui doit être compté parmi ce qui nous est parvenu de plus précieux sur cette époque intéressante (3). On y trouve des documens authentiques et plusieurs chansons guerrières, où respire tout le patriotisme qui animait les vainqueurs de Morat, de Granson et de Nancy. La Chronique de Petermann Etterlyn de Lucerne (4), remplie de fables dans la

---

(1) *De Cæsaribus atque imperat. rom.* Strasb. 1540, en allemand par Gaspar Hedio, 1541, in-fol. — *De Turcarum origine, religione ac tyrannide.* Anvers, 1541. in-8.

(2) *Annales rerum domi belloque ab Austriacis Habsburgicæ gentis principibus gest.* Inspruk, 1592. in-fol. Halle, 1709. in-4.

(3) *Beschreibung der burgundischen Kriegen*, etc. Berne, 1743. in-fol.

(4) *Kronica von der löblichen Eydgenosschaft*, etc. Bâle, 1507 et 1752. in-fol.

partie ancienne, offre un grand intérêt dans le récit de la guerre contre Charles-le-Téméraire, à laquelle l'auteur avait pris part en qualité de capitaine. Mais de tous ceux qui cultivèrent à cette époque l'histoire de l'Helvétie, celui qui apporta à cette entreprise le plus de savoir, de zèle et de jugement est Egidius Tschudi de Glaris (né en 1505 et mort en 1572), l'un des hommes d'état les plus savans et les plus actifs de son siècle. Son histoire (1) qui embrasse les tems de 1000 à 4470, est exacte, complète, fidèle, animée d'une noble chaleur et de tous les sentimens du patriotisme le plus pur. Enfin la Chronique de Bâle, par Christian Urstisius ou Wursteisen (2), renferme beaucoup de renseignemens qu'on chercherait vainement ailleurs.

Pour terminer cette liste des historiens allemands les plus remarquables de cette seconde période, il nous reste à citer quelques-uns de ceux qui s'occupèrent de l'histoire des pays étrangers. On forma des collections d'historiens espagnols, anglais, du Nord, de la Pologne, de la Prusse, de la Russie, collections qui ne sont pas encore devenues inutiles aujourd'hui: l'évêque d'Olmütz, Jean Dubrav, écrivit une histoire estimable de la Bohême. Celle des Turcs, qui alors menaçaient incessamment l'Allemagne, fut etudiée avec soin, mais la plupart de ceux qui s'en occupaient ne puisaient guère que dans des sources occidentales. Nous ne citerons que deux écrivains qui méritent encore d'être consultés sur l'histoire de ce peuple

---

(1) *Chronicon Helveticum*, ed. Iselin, Bâle, 1734 — 1736. 2 vol. in-fol. — Voir *Ildephonse Fuchs Egidius Tschudi's Leben und Schriften*. St-Gall, 1805. 2 vol. in-8.

(2) *Basler Chronik*. Bâle 1580. 1765. 1778. in-fol.

tartare *campé* depuis quatre siècles dans une des plus belles contrées de l'Europe. L'un est Jean Lœwenklau ou Leunclavius qui traduisit en latin une version allemande des annales officielles des sultans turcs, trouvée manuscrite à Vienne, après l'avoir comparée avec le texte original; il y ajouta des notes explicatives, fruit d'un long séjour à Constantinople (1). Le second est Auger Gislen Busbeck de Commines, ambassadeur de l'Autriche auprès de la Porte en 1555. Ses lettres (2), écrites avec pureté, renferment des détails précieux sur la milice, le gouvernement et les mœurs des Osmanlis. Ses observations sur la cour de France (3), auprès de laquelle il résida depuis 1570 jusqu'en 1592, comme envoyé de Rodolphe II, sont également recommandables et serviraient utilement à l'histoire de France, pendant la dernière moité du seizième siècle.     W.

---

(1) *Annales Sultanorum Othmanidorum à Turcis suâ linguâ scripti à J. L. latini redditi.* Francf. 1588. in-4. 1596. in-fol. en allemand, 1590. in-fol. — *Historiæ musulmanæ Turcarum de monumentis ipsorum exscriptæ; lib. XVIII.* Francf. 1591. in-fol.

(2) *Legationis Turcicæ epistolæ IV.* Anv. 1595. in-8. Bâle, 1740. in-8. Il faut y joindre son *Iter Constantinopolitanum et Amasianum.* Anvers, 1581. in-8.

(3) *Epistolæ ad Rodolphum II.* Louvain, 1630. in-8.

# ANALYSES ET ANNONCES D'OUVRAGES.

## LITTÉRATURE.

15. *Friedrich Heinrich Jacobi's auserlesener Briefwechsel, etc. — Correspondance choisie de Fréderic Henri Jacabi. Vol. I. Leipsic, 1825.*

(Suite et fin.)

Dans sa critique de la raison pure, Kant, en distinguant l'être tel qu'il est véritablement et en lui-même, d'avec la manière dont il nous apparaît, s'attache à prouver que nous ne connaissons et ne pouvons connaître que cette dernière, tandis que le premier nous reste à jamais inconnu et inaccessible. Selon lui, il y a des sens externes, tels que la vue, etc., et un sens interne, qu'il ne faut pas confondre avec la conscience de nous-mêmes, et qui est uniquement destiné à percevoir les modifications de notre propre être. Or, d'après son système, le sens externe est aussi peu capable de nous faire connaître le monde matériel tel qu'il est en effet, que le sens interne de nous donner une connaissance tout-à-fait vraie et exacte de notre propre être. L'un et l'autre reçoivent de l'être même des impressions; mais ces impressions resteraient absolument vagues et confuses, et ne nous fourniraient aucune connaissance, si elles n'étaient arrêtées et modifiées, en se combinant d'un côté avec les idées de l'espace et du tems, formes nécessaires de l'activité des sens, et appelées par Kant *intuitions pures*, et de l'autre côté avec les idées d'unité ou de pluralité, de possibilité ou de nécessité etc., formes nécessaires de l'entendement, que Kant désignait sous le nom de *catégories*. Or, nos connaissances du monde matériel et de notre propre être ne consistant que dans des sensations modifiées par les formes nécessaires des sens et de l'entendement, et étant par conséquent absolument subjectives, ne sauraient jamais nous donner une idée vraie et exacte de l'être tel qu'il est en lui-même. Quelque imparfaites que soyent ces notions, que nous fournissent nos sens, Kant avoue que notre raison a une tendance irrésistible de s'en servir pour s'élever à la connaissance d'un monde intellectuel, et pour pénétrer dans les profondeurs de notre propre être, afin d'en découvrir la nature et la destination. Mais il prétend en même tems que tous ces nobles efforts restent infructueux, tant qu'ils sont tentés par la raison théorétique. Il cherche à prouver que la spéculation, aussitôt qu'elle veut s'élever au-dessus des régions de l'expérience, se perd dans un abîme infini, où toute réalité disparaît, où elle ne rencontre que doutes et contradictions. La raison théorétique, selon Kant, peut démontrer avec le même degré d'évidence, qu'il existe un être absolu, auteur de toutes choses, et qu'il n'en existe pas; que nous sommes libres, et que nous ne le sommes pas; que nous pouvons espérer une vie immortelle, et que cette espérance est une pure chimère. Ces principes contradictoires, auxquels la spéculation finit par arriver, Kant les appelait les *antinomies* de la raison.

Après de pareilles atteintes portées à la métaphysique, telle qu'elle avait existé jusqu'alors, il n'est pas étonnant que beaucoup de philosophes craignissent que cette science fut à jamais anéantie. Mais le philosophe de Kœnigsberg n'avait détruit que pour reconstruire. En cherchant une base solide pour s'élever à ces vérités sublimes, qui de tous les tems ont été l'objet des méditations des philosophes, il crut l'avoir trouvée dans la morale ; et en se servant de cette dernière science pour établir la métaphysique sur un fondement inébranlable, il parvint à la dégager elle-même des altérations qu'avait fait subir une philosophie superficielle et relachée, et à l'élever à une dignité et une hauteur qu'elle n'avait atteinte jusqu'alors que dans le christianisme.

Kant reconnut dans notre conscience des lois immuables, qui nous prescrivent la manière dont nous devons vouloir et agir dans toutes les circonstances de la vie. Il ne pouvait hésiter d'attribuer ces principes souverains de la volonté à cette même faculté de notre intelligence, de laquelle émanent les premiers principes de la spéculation, savoir à la raison : cependant, pour ne pas confondre les deux différentes directions d'activité de cette faculté sublime, il distingua la raison pratique, source des principes moraux, de la raison pure, source des principes de la spéculation. Or, voici le raisonnement par lequel Kant, dans sa critique de la raison pratique, cherche à s'élever à ces vérités si chères au cœur de l'homme, et qu'il avait déclarées inaccessibles au seul raisonnement spéculatif. La raison (pratique) nous dicte des lois de volonté et de conduite immuables, absolues, générales. Il y aurait contradiction si nous n'étions pas capables d'observer ces lois. Donc nous sommes libres, quoique nous ne puissions jamais concevoir une volonté, indépendante de toute causalité étrangère, et qui soit à elle-même principe de causalité et d'activité. Cette même raison qui nous dicte les lois morales, nous oblige de considérer la vertu comme digne de la félicité. Or dans cette vie, nous ne trouvons que trop souvent, au lieu de cette alliance harmonique de la félicité et de la vertu, la moralité la plus pure abreuvée de toutes les amertumes, et le vice entouré des jouissances les plus délicieuses. Nous devons en conclure qu'après cette vie commencera une autre existence, dans laquelle ces discordances morales cesseront, et où la vertu et la félicité seront alliées ensemble pour toute l'éternité. Mais comme cet ordre moral ne saurait s'établir que par l'intermédiaire d'un être tout parfait, la raison nous force à admettre l'existence d'un Dieu, auteur de toutes choses, et source de toutes les perfections. On voit qu'au lieu de fonder la morale sur la religion, comme on avait toujours fait jusqu'alors, Kant cherchait à fonder la religion sur la morale. C'est pour cela qu'il répétait souvent, qu'il ne concevait pas une religion indépendante, absolue, et encore moins une morale fondée sur la religion, mais bien une éthicothéologie, c'est-à-dire une religion déduite des principes de la morale. Du reste, comme il avait restreint le mot *savoir* aux connaissances acquises par l'expérience et la démonstration, il dut se servir d'un autre mot, pour désigner la conviction avec laquelle nous embrassons les vérités religieuses, qui, dans son système, ne sont que des suppositions nécessaire de la raison pratique : il choisit le mot *foi*, et déclara par conséquent que toute la religion est une foi fondée sur la raison.

Quoique nous dussions supposer une connaissance au moins générale du Kantianisme, nous avons cru devoir en rappeler les points fondamentaux, parce qu'à côté de plusieurs différences essentielles, il existe entre lui et le système de Jacobi un rapport très-intime, et qu'il nous a paru plus facile de faire ressortir les côtés caractéristiques de ce dernier, en le mettant en parallèle avec la doctrine du philosophe de Kœnigsberg.

Jacobi fut un des premiers qui, dans les ouvrages de Kant

reconnurent le génie vaste et sublime dont ce philosophe était doué : ce fut avec l'intérêt le plus vif qu'il suivait ses efforts, pour tirer la philosophie de l'état de décadence dans lequel elle était tombée, et pour lui donner toute l'étendue et toute la solidité, dont elle était susceptible. Mais tout en professant pour son génie extraordinaire la plus haute estime (1), il était loin de partager toutes ses opinions. Jacobi admettait avec Kant, que le seul raisonnement logique ne suffit pas pour arriver à la connaissance de l'existence d'un Dieu, de la liberté de notre volonté et de l'immortalité de notre âme ; il s'exprimait à l'égard de ces vérités comme Kant, en disant qu'elles ne peuvent jamais devenir les objets du *savoir*, mais uniquement de la *foi*. Mais, d'un autre côté, Jacobi rejetait en grande partie la théorie compliquée et obscure de Kant sur les facultés de l'intelligence humaine et sur les lois et les principes de son activité (2) ; il reprochait en outre à ce philosophe d'avoir commis dans son système deux grandes inconséquences. Il prétend d'abord que Kant n'avait aucune raison d'admettre la réalité du monde matériel, puisque, selon lui, nous n'entrons jamais en contact immédiat avec ce monde, mais que toutes les connaissances que nous en avons sont subjectives, et ne consistent que dans nos sensations modifiées par les intuitions pures de l'espace et du tems, et par les catégories de l'entendement (3). Il

---

(1) Il comparait la révolution opérée par ce grand homme dans la philosophie, à celle que Copernic a opérée dans l'astronomie. Voy. T. 3, p. 350.

(2) Voy. T. 3, p. 61 — 197. Sur l'entreprise du criticisme de subordonner la raison à l'entendement.

(3) Voy. Introduction à ses œuvres philosoph. T. 2, pag. 29 etc., et Dialogue sur l'idéalisme et le réalisme T. 3, p. 360.

est vrai, que Kant pour prouver la réalité du monde matériel, se servait du principe de la causalité, en concluant que, puisqu'il y a impression sur les sens, il devait y avoir une cause d'où provenait cette impression. Mais ce n'était au fond qu'une nouvelle inconséquence : car en mettant le principe de la causalité au nombre des formes nécessaires de notre entendement (catégories), Kant ne pouvait plus s'en servir pour démontrer qu'au-delà de nos perceptions sensuelles subjectives, il y avait quelque chose de non-subjectif, qui était l'objet de ces perceptions. Jacobi avait donc parfaitement raison de dire que Kant, s'il était resté tout-à-fait conséquent, serait nécessairement arrivé à un idéalisme achevé, et que le système de Fichte n'est au fond que le développement conséquent du Kantianisme. La seconde inconséquence capitale que Jacobi reproche au philosophe de Kœnigsberg, c'est d'avoir admis, sur l'autorité de la raison pratique, la réalité de Dieu, de la liberté de la volonté et de l'immortalité de l'âme, après avoir démontré que la raison théorétique ne peut les considérer que comme des fictions sublimes. Car, selon Jacobi, Kant n'était autorisé par rien à mettre la raison pratique au-dessus de la raison théorétique, et à accorder à la première une espèce de suprématie sur la dernière. Pour rester tout-à-fait conséquent, il aurait dû s'en tenir au doute, sur ces idées, mais non pas en admettre la réalité d'une manière positive (1). Ce reproche ne nous paraît pas fondé ; car il faut se rappeler que Kant ne considère la raison théorétique et la raison pratique que comme la même faculté, envisagée selon ses deux directions d'activité principales. En appuyant la démonstration de

---

(1) Voy, T. 3, p. 363.

l'existence de Dieu, de l'immortalité de l'âme et de la liberté de la volonté sur les données de la raison pratique, Kant ne prétendait aucunement attribuer à cette faculté une suprématie sur la raison théorétique; il voulait seulement faire voir, que la raison, en partant des lois morales, qui lui sont inhérentes, parvient à des résultats, auxquels il lui est absolument impossible de parvenir en s'appuyant sur les données de l'expérience et en procédant par la voie de la spéculation. On aurait pu, à notre avis, adresser à ce philosophe un reproche plus fondé, c'est d'avoir eu égard, dans sa démonstration des vérités fondamentales de la religion, à l'idée de la félicité, qui d'après son système, doit rester étrangère à la morale. Or, si les lois morales commandent de faire abstraction totale de l'influence que nos actions peuvent exercer sur notre bien-être, nous ne pouvons pas dire que la raison puisse s'attendre à voir un jour la vertu mise en rapport harmonique avec la félicité ; et dès-lors il est inconséquent d'établir sur ce *postulatum* de la raison la démonstration des principes fondamentaux de toute religion.

La base de tout le système de Jacobi est le principe suivant: Il y a des vérités *immédiates*, et des vérités *dérivées*. (1). Les dernières sont le résultat du raisonnement et ont besoin d'être démontrées; les premières nous sont révélées par le sentiment ou par l'intuition, elles sont vraies par elles-mêmes et au dessus de toute démonstration. Sans les vérités immédiates, il n'y aurait pas de vérité dérivée, en remontant de raisonnement en raisonnement, de démonstration en démonstration, on arrive

---

(1) Jacobi aimait à les désigner par l'expression : Vérités de la première et de la seconde main.

nécessairement à des principes, qui sont vrais et évidens par eux-mêmes (1).

Les vérités immédiates sont de deux espèces : les unes se rapportent au monde matériel, les autres au monde intellectuel. La différence essentielle de ces deux espèces de vérité suppose dans l'homme deux organes d'intuition essentiellement différens : c'est d'un côté les *sens* ( *die Sinnlichkeit* ), de l'autre côté la *raison* ( *die Vernunft* ). L'*entendement* (*der Verstand*), faculté intermédiaire entre les sens et la raison, s'empare des connaissances fournies tant par les premiers que par la dernière, les soumet à la réflexion, les analyse et les combine, en forme des notions générales, des jugemens et des raisonnemens. Sans les sens et la raison, l'entendement manquerait de matériaux, et serait sans but; sans l'entendement, les connaissances, fournies par les deux espèces d'intuition formeraient un chaos ; au milieu de la lumière, nous ne verrions pas clair, au milieu d'une abondance d'idées inépuisables, nous resterions dans une ignorance complette.

Voici comment il s'exprime lui-même sur ce point fondamental de son système (2). « Il faut, avant tout, s'en tenir au principe suivant : De même qu'il y a une intuition par les sens, de même il y a une intuition par la raison. Elles sont, l'une et l'autre, les véritables sources de nos connaissances ; mais il est aussi impossible de dériver la première de la dernière, que celle-ci de l'autre. C'est pourquoi le rapport dans lequel elles se trouvent avec l'entendement, et par conséquent aussi avec la démonstration, est le même. La démonstration est sans cré-

---

(1) Voy. OEuvres. T. 3, p. 316. T. 2, p. 108.
(2) Introduction à ses OEuvres philosophiques. OEuv. T. 2, p. 59.

dit, dès qu'elle amène à des résultats contraires à l'intuition des sens, puisqu'elle n'a d'autre but que de ramener une idée quelconque à une intuition des sens qui puisse en prouver la vérité et la réalité. Toutes nos connaissances de la nature émanent de cette intuition des sens, et ramènent finalement à elle; elle est pour ces connaissances la base de la vérité, l'absolu. Par cela même elle est sans crédit, dès qu'elle ne s'accorde plus avec l'intuition de la raison, qui nous révèle les choses d'un autre monde, et nous en fait sentir la réalité et la vérité. »

L'animal, qui appartient tout entier au monde matériel, ne possède que les sens, et une faculté analogue à ce que dans l'homme nous appelons entendement : c'est pourquoi il n'a aucune idée d'un monde intellectuel; ce que nous nommons beau, bon et vrai, n'existe pas pour lui; mais l'homme, quoique appartenant d'un côté à ce monde matériel, est, par son intelligence, membre d'un monde intellectuel; c'est pourquoi il possède aussi un organe d'intuition particulier, dirigé vers ce monde infini; cet organe, c'est la raison (1).

---

(1) OEuv. 2, p. 911. « L'animal n'aperçoit que les choses qui tombent sous les sens; mais l'homme aperçoit ce qui est hors de la portée des sens, et nomme l'organe qui lui fournit la connaissance de ce qui est au-dessus des sens, raison, comme il nomme œil l'organe par lequel il voit. L'animal est dépourvu de l'organe qui aperçoit ce qui est inaccessible aux sens, c'est pourquoi l'idée d'une raison animale est une absurdité. L'homme jouit de cet organe, et ce n'est que par lui et par les connaissances qu'il en acquiert, qu'il est un être raisonnable. Si ce que nous appelons raison n'était que le produit de notre faculté de réfléchir sur les expériences de nos sens, ce serait une vaine prétention de vouloir parler sur des choses intellectuelles : la raison alors serait quelque chose d'imaginaire, une fiction, qui ne reproduirait que d'autres fictions. Mais si elle est l'organe d'une véritable révélation, elle élève notre entendement au-dessus de celui des animaux, elle lui communique la connaissance de Dieu, de la liberté, de la vertu, de ce qui est vrai, beau et bon; elle lui empreint le caractère humain.

Comme les principes, révélés par la raison, ne peuvent pas être vérifiés par l'expérience des sens, ni démontrés par le raisonnement, mais que nous en reconnaissons la vérité d'une manière absolument immédiate, Jacobi voulait qu'on se servît à leur égard exclusivement des mots *croire* et *foi*, en réservant le mot *savoir* aux connaissances acquises par les sens ou par le raisonhement (1). « Ce qui nous est révélé par le sentiment de notre intelligence est l'objet de la foi. Voilà comme nous nous exprimons tous. Il faut croire à la vertu, par conséquent à la liberté, à la spiritualité, à Dieu. Du reste, le sentiment, qui naît de l'intuition des sens, et qui est la base de ce qu'on *sait*, dans le sens propre, est aussi peu au-dessus du sentiment qui est la source des connaissances, que nous embrassons par la foi, que l'animal est au-dessus de l'homme, le monde matériel au-dessus du monde immatériel, la nature au-dessus de son auteur. »

La raison, qui est le caractère distinctif de l'homme, et pour ainsi dire l'essence de notre nature, le centre de notre vie intellectuelle, (2) n'est pas seulement, selon Jacobi, la source de nos connaissances les plus sublimes, mais encore la source d'une volonté tout-à-fait pure et désintéressée, et de nos sentimens les plus nobles; et ce n'est que par l'effet de cette volonté et de ces sentimens, qu'elle s'élève à l'intuition des choses intellectuelles et divines. Il y a, dit-il, dans notre nature une tendance à quelque chose d'infiniment plus haut et plus im-

---

(1) OEuv. 2, p. 60.

(2) Jacobi répétait souvent, qu'au lieu de dire que l'homme possède la raison, il fallait plutôt dire, que la raison possède l'homme. Voy. OEuvr. 2, p. 313.

portant, que tous les intérêts des sens. Dès que l'homme s'est élevé au-dessus des derniers degrés d'abrutissement, cette tendance commence à se faire sentir, et ne peut plus être étouffée par rien. Nous voulons tous, et nous nous sentons obligés de vouloir d'une manière entièrement désintéressée ce qui est vrai, ce qui est bon et beau. Dès que nous nous arrachons à nos désirs sensuels, et que nous nous abandonnons à cette tendance, la vérité, la bonté morale, la beauté pure commencent à se révéler à notre intelligence par un sentiment indéfinissable et d'une manière toute particulière ; nous savons ce que c'est, sans en avoir une idée claire et précise ; nous sommes persuadés que ce ne sont pas des chimères, sans avoir besoin qu'on nous le démontre. Peu à peu, en soumettant ces sentimens à la réflexion, il en naît des idées plus claires et plus précises ; cependant, quelque peine que nous nous donnions, il est impossible de les dépouiller tout à fait de leur caractère mystérieux, et de les réduire entièrement aux formes de l'entendement : La vérité reste toujours telle par elle-même, et s'appuye sur son évidence intrinsèque ; le beau ne nous révèle d'autres caractères distinctifs que l'admiration et l'amour, qu'il fait naître dans notre intérieur ; de même, que le bon moral ne se fait reconnaître pour tel que par l'estime pure et dégagée de tout intérêt personnel, qu'il nous inspire (1).

A ce sentiment se joint celui de pouvoir prendre la vérité, la bonté et la beauté pour guides de notre volonté et de nos actions, et de soumettre nos penchans sensuels aux principes d'une pure moralité. C'est-là ce qu'on nomme la *liberté morale.* Elle

---

(1) Voy. OEuvr. T. 3, p. 317 etc.

n'est pas la faculté de vouloir ou le bien ou le mal, comme on l'a souvent définie : au contraire, cette faculté de choisir le mal est précisément la raison, pour laquelle nous ne sommes pas tout-à-fait libres. Quoique l'homme soit attaché par une partie de son être à la nature matérielle, et soumis aux loix qui la gouvernent avec une nécessité irrésistible, sa liberté l'élève au-dessus de la nature, et le rend capable de la dominer, de la diriger conformément à ses vues et de l'employer selon ses besoins. Du reste, cette liberté est une faculté absolument incompréhensible; nous ne la concevons pas en elle-même, nous ne concevons pas mieux comment elle peut s'allier dans le même être à la nécessité de la nature. C'est un mystère inexplicable. Qui pourrait l'expliquer, comprendrait aussi la création et Dieu même (1).

Par la consciénce de cette faculté de s'élever au-dessus de la nature, de se soustraire à la dépendance des loix qui la gouvernent, l'homme parvient à découvrir un ordre de choses tout nouveau : il reconnaît un monde intellectuel dont il fait partie, il reconnaît un être absolu, dont il est l'enfant; il se sent appelé à une vie éternelle, à une progression infinie vers la perfection.

Ce n'est pas la nature qui la première nous révèle la divinité et un monde intellectuel : car nous ne voyons en elle que des forces aveugles agissant d'une manière irrésistible, que nécessité et destinée. Il faut déjà avoir acquis l'idée de Dieu, pour comprendre que la nature est l'œuvre de sa volonté, et pour saisir les traces que sa sagesse et sa bonté infinie y ont empreintes. C'est la conscience de nous-mêmes,

---

(1) Voy. OEuvr. 2, p. 315.

qui nous porte à la connaissance de Dieu et d'un monde intellectuel ; en nous sentant supérieurs à la nature et indépendans d'elle, nous comprenons qu'il y a un monde immatériel et infini, et un être, qui est la raison absolue. La connaissance de Dieu, de la liberté de notre volonté, de la spiritualité et de l'immortalité de notre être, n'est donc pas le résultat du raisonnement logique, mais d'une intuition rationelle ; il s'en suit que nous ne pouvons pas dire, que nous *savons* que Dieu existe, que nous sommes des êtres spirituels, libres et immortels ; nous le *croyons;* mais c'est une foi qui est au-dessus de toute démonstration, et qui est en elle-même vérité, certitude, évidence (1).

L'esquisse, que nous venons de tracer du système de Jacobi, quoique bien imparfaite, suffira peut-être pour faire voir que ses écrits sont remplis d'idées neuves et profondes, et que l'Allemagne n'a pas tort de le mettre au nombre de ses philosophes les plus distingués. On l'a nommé le Platon des Allemands : et il faut convenir que non seulement beaucoup de ses idées, mais que tout le génie, dont sa philosophie est pénétrée, ainsi que la pureté et le charme de son style, rappellent le philosophe, auquel les Grecs décernèrent l'épithète de divin.

Cependant ses écrits, comme nous l'avons déjà observé, ne firent pas, au moment de leur publication, l'effet auquel on aurait dû s'attendre. On était trop enthousiasmé du système de Kant, et plus tard de ceux de Fichte et de Schelling, pour ne pas être injuste envers un philosophe qui était leur adversaire. Peut-être que la clarté des écrits de Jacobi, et les

---

(1) Voy. OEuvr. 3, p. 424.

charmes de son style, au lieu d'en augmenter le succès, furent un des motifs qui les firent recevoir avec froideur. Car le public, et surtout le public savant en Allemagne, est trop enclin à ne supposer de véritable profondeur, qu'aux ouvrages écrits dans un style barbare et inintelligible. Cependant cet illustre écrivain finit par être apprécié comme il le méritait, et ses principes mêmes, qui au commencement avaient paru si étranges, et avaient trouvé tant d'adversaires, ont peu à peu obtenu l'approbation de plusieurs des philosophes allemands les plus distingués ; les idées fondamentales de son système ont été adoptées entre autres par Bouterweck, Friess et Gerlach.

Jacobi habita dix ans le Holstein ; les amis qu'il y avait trouvés, et dont plusieurs brillaient parmi les auteurs les plus illustres de l'Allemagne, tels que Klopstock, Claudius, Stollberg, Voss, Baggesen, Reinhold, et les occupations littéraires qu'il s'était imposées lui firent oublier peu à peu le bonheur dont il avait joui dans sa campagne de Tempelfort. C'est pendant son séjour en Holstein qu'il composa son *Epître à Fichte* (1), et qu'il commença son traité : *Sur les Choses divines et leur révélation* (2), un de ses ouvrages les plus remarquables. Sa position eut été heureuse, si de fréquentes maladies n'eussent troublé son existence et interrompu son activité littéraire. Il pensait terminer ses jours à Eutin, où il s'était fixé, lorsqu'en 1804 il fut appelé à Munic, pour siéger à l'académie qui venait d'y être fondée. Une aussi belle mission ne pouvait être refusée ; d'ailleurs il avait éprouvé de fortes pertes dans sa fortune, et il se trouvait réduit au point de

---

(1) OEuvres T. 3, p. 3.
(2) OEuv. T. 3, p. 247.

souhaiter une place qui lui assurât un sort honorable. Peu de tems après son arrivée à Munic, il fut nommé président de l'académie. Mais bientôt il sentit que le poids de son âge ne lui permettait pas de vaquer à tous les devoirs de cette charge. Le bon roi de Bavière auquel il avait exprimé le désir de passer le reste de ses jours dans le repos, lui accorda dans les termes les plus flatteurs sa retraite, avec une pension de 10,000 francs.

Les dernières années de sa vie, quoique souvent troublées par des souffrances physiques, furent en général douces et heureuses, et ressemblèrent à une belle soirée, pour me servir de l'expression de l'éditeur de sa correspondance. Il employa le reste de ses forces à la publication de ses œuvres complettes; son plus cher délassement était de s'entretenir avec quelques amis, qui se réunissaient auprès de lui presque tous les soirs (1). « Il existe encore beaucoup de personnes qui l'ont vu, au milieu de ce cercle, dirigeant et animant la conversation, parlant à chacun avec bienveillance et sans prétention, s'intéressant avec la chaleur d'un jeune homme aux grands événemens du tems, et à toutes les productions littéraires qui méritaient quelque attention. Sa fin arriva insensiblement. Il mourut en 1819, après une maladie de huit jours. »

B.

(1) Corresp. notice biogr. p. XXX.

## ANTIQUITÉS.

*Die neuentdeckten Hunengraeber im Breisgau. — Tombeaux des Huns nouvellement découverts en Brisgau, par M. Henri Schreiber, préfet du gymnase à Fribourg. Fribourg en Brisgau, 1826. 68 pag. in-8; avec une table lithographiée.*

Nous rappelerons à l'occasion de cet ouvrage, les mémoires de M. Bottin sur les tombeaux antiques, découverts en 1809, 1815 et 1816, sur le territoire de Vezelise, département de la Meurthe (*Mémoires et dissert. sur les antiquités, publiés par la société royale des Antiquaires de France*, t. III, p. 453 ss.), et ceux de M. Lemaistre, sur les monumens celtiques ou romains du département de l'Aisne [*ib.* t. IV, p. 1 ss.] (1), parce que les recherches des antiquaires français se trouvent en partie complétées par les découvertes faites dans le Brisgau. Imitant M. Lemaistre, qui a pris pour guide, dans ses fouilles, les anciennes dénominations de quelques cantons, M. Schreiber, connu en Allemagne par différens traités sur les antiquités, a dirigé ses recherches d'après un ancien terrier de 1344, sur parchemin, appartenant au couvent des religieuses de l'ordre des citeaux, établi à Günthersthal, près de Fribourg. Il y a remarqué dans les indications des bien-fonds de la dépendance de ce couvent, les noms de *Hunengraeber* (tombeaux des Huns), *Schartan-Acker*, *Hunengraeberweg* (chemin des tombeaux

---

(1) Voy. aussi Mém. l. 28, 81, et surtout sur les *Hunen-Steine*, par M. Regnoul. Ib. 449, et tome IV. 280 et 480. V. 309. VII, p. 274. Il eut été à désirer que M. Schreiber eût pu consulter ces mémoires.

des Huns), dénominations sous lesquelles on désignait encore certains districts situés dans la banlieue de plusieurs villages des environs de Fribourg, tels qu'Ebringen, Wolfenweiler, etc. Les recherches que l'on s'empressa de faire dans ces districts, conduisirent bientôt à des résultats intéressans près du village d'Ebringen, où les fouilles ont été faites sous la direction de M. Schreiber, assisté des magistrats.

Ebringen est situé à une lieue et demie de Fribourg, au pied du Schuneberg. Ce village se trouve déjà désigné dans un ancien acte, daté de 716, dans lequel il est appelé *Eboringen*, ce qui rappelle *Ebora*, *Eboracum*, et une foule de noms composés de la même racine, qui sont répandus dans les pays qu'on dit avoir été habités par les Celtes. Les tombeaux que l'on a découverts dans le voisinage d'Ebringen n'étaient indiqués par aucune trace intérieure, la culture avait nivelé tout le terrain. Cependant il n'y a pas de doute que ces tombeaux aient été destinés à être vus de loin : car pourquoi aurait-on choisi l'emplacement le plus à découvert de toute la contrée, si ceux qui les ont construits n'avaient pas voulu les exposer aux regards des générations futures ? Cette intention fut long-tems remplie, ainsi que le prouvent les noms que portent les cantons voisins, quoiqu'il ait été impossible de découvrir à quels signes on pouvait autrefois reconnaître ces tombeaux. La partie du cimetière que l'on a exhumée jusqu'à présent, a une circonférence de 362 pas. Il s'étend de l'ouest à l'est, et tous les tombeaux, à quelques légères exceptions près, sont placés tout-à-fait dans le même sens. (1)

---

(1) M. Rallier, dans son mémoire sur les cerceuils de pierre trouvés dans le département de l'Ile-et-Vilaine (*Mémoires de la société royale de Antiquaires*. T. IV, p. 285) dit de même : „Ces cerceuils sont rangés

Ces tombes sont rangées par sections, qui n'ont point un nombre de lignes égal : vers chacune des extrémités du cimetière, on ne voit qu'une seule ligne, tandis que vers le centre il y en a trente à quarante. Elles sont peu éloignées les unes des autres, et suivent la direction du midi au nord. Il n'y a point d'indice qu'on ait fait quelque différence entre les riches et les pauvres; car à côté de certains tombeaux garnis de riches dépouilles on en a trouvé d'autres qui ne contenaient rien. On a également remarqué que le sexe et l'âge n'avaient été l'objet d'aucune distinction. Parfois on a rencontré des tombeaux d'hommes à côté les uns des autres; mais plus généralement le tombeau d'un homme à côté de celui d'une femme et d'un ou de plusieurs enfans.

Les pierres que l'on a employées à ces constructions funéraires ont été tirées d'une ancienne carrière voisine, dont il existe encore des traces, et qui fournit une pierre calcaire dont les fragmens se détachent en forme de dalles. Ces pierres ne sont point taillées, et l'on n'y aperçoit aucune empreinte de ciseau ou de marteau. Les tombeaux sont presque tous établis sur le sol naturel, qui est argilleux. Souvent le fond s'en trouve renforcé par plusieurs dalles; quelques squelettes ne reposent que sur deux dalles, l'une sous la tête et l'autre sous les pieds, qui alors servent de bases aux parois du monument. Il ne semble pas que ces dalles aient été uniquement réservées à l'ensevelissement des morts riches ou d'un rang élevé; au contraire, ce soin pour les restes du défunt paraît avoir dépendu de l'amour qu'on lui avait

---

côté à côté sur des lignes nord et sud, les pieds tournés vers l'est. " — Dans un rapport de Thibaut, *ib.* p. 275, il est dit, en parlant des squelettes : „Tous avaient la tête tournée vers l'orient."

porté : car ces dalles se sont généralement trouvées sous les ossemens des femmes et des enfans.

Les parois de ces tombes ont la forme d'un carré oblong; ils sont composés de plusieurs couches de pierres, et présentent dans l'intérieur un mur sec assez égal. De simples dalles dressées forment les parois de quelques tombeaux d'enfans; d'autres n'ont que les deux extrémités, vers la tête et vers les pieds, construits de cette manière. Les quatre angles sont garnis de grosses pierres qui servent de contre-forts, dont la hauteur dépasse le reste de la construction. On n'a trouvé qu'un seul tombeau dont les parois fussent liés avec du mortier, et l'on a remarqué des morceaux de briques dans cette maçonnerie. L'intérieur des tombeaux d'hommes, est de la longueur de six à huit pieds et demi (un seul en avait six, la plupart sept et demi), sur deux et demi à trois pieds de largeur, et deux à trois pieds de hauteur. Les tombeaux de femmes sont longs de six à six pieds et demi, larges de deux à deux et demi, et hauts d'un pied et demi. Les tombeaux d'enfans ont une longueur d'un pied et demi et une égale hauteur (1).

Chaque tombeau ne renferme qu'un seul squelette, placé sur le dos, les pieds tournés vers l'orient. Tous les membres sont étendus, les bras sont placés le long du corps, la tête est fixée vers l'orient. Quelques légers changemens à cette position, dans quelques tombeaux, paraissent provenir de la négligence avec laquelle l'ensevelissement a été fait. La tombe est remplie jusqu'au bord d'une terre fine, dont on paraît avoir eu soin

---

(1) Voy. les dimensions des tombeaux celtiques dans les mémoires de la société royale des Antiquaires. T. VII, p. 275. IV. 280.

d'extraire toutes les parties pierreuses. Ce n'est que sur les squelettes mêmes qu'on a découvert des charbons et des fragmens de briques. La rapidité avec laquelle cette terre a été jetée sur le cadavre paraît avoir été la cause de quelques ruptures que l'on a remarquées à la machoire inférieure ou à l'os jugal. La tombe, ainsi remplie, est recouverte de dalles qui la ferment exactement; on a trouvé cependant plusieurs tombeaux à découvert, par suite, sans doute, des travaux que la culture de ce terrain a nécessités : ceux qui sont encore couverts portent de grandes et lourdes dalles, qui quelquefois sont appuyées en pente les unes sur les autres, comme les tuiles des maisons. Quelques tombeaux sont même fermés par deux couches de dalles; celles qui forment la partie inférieure sont d'une moindre épaisseur que celles du dessus. Ces couvercles sont chargés de pierres de différente grosseur, et il paraît que le tout se recouvrait de terre ou de gazon.

La distance d'un tombeau à l'autre est inégale; quelquefois elle est de trois pas, souvent moindre et quelquefois de quelques pouces seulement. C'est surtout vers le milieu du cimetière que les tombes se rapprochent et présentent le touchant tableau d'une famille qui avait voulu rester encore unie après la mort.

Jusqu'à présent on a ouvert 106 tombeaux, sur lesquels il s'en est trouvé 45 d'hommes, 44 de femmes et 17 d'enfans. L'étendue du cimetière fait supposer qu'il en contient encore deux fois autant.

*Contenu des tombeaux.*

Il faut d'abord faire une remarque qui pourra devenir de quelque importance pour les recherches historiques; c'est que les tombeaux que l'on a découverts jusqu'à présent ne portent aucune inscription, aucune espèce d'emblême : les recherches les plus scrupuleuses ont été faites à cet égard. « Je sais, dit M. Schreiber, ce que M. Hoffmann rapporte d'un *tumulus* trouvé près de Mersebourg (*Biedermann,* *Nova acta scholastica* II. 451); je connais également l'inscription du tombeau de Ruhenthal, dans le comté de Mark (*Kortum, Beschreibung,* etc. — *Description du cimetière des Germains, Dortmund,* 1804), et j'aurais voulu fournir quelques preuves à l'appui de l'opinion de Griame (*sur les ruines allemandes, Gœtt.* 1821), qui n'est pas encore suffisamment établie; mais c'est en vain que nous avons tout visité, avec la plus grande attention possible, nous n'avons pu découvrir les moindres vestiges d'inscriptions. Il n'existe pas non plus de cercueils de bois, ni aucune trace qui puisse faire penser qu'il en ait jamais existé. Nous avons observé, sur les squelettes, quelques filamens de bois pourri faciles à distinguer de la terre, et d'une épaisseur commune de trois lignes; ils nous ont paru devoir être les restes des boucliers que l'on avait, sans doute, ensevelis avec les guerriers. Nous n'avons trouvé d'ailleurs ni médailles, ni urnes, ni cendres mises à part.

Mais nous avons vu, dans presque toutes les tombes, des charbons disséminés le long des squelettes, comme si l'on avait voulu, par ce moyen, arrêter la putréfaction, et en outre des morceaux de briques sans forme déterminée. Nous avons aussi recueilli quelques débris de petits vases noirs, faits sans goût. Un seul tombeau contenait une pièce d'une plus grande dimension ; elle était posée aux pieds du squelette. C'est la partie inférieure d'une urne à peu près de la hauteur d'un demi-pied, sans anse, et entourée, vers le bord, d'une guirlande grossièrement travaillée. On n'a pu reconnaître ce que ce vase contenait. On a aussi distingué un petit morceau de verre verdâtre, couvert des deux côtés de paillettes d'argent très-minces. (1)

Jusqu'à présent les nombreuses tombes que l'on a examinées n'offrent que très-peu de squelettes entiers, et je n'ai pu me procurer que quatre têtes d'hommes assez bien conservées; elles appartiennent à la race caucasienne. Ces squelettes présentent généralement une taille de cinq pieds et demi (un seul en avait six) pour les hommes, et à peu près cinq pieds pour les femmes.

Les objets trouvés avec les squelettes d'hommes sont des lances et des flèches en fer, des épées et des couteaux en acier de différentes dimensions, et des ornemens de métaux plus précieux. Quelques autres pièces informes sont peut-être des débris d'arcs ou de carquois, mais je ne puis l'affirmer. Si les filamens, dont nous avons parlé plus haut, sont réellement des restes de boucliers, ces derniers ont dû être en bois. Ces tombeaux ne renferment pas, comme ceux qu'on a découverts dans le nord, des armes en cuivre ou en pierre.

Les lances sont toujours placées à la droite des squelettes. Elles ne paraissent pas avoir dépassé de beaucoup la taille du guerrier. Le fer, à double tranchant, est de la largeur de treize à quatorze pouces. Ces lances ont beaucoup d'analogie avec la *framea* décrite par Tacite (*Germ. VI*). Les pointes de flèches ont la même forme que celles des lances, avec cette seule différence qu'elles sont plus petites; il y en a qui sont garnies de crochets. Quelques-unes se trouvent placées sur la poitrine

---

(1) Voy. les mémoires de M. Bottin. (*Mém. de la société des Antiquaires. T. III, p. 455, note.*)

du squelette, d'ordinaire avec des petits clous et d'autres pièces provenant, sans doute, du carquois, dont on n'a pu, du reste, découvrir d'autres traces. Ces armes ne sauraient être comparées à celles dont on se servait dans le moyen-âge ; ces dernières sont plus lourdes et plus grossières.

Sur un assez grand nombre d'épées, je n'en ai remarqué qu'une seule à deux tranchans, dont la lame, très-bien travaillée, a deux pieds six pouces de longueur et deux pouces de largeur ; elle pèse vingt-huit onces et demie : elle ressemble à celle de Childeric, décrite par Chifflet (Anvers 1655, p. 199). Les autres épées diffèrent de longueur et de poids. Elles étaient placées ordinairement sur la droite avec le stylet ou le couteau, à l'exception de quelques-unes qui étaient posées en travers sur les jambes des squelettes.

Les couteaux, depuis le tranchant jusqu'au milieu, sont de l'acier le plus dur, couleur d'argent, à la fracture, et semblable au meilleur acier d'Angleterre : il résiste à la lime. Le reste de la lame est composé d'un fer assez semblable à celui que l'on tire des mines de Badenweiler ; l'alliage en est très-bien fait et sans fentes. Les épées sont entièrement d'acier, mais il est d'une qualité inférieure, et pareil à celui qu'on appelle acier de Styrie. Les fourreaux sont en cuir et garnis de bandes d'un métal composé de cuivre et d'étain ; ces bandes sont attachées avec de petits clous : d'autres clous plus grands et de la forme de ceux que l'on remarque sur l'arme de Childeric, sont disséminés le long du fourreau.

Les ceinturons sont garnis de fer plaqué en argent. Leur forme ne présente aucun intérêt particulier. Dans un seul tombeau on a trouvé un éperon au pied gauche de l'un des squelettes.

Les tombeaux de femmes et d'enfans contiennent divers objets de parure peu nombreux. Ce sont des colliers de coraux, des boucles d'oreilles, des bagues, des bracelets et de petites pinces qui paraissent avoir servi à retenir les cheveux. Les colliers de coraux, si l'on peut appeler ainsi des pierres naturelles, des boulettes de terre cuite, et des morceaux de verre et d'ambre, sont très-rares. On rencontre surtout parmi ces pierreries beaucoup de bérils de Sibérie. Il est difficile de s'expliquer comment l'ancien peuple auquel appartiennent ces tombeaux, se procurait cette pierre, et par quel moyen il parvenait à la percer, opération qui ne se fait aujourd'hui qu'à l'aide du diamant. Les morceaux de verre sont en partie purs et sans couleur, et en partie colorés de différentes manières. Les boulettes de terre cuite sont parfaitement bien colorées avec de l'oxide jaune de plomb; tout l'intérieur en est même pénétré. Elles sont de formes et de dimensions différentes; les unes sont très-grandes, d'autres sont à facettes; souvent elles présentent un tel mélange de couleurs qu'on les prendrait pour des mosaïques. Les morceaux d'ambre ont perdu leur lustre; on n'en a recueilli que très-peu, car chaque collier n'en porte ordinairement que deux ou trois. Ces colliers sont de trois à quatre rangées; quelquefois les pièces qui les composent sont séparées par de petits anneaux ou d'autres morceaux de métal. Les boucles d'oreilles sont faites d'un alliage de cuivre et d'étain dont nous avons déjà parlé. Leur diamètre varie depuis un pouce jusqu'à deux pouces trois lignes. Les plus simples ne sont formées que d'un simple fil de métal courbé en anneau; mais les plus précieuses sont composées d'une série de petits anneaux plaqués en argent, qui sont suspendus les uns après les autres. On a aussi trouvé dans un tombeau d'enfant un peigne en os. Il n'y a que très-peu de bracelets; ils sont presque tous faits comme les colliers : les autres sont de métal. On a cru remarquer quelques lambeaux de sandales à l'extrémité des pieds de ces squelettes. Un couteau, souvent fort petit, arme la main gauche de chaque femme ou repose à son côté, où il paraît avoir été attaché. »

Nous n'étendrons pas cet extrait, déjà fort long, à l'énumération de quatorze villages des environs de Fribourg, près desquels on a découvert, depuis quelque tems, des tombeaux qui ressemblent entièrement à ceux d'Ebringen. Mais nous nous arrêterons encore un instant à la troisième partie du mémoire de M. Schreiber, dans laquelle il examine à quel peuple il faut attribuer ces monumens. « Ces tombeaux, dit-il, n'ont pas été construits dans les siècles où la religion chrétienne était déjà répandue en Allemagne; car, dans ce cas, on ne leur aurait pas donné, au quatorzième siècle, le nom de *Hunengraeber* ou *Heidengraeber* ( tombeaux des païens). Ensuite ils se trouveraient situés dans des lieux consacrés, près des églises, et leur origine chrétienne serait surtout indiquée par la position des squelettes, qui auraient la tête et les mains jointes, par des empreintes de croix sur les pierres et d'autres marques que l'on a vainement cherchées. Ils n'appartiennent pas non plus à un peuple issu de la Germanie; le nom de *Hunengraeber* semble l'indiquer. L'ancien Germain aurait bien appelé ses ancêtres païens, mais il ne leur aurait pas donné le nom de *Hunen*. Il est vrai que l'origine et la signification de ce mot sont couvertes d'une assez grande obscurité; plusieurs savans l'ont même confondu avec celui des peuples d'Attila. Cette erreur, résultat de la ressemblance des deux noms, a porté plusieurs historiens à imaginer que les Huns ont fait des expéditions et fondé des établissemens dans des contrées où ils n'ont jamais porté leurs pas. C'est ainsi qu'il faut aussi expliquer une foule de légendes attachées aux anciens monumens des *Hunen*, qui de *Hunen* ont fait Huns. *Hunen* est synonime de Géant, et c'est le sens que Godefroi de Strasbourg et Conrad de Wurzbourg attachent à cette expression. Cette dénomination sert à désigner les anciens habitans d'un pays que des peuples venus plus tard n'ont connus que par leurs monumens. Tels sont les mots *Hunenbetten* (lits des Huns), *Hunenlœcher* (fosses des Huns), *Hunengraeber*, généralement répandus dans l'Allemagne septentrionale, et principalement dans le Brandebourg, le Holstein et le Mecklenbourg. » L'auteur passe ensuite aux témoignages des anciens auteurs grecs et romains; il rappelle ce passage de Tacite (*Germ. XXVII*) : « Les Germains érigent un gazon en monument sépulcral; ils dédaignent des tombes élévées et construites avec beaucoup de peine, les regardant comme trop lourdes aux défunts; » et en conclut que ces monumens formés avec de grandes dalles ne peuvent pas provenir des Germains; c'est ce qui résulte également de la comparaison des objets trouvés dans les tombeaux d'Ebringen avec l'état de barbarie dans lequel vivaient les peuples germains, qui manquaient même de fer. Ces monumens ne peuvent pas non plus avoir été élevés par les Romains, parce qu'aucun peuple, et encore moins le peuple romain, n'aurait pu se renier au point de ne laisser paraître aucune trace de sa civilisation dans la construction d'un aussi grand nombre de tombeaux.

Mais l'histoire nous rapporte que les Helvétiens, peuple gaulois, faisaient de continuelles invasions dans cette partie de la Germanie, et qu'ils s'y fixèrent jusqu'à l'époque de leur grande émigration dans la Gaule. Alors ces pays restèrent abandonnés pendant quelque tems, jusqu'au moment où des colonies gauloises repassèrent le Rhin pour s'y établir. César dit en effet ( *de bello Gallico; VI*, 26 ) : « Il fut un tems où les Gaulois surpassèrent les Germains en valeur ; où ils firent des invasions dans la Germanie, et envoyèrent des colonies au-de-là du Rhin, à cause de leur trop grande population. C'est ainsi que les Volcæ Tutosages s'emparèrent et s'établirent dans les plus fertiles des contrées qui s'étendent autour de la forêt Hercinienne. Ce peuple se maintint jusqu'aux derniers tems dans ces possessions. » Tacite (*Germ.* XXVIII) confirme ce témoignage : « Entre la forêt Hercinienne, le Rhin et le Main habitent les Helvétiens, les Boji au-delà ; ces deux peuples sont gaulois. »

Telle est l'époque vers laquelle M. Schreiber place la construction de ces monumens, en les attribuant aux Celtes; et il croit en même tems qu'une grande partie des noms géographiques des contrées environnantes ont la même origine. (1)

Il serait trop long de citer tout ce qu'il rapporte, en s'appuyant sur les auteurs classiques, de la civilisation des Celtes, de leurs armes, des métaux dont ils faisaient usage. Ce peuple est trop connu en France pour que nous ayons besoin d'arrêter nos lecteurs sur les preuves de l'érudition profonde de M. Schreiber, qui connaît aussi bien les auteurs sur les antiquités septentrionales que les auteurs Grecs et les Romains. L'hypothèse que des Celtes habitaient les pays situés entre l'Elbe et le Rhin, et s'étendaient peut-être encore au-delà, est grande et neuve; traitée comme elle l'est par M. Schreiber, elle entre dans le domaine de l'histoire, dont elle sert à éclairer une époque fort intéressante.

J.

---

(1) C'est le sujet d'un autre écrit que M. Schreiber a publié sur la colonie romaine qui était établie près de Riegel.

## SCIENCES POLITIQUES ET MORALES.

16. *Demagogie der Jesuiten, etc.* — *Démagogie des Jésuites, d'après les jugemens des personnes les plus distinguées, les écrits et les actes des membres de cet ordre; essai politique et historique dédié à tous les princes et les peuples et principalement à la confédération germanique*, par Otto de Deppen. Altenbourg, à l'imprimerie de la cour, 1826, in-8.

(Article extrait de la Gazette littéraire de Leipsic.)

« La plus malheureuse pensée qu'ait jamais eue le pape Pie VII, prince d'ailleurs fort respectable, et dont les malheurs ont même intéressé tous les peuples non-catholiques, fut sans doute celle de rétablir les Jésuites, cet ordre fameux convaincu de tant de crimes, même de conspirations et de régicides, frappé par tant d'arrêts, expulsé de tant de pays, que le pape Clément XIV avait enfin formellement aboli sur les instances d'un prince catholique, mais qui, malgré son vœu d'obéissance au chef de l'église, n'avait pas moins continué d'entretenir dans le mystère sa dangereuse activité, ainsi que le prouve l'ukase de bannissement que l'empereur Alexandre a été obligé de rendre contre lui, après lui avoir donné l'hospitalité en Russie. Nous disons que le rétablissement de cet ordre fut une idée fort malheureuse, parce que, d'un côté, elle réveille d'anciennes discordes entre les catholiques et l'église protestante contre laquelle cet institut est principalement dirigé; et que, d'un autre côté, elle jette également de nouvelles dissentions dans l'église catholique elle-même. Aussi l'époque actuelle voit-elle paraître une foule d'écrits dirigée contre le jésuitisme; l'ouvrage de M. Otto de Deppen est un de ceux qui méritent une mention des plus honorables.

« Toute sa pensée se trouve comprise dans ce peu de mots de sa préface : « L'étude de l'histoire de cet ordre prouve qu'une démagogie continuelle a présidé à tous ses actes. » Il suffit, à cet effet, dit l'auteur, d'exposer les développemens que cet institut a pris dès sa fondation, les dangers dont son organisation menace l'Etat, et enfin les faits particuliers qui démontrent que toute la compagnie a toujours eu cette funeste tendance, dans ses paroles comme dans ses actions.

« M. de Deppen commence dans son introduction par esquisser rapidement la vie de Loyola et la naissance de la société des Jésuites. Cet ordre n'avait d'abord été institué que pour combattre « *cet abominable Luther, la honte de l'Allemagne, la boue de l'épicurisme, la ruine de l'Europe, l'écume du genre humain, le digne objet de la colère de Dieu et des hommes;* » mais bientôt, dans l'activité de son zèle, il se proposa d'atteindre un but bien plus élevé, celui de créer une monarchie ecclésiastique universelle, dans laquelle le pape devait dominer sur les princes laïques, et les Jésuites sur le pape. Tout aussitôt cette compagnie s'empara des écoles et des confessionaux, pour soumettre à la fois la jeunesse et l'âge mûr à ses projets ambitieux. « Le pape lui accorda même le pouvoir d'absoudre des péchés dont la connaissance était réservée à lui seul, et de relever des vœux à la charge de faire de bonnes œuvres. » Combien de pareils confesseurs devaient être recherchés! Quelle puissance ne devaient-ils pas avoir, en dirigeant la conscience de quelque prince puissant, mais d'une âme timorée!

L'auteur divise ensuite son livre en deux parties. La première est intitulée : *Preuves de l'immoralité des Jésuites en général.* M. de Deppen rappelle à cet égard les opinions des personnages et des corps les plus illustres, les actions honteuses des Jésuites et ceux de leurs propres ouvrages où leur condamnation est écrite, en faisant observer que les livres publiés par les Jésuites, même individuellement, doivent être considérés comme la doctrine, comme l'ouvrage de la compagnie toute entière, puisqu'aucun de ses membres ne pouvait rien imprimer sans l'autorisation du général.

« Dans la seconde partie, sous le titre de *Démagogie des Jésuites, ou leurs intrigues révolutionnaires, tendant à mettre tous les trônes en dangers,* l'auteur suit le même plan qu'en premier lieu, en insistant principalement sur ceux des actes des Jésuites que tous les législateurs ont puni des peines les plus sévères, parce qu'ils mettent dans le plus grand danger la prospérité et l'existence même des Etats.

« Après tant de justes accusations, il est sans doute inconcevable que le pape, malgré les décisions de ses prédécesseurs, qui sont infaillibles, ait pu se décider à rétablir cette compagnie dangereuse, et que les princes auxquels elle a fait tant de mal, aient voulu y consentir. Mais il est surtout incompréhensible que la France, au sein de laquelle les Jésuites ont jeté tant de troubles, et dont ils ont été expulsés après les enquêtes les plus solennelles, leur ait de nouveau accordé une influence telle qu'ils y possèdent déjà des établissemens. Ce ne sont que sept petits séminaires, il est vrai, mais n'oublions pas combien cet ordre était faible à son origine, et quelles ont été par la suite son étendue et sa puissance. »

# JOURNAUX ET OUVRAGES PÉRIODIQUES.

### *Journaux de musique allemands.*

On n'a pas encore songé en France à établir une feuille périodique, uniquement consacrée à la musique, tandis que l'Allemagne en possède plusieurs qui, par l'importance et par la variété des matières qu'elles contiennent, ont beaucoup contribué à répandre, dans ce pays, le goût de cet art charmant. C'était satisfaire un besoin de notre époque que de concevoir et d'exécuter l'idée d'un semblable journal. Depuis que Haydn et Mozart ont publié leurs immortels ouvrages, la théorie de la musique a pris de grands développemens. On a commencé à se rendre compte de l'effet étonnant que produisent les chef-d'œuvres de ces deux grands maîtres en harmonie : l'étude que l'on a faite de leurs productions a conduit à des résultats à peu près inconnus jusqu'alors, et à des principes qui ont servi de base à de nouvelles théories. Cette philosophie de l'art musical a formé l'esprit et le jugement du public, lui a appris à écouter avec connaissance de cause, à mieux goûter et comprendre les créations de l'artiste de génie. D'un autre côté, l'artiste lui-même en a tiré de grands avantages : en réfléchissant sur la nature, l'extension et les bornes de son art, il sait mieux apprécier les effets qu'il doit produire, la force de son talent, les règles qu'il lui faut observer. Ce qui auparavant n'avait été que le produit de l'instinct, est remplacé maintenant par des idées claires, exactes, approfondies : changement des plus profitables non-seulement à l'art lui-même, mais encore à la connaissance des facultés humaines.

Il existe en ce moment en Allemagne, trois journaux de musique, l'un paraît à Leipsic, sous le titre de *Gazette universelle de musique ;* un autre à Berlin, sous le même titre ; le troisième, intitulé *Cecilia,* se publie à Mayence.

Le journal musical de Leipsic doit son existence et ses succès aux soins de M. Fréderic Rochlitz (1) qui en a été le rédacteur jusqu'en 1819. Pour donner une idée du plan de ce journal, nous rapporterons ici le contenu des numéros formant sa vingt-sixième année (1824).

Ils se composent de onze traités, plus ou moins étendus, sur divers sujets de musique théorétique et pratique, dont trois appartiennent au savant M. Chladni ; d'un poëme intitulé : *Les effets de la musique,* par M. C. Schreiber ; de notices biographiques sur quatre musiciens, décédés dans le courant de l'année ; de huit analyses d'autant d'ouvrages nouveaux, qui traitent de la musique ; d'une revue critique de 137 pièces de musique nouvelles ; d'une correspondance sur l'état de la musique dans plus de trente villes de l'Europe ; de mélanges, et, en outre, d'un choix des meilleurs morceaux de musique qui ont récemment paru.

La Gazette musicale de Berlin, commencée en 1824, a pour principal rédacteur M. Marx : elle contient des dissertations sur la musique, écrites avec beaucoup d'esprit, et des analyses critiques d'ouvrages nouveaux. Le journal de Mayence paraît également depuis 1824. Il est rédigé par une société

---

(1) Il habite Leipsic, où il est né en 1770. Il est conseiller aulique de Saxe, et auteur de plusieurs ouvrages de littérature fort estimés. Voyez *Stœber, Kurze Geschichte der schœnen Litteratur der Deutschen.* 1826, p. 349.

d'artistes et de gens de lettres; ses articles sont à la fois instructifs et agréables; il a déjà un très-grand nombre d'abonnés.

Nous donnerons de tems en tems des extraits de ces journaux. A. W. St.

— Le numéro 12 de la *Revue britannique* renferme un article, sur les colonies allemandes établies en Russie, traduit du journal anglais le *Representative*. Cet article a été emprunté à la *Bibliothèque allemande* n° 3.

Il n'a rien gagné à passer et à repasser la mer; il a même essuyé quelques avaries; c'est ainsi que le célèbre Schlœzer y a été nommé *Schlaesser*.

Le même numéro de la *Revue britannique* contient encore un autre article intitulé: *Compagnie rhénane des Antilles*, que les journaux anglais ont extrait de la *Bibliothèque allemande*, n° 5.

Nous ne prétendons adresser aucun reproche a la *Revue britannique*; car nous sommes au contraire très-flattés de voir nos articles répétés dans cet excellent recueil; notre observation n'a eu d'autre but que de mettre la *Revue britannique* en garde contre les nouvelles que les journaux anglais publient sur l'Allemagne, parce qu'elle risque souvent de se donner l'inutile soin de traduire des articles qui sont eux-mêmes d'origine française et que le public connait déjà.

## MÉLANGES ET VARIÉTÉS.

*Notice sur Hebel.*

La mort vient d'enlever aux muses Hebel, l'un des poètes les plus distingués de l'Allemagne. Cet auteur doit principalement sa célébrité à ses *Poésies allémaniques* (*Allemanische Gedichte*), compositions pleines de grâce et d'originalité. Hebel ainsi que le bon Lafontaine, avec lequel il eut quelque affinité de caractère, est allé à la gloire, pour ainsi dire, sans y songer. Le haut allemand (*hochdeutsch*), est parvenu depuis la fin du dernier siècle à un degré de perfectionnement qui ne laisse plus rien à désirer. Les grands écrivains qui s'en sont emparé, l'ont rendu propre aux formes les plus diverses de l'art d'écrire. Cependant à côté de cette langue littéraire, l'Allemagne a conservé ses différentes espèces de patois. Pour peu qu'on soit initié à ces sortes de dialectes, on conviendra qu'on y rencontre souvent une fraîcheur, une énergie, une naïveté que n'admet pas un langage façonné par les savans et les gens du monde. Hebel hasarda de publier un recueil de poésies dans le dialecte souabe ou allémannique; cet ouvrage eut une vogue prodigieuse, et il acquit rapidement une réputation nationale. Cinq éditions, plusieurs traductions en haut-allemand et dans des langues étrangères, et tout récemment encore une traduction en langue russe, en ont successivement paru (1). Ce succès appartient à l'idiôme même et au génie particulier de Hebel.

---

(1) La première édition des Poésies allémanniques parut en 1803 à

Le fréquent retour des voyelles, surtout à la fin des mots, comme dans l'italien, rend le dialecte allémannique plein de grâce et d'harmonie; cet idiôme est d'ailleurs riche en diminutifs et en termes de tendresse, ce qui le rend très-propre à l'expression des sentimens affectueux. C'est à peu près la langue dont se servirent les *Minnesinger* (chantres d'amour) du moyen-âge, qui rivalisèrent avec les troubadours de la Provence. Les poésies allémanniques de Hebel tiennent du genre idyllique.

Il trouva sous ses yeux mêmes, dans son pays natal, un tableau de mœurs champêtres, qu'il sut orner de tous les charmes de la poésie. C'est dans la vallée de la Wiese (1) [ *das Wiesenthal* ] située dans la partie supérieure du grand-duché de Bade, sur la frontière de la Suisse, qu'il passa sa première jeunesse. Les sites en sont très-pittoresques, le costume des habitans, surtout celui des jeunes villageoises, est élégant quoique simple, et l'on remarque une grâce naturelle dans toutes leurs manières. Ils parlent le dialecte allémannique. Hebel s'est plu à illustrer son berceau; sous sa plume le Wiesenthal est devenu le Tempé moderne.

Peu de poètes ont eu autant que Hebel ce qu'on peut appeler l'instinct de la nature; on dirait qu'il y avait entre elle et lui une véritable intimité : elle ne lui cacha aucun de ses charmes, aucun de ses mystères, et il sut les reproduire avec un talent admirable. Ses descriptions sont pleines de fraîcheur et de vérité. Mais loin de ne présenter que de froides et serviles copies de la nature, il sait au contraire la faire agir au gré de ses créations poétiques; il la rend tributaire de son talent,

---

Carlsrouhe chez Macklot; la dernière à Arau chez Sauerlænder, en 1820. Elle est ornée d'estampes de Zix, habile dessinateur de Strasbourg, qui décéda à Florence, à son retour d'un voyage à Rome.

(1) *Wiese* (*prairie*), nom d'une petite rivière qui la traverse.

par la manière ingénieuse avec laquelle il personnifie même les êtres les plus inanimés. Tout a de la vie, tout est dramatique dans les poésies allémanniques; mais en même tems tout y est populaire, tout y est villageois. Les rivières, les montagnes, les astres mêmes forment autant de personnages qui viennent prendre place, tour à tour, dans ces scènes champêtres. La nature semble plus près de nous, plus à notre portée, elle a presque un air de famille avec ce peuple campagnard, dont l'auteur nous retrace la vie simple et paisible, les travaux, les fêtes, les mœurs et les traditions. Une touchante naïveté est le caractère distinctif de ces poésies ; cependant on y rencontre souvent, sous les formes les plus simples, des idées vraiment sublimes. La gaîté populaire porte une teinte morale et religieuse qui, loin de nuire à sa franchise, lui prête encore de nouveaux charmes.

Hebel aimait à écrire pour le peuple et à lui être utile; ce fut ce qui l'engagea à faire paraître pendant plusieurs années successives un almanach intitulé : *Der Rheinlœndishe Hausfreund* (*l'Ami de la maison des bords du Rhin*). On sait que ces petits ouvrages sont presque la seule lecture des habitans de la campagne pendant les longues soirées d'hyver. Ces almanachs étaient cependant plus ou moins remplis d'absurdes facéties et d'idées superstitieuses; Hebel entreprit avec succès de leur opposer son *Rheinlaendischer Hausfreund.* Cet almanach peut être considéré comme un véritable modèle dans ce genre de littérature populaire. C'est un excellent recueil de bons mots, d'énigmes, de charades, et surtout d'historiettes, aussi instructives qu'amusantes, et d'anecdotes presque toujours écrites dans un but moral; on y trouve aussi des notices fort intéressantes sur l'astronomie et l'histoire naturelle, mises à la portée des campagnards. Les meilleurs morceaux du *Rheinlaendische Hausfreund* ont été réunis et publiés sous le titre *Schatzkaestlein* (*Casette*), à Stoutgard, chez Cotta. Le dernier ouvrage que Hebel publia, est une histoire biblique à l'usage de la jeunesse, en deux volumes.

Jean-Pierre Hebel naquit en 1760 à Basle, où sa mère se trouvait momentanément. Ses parens habitaient le village de Haussen, dans la vallée de la Wiese. C'est là que le jeune Hebel passa son enfance et rêva ses premières idées poétiques. Ses parens étaient peu fortunés, et encore eut-il le malheur de les perdre de bonne heure ; mais ses talens précoces et ses aimables qualités l'entourèrent bientôt de protecteurs. Hebel fit ses premières études au Gymnase de Basle, et passa ensuite à l'université d'Erlangen, où il étudia la théologie. De retour dans sa patrie, il fut nommé instituteur à l'école secondaire (*Paedagogium*) de Lœrach. Plus tard il fut appelé à Carlsrouhe, où il remplit successivement les fonctions de prédicateur-diacre de la cour, de directeur du lycée, de conseiller ecclésiastique, et enfin celles de *prélat*, titre qui le plaça à la tête du clergé protestant du grand-duché ; c'est en cette qualité qu'il fit partie de la première chambre des états de Bade. Hebel, estimé de son prince qui le décora de l'ordre de Zæhringen, se fit encore aimer de tous ceux qui l'ont connu ; les personnes qui ont vécu dans son intimité, assurent qu'il n'avait pas d'ennemis; personne plus que lui, sans doute, ne méritait un si rare bonheur : lui-même ne savait point haïr. Il était essentiellement aimant, bon, bienfaisant, généreux; ses manières étaient simples et pleines de candeur ; il avait conservé toute sa vie cet abandon, cette confiance affectueuse, qui n'est d'ordinaire que le partage de la jeunesse. Son commerce avait un charme particulier ; les bons mots, les idées heureuses lui échappaient presque à son insçu ; la sérénité de son front était le reflet d'une âme pure et vertueuse; il était religieux sans cagoterie; son regard expressif annonçait l'homme supérieur, mais sa bonhommie naïve et gracieuse mettait à l'aise tout ceux qui l'approchaient. Hebel, étant en tournée pour inspecter les écoles supérieures du pays de Bade, descendit chez son ami, le conservateur des beaux jardins de Schwetzingen ; il y arriva souffrant, et y décéda le vingt-deux septembre dernier. C'est au milieu des fleurs, que l'ami, le poète de la nature devait exhaler son dernier souffle. On a l'intention d'ériger dans ces jardins un monument en l'honneur de Hebel; puisse-t-on y réunir ses cendres qui sont déposées dans le cimetière du village. Schwetzingen rappelerait alors Ermenonville; le voyageur s'y arrêterait saisi d'une pieuse émotion ; là aussi une voix mystérieuse lui ferait entendre ces paroles simples et touchantes de l'épitaphe de Jean-Jacques :

Approchez cœurs droits et sensibles,
Votre ami dort sous ce tombeau.

D. E. St.

*Ordonnance de Sa Maj. le roi de Bavière, relative à la translation de l'université de Landshut à Munich.*

Louis, par la grâce de Dieu, roi de Bavière, etc. etc. Vu le rapport détaillé du ministre de l'intérieur, sur l'état scientifique et économique de notre université de Louis-Maximilien à Landshut, nous avons résolu la translation de cette université et ordonnons ce qui suit :

L'université de Louis-Maximilien, qui se trouvait jusqu'ici à Landshut, sera transférée dans notre capitale et résidence de Munich, et comme les préparatifs nécessaires à cet effet sont déjà terminés, les cours du semestre d'hiver commenceront le 15 novembre de cette année.

Suit la liste des professeurs et des diverses chaires qu'ils occuperont :

### Faculté de Théologie.

#### Professeurs ordinaires.

Langue hébraïque : M. *Mall*, professeur à Landshut.

Morale chrétienne, les saints-pères (*Patristik*) et l'histoire ecclésiastique : M. *Hortig*, professeur à Landshut.

Théologie pratique et liturgie, éloquence sacrée et catéchétique : M. *Wiedemann*, professeur à Landshut.

Langues orientales, antiquités bibliques, exégèse et interprétation des saintes écritures : M. *Allioli*, professeur à Landshut.

Morale chrétienne, dogme et histoire du dogme : M. *Ammann*, prédicateur à Landshut.

#### Professeur extraordinaire.

Droit ecclésiastique et histoire de l'église : M. *Dœllinger*, professeur au lycée d'Aschaffenbourg.

### Faculté de Droit.

#### Professeurs ordinaires.

Droit civil bavarois : M. *de Wenig-Ingenheim*, professeur à Landshut.

Droit public de Bavière, droit public de la confédération d'Allemagne et droit des gens : M. *de Dresch*, professeur à Landshut.

Droit civil romain, histoire et procédure civile : M. *Bayer*, professeur à Landshut.

Histoire générale du droit, histoire particulière du droit allemand, et droit français : M. *Maurer*, procureur général à Frankenthal.

Nous nous réservons les nominations aux chaires de droit criminel, de procédure criminelle et de droit allemand.

*Professeur extraordinaire.*

M. *Schmidtlein*, professeur extraordinaire à Landshut.

FACULTÉ D'ÉCONOMIE POLITIQUE.

Économie rurale et forestière : M. *Medikus*, professeur à Landshut.

Science des finances, calcul et économie politique et pratique : *Oberndorfer*, employé des contributions à Neustadt.

Nous nous réservons les nominations à la chaire d'économie nationale et d'économie publique.

FACULTÉ DE MÉDECINE.
*Professeurs ordinaires.*

Anatomie de l'homme, anatomie comparée et zoologie : M. *Ignace Dœllinger*, membre de l'académie et conservateur de l'amphithéâtre anatomique.

Méthodologie et encyclopédie des sciences médicales, histoire de la médecine, pathologie générale, thérapie, et interprétation des auteurs classiques de médecine : M. *Rœschlaub* (Landshut).

Maladies psychiques et maladies des enfans : M. *de Loe* (Munich).

Pathologie spéciale et thérapie, établissemens sanitaires et cliniques : M. *Ringseis* (Munich).

Sémiotique et une partie de la clinique médicale : M. *de Grossi* (Munich).

Accouchement, médecine légale et police médicale : M. *Weissbrod* (Munich).

Pharmaceutique : M. *J. A. Buchner* (Landshut).

*Professeurs extraordinaires.*

Prosecteurs d'anatomie : MM. *Wilhelm* et *Breslau* (Munich), *Zierl*, professeur à l'institut d'économie rurale à Schleissheim, et M. *Schneider*.

### Faculté de Philosophie.
*Professeurs ordinaires.*

Philosophie : M. *Fr. Guill. Jos. de Schelling*, auquel nous avons accordé la permission de ne commencer ses leçons qu'avec l'année scolaire de 1827 à 1828, en nous réservant de le remplacer jusqu'à cette époque.

M. *Mailinger*, recteur du lycée à Munich.

Mathématiques et sciences naturelles : MM. *Stahl* (Landshut), *Sieber*, membre de l'académie et professeur au lycée à Munich, et *Spœth*, membre de l'académie.

Astronomie : M. *Franç. de Paula Gruithuisen* (Munich).

Histoire naturelle générale : M. *Schubert* (Erlangen).

Chimie : M. *Vogel*, membre de l'académie.

Minéralogie : M. *Fuchs*, membre de l'académie.

M. *de Kobell*, professeur extraordinaire.

Botanique : M. *de Martins*, membre de l'académie, et M. *Zuccarini*, professeur extraordinaire.

Zoologie : M. *Wagler*, professeur extraordinaire.

Histoire générale — reste à nommer.

Histoire de Bavière : M. *J. A. Buchner*, membre de l'académie et professeur au lycée de Munich.

Statistique et géographie : M. *Mannert* (Landshut).

Histoire ecclésiastique : MM. *Hortig* et *Dœllinger*.

Histoire littéraire : M. *Siebenkees* (Landshut).

Philologie : MM. *Fr. Ast* (Landshut), et *Fréd. Thiersch*, membre de l'académie et professeur au lycée de Munich.

Langues orientales : M. *Allioli*.

Sanscrit : M. *Otmar Frank* (Würzbourg).

Belle littérature — reste à nommer.

Théorie du beau et histoire de la belle littérature : M. *Sendtner* (Munich).

Langues et litérature modernes : MM. *Maffei*, langue italienne; *Claude*, langue française; *Fick*, langue anglaise.

Aux cours de ces professeurs se joindront les leçons que plusieurs savans de la capitale se sont offerts de donner sur plusieurs branches des sciences :

M. *de Sturzer*, conseiller de la cour suprême d'appel, sur la procédure et les exercices pratiques.

M. *Haecker*, directeur du tribunal du cercle et de la ville, sur la science de la police générale.

M *Fr. de Baader*, conseiller des mines et membre de l'académie, sur la philosophie.

M. *Joseph de Baader*, conseiller des mines et membre de l'académie, sur la mécanique.

M. de *Freyberg*, conseiller d'état et président des archives, sur différentes parties de l'histoire de Bavière et sur les sciences nécessaires à l'étude de l'histoire.

M. *Klebe*, conseiller sur la statistique et la géographie.

Les professeurs de Landshut, qui n'ont pas été appelés à la nouvelle université, et les employés administratifs, recevront sous peu notre décision à leur égard.

Les articles 5, 6, 7 et 8 de l'ordonnance traitent de l'administration et des règlemens intérieurs de l'université, de ses rapports avec l'académie, et enfin du costume des professeurs. L'article 8 et dernier finit en ces termes : Nous espérons que le recteur et les professeurs de notre université de Louis-Maximilien se rendront dignes de la confiance que nous leur avons accordée, en mettant tous leurs soins à entretenir et à exciter l'amour des études scientifiques parmi la jeunesse ; car c'est le plus sûr moyen de bannir des universités la rudesse et l'immoralité. Ils acquerront ainsi des titres incontestables à la reconnaissance royale et à celle de la nation entière.

Munich, le 3 octobre 1826. LOUIS.

## Nouvelles diverses.

La société d'histoire naturelle de Francfort acquiert continuellement plus d'étendue et d'importance ; ses relations avec les plus savans voyageurs se multiplient chaque jour, et ses collections prennent un développement considérable. Les dernières lettres que M. Rüppell a adressées à la société annoncent que cet intrépide voyageur se trouvait dans les environs de la Mecque, et qu'il se proposait, en quittant l'Arabie, d'aller visiter le golfe persique. De là il reviendra dans sa patrie. Les objets dont il a déjà enrichi le cabinet d'histoire naturelle sont inappréciables, tant par leur rareté que par leur utilité pour la science. M. Cretzschmar, son ami et directeur du musée d'histoire naturelle, consacre tous ses instans et ses soins à mettre en ordre ces précieux trésors. Dans le dernier envoi de M. Rüppell se trouvaient deux giraffes ; la peau et le squelette de l'une d'elles ont été exposés lors du dernier anniversaire de la société. Un hippototame colossal, provenant d'un envoi antérieur, a été préparé et exposé de la même manière. Le musée est en général très-riche en squelettes d'animaux rares, préparés par M. Cretzschmar. M. Jost, membre nouvellement élu, s'est chargé des oiseaux, M. Rœmer des poissons, M. de Heyden des amphibies et des insectes, M. Becker des plantes, et M. de Meyer des minéraux. La société a célébré l'anniversaire de sa fondation le premier mai dernier; plusieurs mémoires importans y ont été présentés : celui de M. Heubourg, sur la géographie des plantes, renferme plusieurs nouvelles découvertes ; M. Cretzschmar a traité des différentes races d'hommes, et a développé une proposition du professeur Schweizer à Halle, tendant à établir dans les pays lointains des missions pour l'étude de l'histoire naturelle. Plusieurs membres étrangers ont déja exprimé le même vœu, et la société a demandé des renseignemens à quelques personnes expérimentées, parmi lesquelles on cite M. Rüppell. L'avis de ce dernier n'est pas favorable à l'exécution du projet. Il rappelle dans sa réponse tous les mauvais traitemens qu'il a été obligé de souffrir, et qu'il n'a supportés qu'avec peine. Le projet de M. Schweizer est fondé sur l'expérience que toutes les missions religieuses se sont introduites d'une manière facile parmi les peuples les plus sauvages, quand les missionnaires ont pu faire valoir des connaissances en médecine et en histoire naturelle. Cette idée est sur le point d'être exécutée au Japon, par un membre correspondant de la société, M. de Siebold, médecin de la marine hollandaise, qui annonce dans sa dernière lettre qu'il vient d'organiser un école scientifique, et que la confiance, dont il jouit dans ce pays, lui permet non-seulement de faire des excursions dans l'intérieur, mais aussi d'admettre des indigènes au nombre de ses élèves.

Après ces diverses communications, M. Meyer d'Offenbach a lu un mémoire sur deux lézards de Suisse, qu'il a observés pendant plusieurs années. Ensuite M. Mappes, secrétaire, a donné lecture d'une biographie de M. Freireis, naturaliste de l'empereur du Brésil, mort en 1825. Le musée lui doit des objets très-précieux, surtout en ornithologie, qu'il a envoyés du Brésil. On espère que le zèle de M. Mohrhard, l'ami et le compagnon des travaux de M. Freireis, réparera cette perte. M. Mappes s'est ensuite étendu sur l'administration de la société, à laquelle le conseil municipal a alloué 1500 florins, qui ont été destinés à ériger une chaire d'histoire naturelle.

Dans la même séance on a ouvert une souscription pour faire une édition de l'Atlas des voyages de M. Rüppell dans l'Afrique septentrionale. Le nombre des seuls souscripteurs de Francfort, a déjà suffi pour en couvrir les frais.

— Il vient de paraître une nouvelle édition de l'important ouvrage intitulé : *Nonius Marcellus, de proprietate; additus est Fulgentius Planciades de prisco sermone*. Leips. 1826. 782 p. in-8. C'est une réimpression de l'édition de Jos. Mercier Paris, 1614 (quelques exemplaires indiquent Sedan), qui est devenue très-rare. L'éditeur a fait imprimer l'ouvrage sur le même nombre de pages que l'édition de Mercier, afin que l'on puisse suivre avec plus de facilité, les nombreuses citations de ce célèbre grammairien. M. Spangenberg a joint à ce volume une notice littéraire sur Nonius et Planciades, et a eu soin d'y ajouter tout ce que l'on a écrit sur ces deux auteurs.

— Les libraires Græsser et Schmidt à Vienne, et Louis Herbig à Leipsic, viennent de publier une édition des *Œuvres complètes de M. Fréderie Sehlegel*, en dix volumes. Le 1er et le 2e, contiennent l'histoire de la littérature ancienne et moderne; le 3e et le 4e, les études de l'antiquité classique; le 5e, la critique et la théorie de l'ancienne et de la nouvelle poésie; le 6e, coup-d'œil et observations sur la science chrétienne; le 7e, des traditions et des poésies romantiques du moyen âge; le 8e et le 9e sont consacrés à des poésies; le 10e enfin, contient des mélanges.

# MÉMOIRES ET NOTICES.

## LITTÉRATURE.

### VIE ET LES OUVRAGES DE HERDER.

( Suite de l'article commencé Tome II, page 4. )

Herder se rendit de Nantes à Paris où il arriva le 8 novembre 1769. Le séjour de cette capitale, que, suivant Rousseau, tout jeune homme doit au moins habiter pendant un an, ne fût-ce que pour voir s'il a du talent, aurait pu exercer sur le jeune auteur de Kœnigsberg l'influence la plus remarquable, mais Herder n'y resta que peu de tems. Ce fut moins par pressentiment que par suite de son ardeur de s'instruire qu'il se hâta de rechercher ce que Paris offrait alors d'hommes célèbres dans les études qu'il cultivait. Il vit le littérateur-géomètre Dalembert, le poète Barthe, l'historien Desguignes, le philosophe Diderot, le moraliste Duclos, le savant Barthélemy, l'historiographe Garnier et quelques autres. Mais il avait à peine commencé ses premières visites, qu'on lui proposa et qu'il accepta la place de précepteur et de prédicateur particulier du jeune prince Guillaume-Fréderic de Holstein-Oldenbourg-Eutin, qu'il devait accompagner dans ses voyages, pendant l'espace de trois ans. En conséquence Herder quitta Paris dès le mois de décembre, et l'on ne peut que lui supposer un peu de cette illusion sur soi-même que donne Paris, lorsqu'on l'entend, dans une lettre de ce tems, récapituler ce qu'il a vu et appris dans une trentaine de jours. « J'ai partagé mon tems, dit-il, entre les savans, les bibliothèques, les galeries d'antiquités et de beaux-arts, les spectacles et les édifices, qui sont assez curieux pour être observés, et entre *mes études* et mes réflexions. Tout ce qui est goût et luxe, dans les arts et dans les institutions, se trouve à Paris comme dans son vrai centre. Mais le goût n'étant que la notion la plus légère du beau, et la magnificence qu'une apparence souvent destinée à remplacer le vuide, la France ne peut jamais rassasier entièrement l'âme, et j'en suis, moi, cordialement las (1). Je ne voudrais pourtant pas, pour tout au monde, ne l'avoir point vue, ni renoncer aux idées que j'ai recueillies sur la langue, les mœurs, le goût, l'histoire, les arts, les sciences de ce pays, soit dans leur *état actuel*, soit dans leur *origine* (2). J'ai tâché d'étudier les livres et les hommes, la déclamation et les spectacles ; j'ai observé la danse, la peinture, la musique et le public de la nature ; mais ce sont des semences enterrées jusqu'à ce que l'avenir m'amène quelque printems favorable qui les fasse germer. » Quand on considère

---

(1) En disant que le goût n'est que la notion la plus légère du beau, Herder veut dire peut-être que le goût ne juge que la beauté superficielle, extérieure, tandis qu'un véritable chef-d'œuvre parle à l'âme toute entière. Mais ce serait-là bien mal définir le goût, et cette définition ne pourrait être faite que sur l'idée qu'on se forme habituellement d'un *homme de goût*. Quant au jugement du jeune voyageur sur la magnificence, il porte également à faux. Si Paris offre tout ce que les beaux-arts ont de magnifique, il offre les chefs-d'œuvre des beaux-arts et, dès-lors, cette magnificence n'est pas une apparence. Herder juge Paris comme tout homme d'esprit, qui ne passe que peu de tems dans cette immense cité ; qui n'y vit que dans l'extérieur, les édifices, les galeries les spectacles ; qui s'y trouve isolé partout, et qui transporte, dans tout ce qu'il voit, le vuide et l'agitation qu'il éprouve.

(2) C'était apprendre bien des choses dans une ville où l'on perd son tems. Il a fallu le génie de Herder, pour ne pas succomber sous un tel fardeau.

la salutaire influence qu'eut le séjour de Genève sur le philosophe Jacobi, on ne saurait trop regretter que des circonstances extraordinaires aient éloigné Herder sitôt de Paris. Il eût acquis dans cette ville précisément la seule chose qui manque à son style, cette sobriété et cette clarté qui se fussent si bien alliées avec son talent d'approfondir les idées et de peindre les choses.

Il se rendit à Kiel, où se trouvait le prince, par Bruxelles, Leyde, Anvers, Amsterdam (1) et Hambourg, où il vit quelques-uns des hommes les plus distingués de l'Allemagne, Lessing (2), Claudius (3), Rode (4), Reimarus (5) et Gœtze (6). La famille du jeune prince, qui habitait Eutin, reçut Herder avec distinction ; son élève avait des dispositions heureuses, et un sermon que le jeune prédicateur prononça au château, eut un grand succès : tout paraissait lui sourire dans sa nouvelle carrière.

---

(1) Le bâtiment qui le transporta d'Anvers à Amsterdam fit naufrage ; le voyageur fut sauvé avec peine. Il dit, à ce sujet, dans une lettre : « J'ai toujours dans mon âme le sentiment que j'éprouvais dans cette nuit passée sur un vaisseau brisé, inondé des eaux de la mer, lisant Fingal et n'osant espérer un lendemain. »

(2) Ecrivain élégant, critique ingénieux, réformateur du goût et du langage, qui dominaient auparavant en Allemagne.

(3) Claudius, poète et prosateur à la fois plein d'esprit et de sentiment, et d'une piquante originalité.

(4) Célèbre astronome.

(5) Philosophe de l'école de Wolf, auteur de deux ouvrages qui ont exercé en Allemagne une grande influence sur les études de religion naturelle et de théologie. Le premier est intitulé : *Principales vérités de la religion naturelle*, 6ᵉ édit. 1791 ; le second : *Fragmens de Wolfenbüttel*. Ce sont deux ouvrages opposés l'un à la révélation en général, l'autre à celle du christianisme ; ni l'un ni l'autre ne méritent le bruit qu'ils ont fait.

(6) Théologien d'un savoir ordinaire et d'un purisme fanatique en matière d'ortodoxie.

Cependant l'élève avait déjà reçu, comme toujours il arrive aux princes, même aux plus petits, des impressions fâcheuses, il penchait secrètement pour un singulier mysticisme. Son gouverneur, le baron de Cappelmann, homme d'un esprit timoré et peu fait pour sa place, entretenait ces dispositions, et, tout en combinant avec lui le voyage qu'il s'agissait de faire entreprendre au prince, Herder prévit que ses nouvelles relations pourraient se troubler. Il obtint de la famille, qui le traitait avec une bienveillance si flatteuse, qu'il pourrait se séparer de son élève, même dans le cours du voyage, s'il avait lieu de croire que sa présence auprès de lui cesserait d'être utile.

Honoré de l'amitié de plusieurs personnages marquans du beau pays de Holstein (1), surtout de celle du comte Schahn, protecteur éclairé des lettres, et à qui Herder adressa plus tard l'ode d'*Orion*, il partit avec son élève et le baron de Cappelmann pour l'Italie. Ils se rendirent d'abord par Hanovre, Gœttingue, Cassel, Hanau et Darmstadt, à Strasbourg, où ils résolurent de passer l'hiver. Gœttingue, qui est aujourd'hui une jolie petite ville, n'était alors qu'un grand et sale village; cependant sa bibliothèque, qui est maintenant un objet d'envie pour tous les savans de l'Allemagne, était déjà si considérable, qu'elle paraît avoir inspiré dès-lors à notre voyageur le désir d'y trouver, un jour, un point de repos pour sa vie agitée. Cependant Darmstadt se grava plus profondément encore dans son cœur. Son élève tenait, par sa mère, à l'illustre et aimable famille qui fait depuis si long-tems le bonheur de ce pays. Il y fut fêté; mais, par suite d'une étiquette dont on ne pouvait

---

(1) Sensible aux beautés de la nature, au plus haut degré, Herder ne put jamais oublier celles du Holstein. Il s'écriait souvent, plein des souvenirs de ce pays : *le beau vert du Holstein.*

alors dévier, le précepteur était exclus de la table des souverains, et cette exclusion conduisit Herder dans les cercles de quelques conseillers de régence, où il rencontra sa future épouse, Mademoiselle de Flachsland. Les premières relations qui s'établirent entre lui et cette jeune personne, douée d'un esprit supérieur et de toutes les grâces, peignent, pour ainsi dire, l'âme de toute la jeunesse allemande bien élevée. « Herder, écrivit Mademoiselle de Flachsland à un ami, Herder, que nous voulions distraire et amuser, nous occupa nous autres de la manière la plus spirituelle et la plus variée. Ses jugemens et ses sentimens furent toujours les plus justes ; ils rectifièrent, ils exaltèrent les nôtres. Il nous lut les scènes les plus touchantes du *Messie* de Klopstock, les plus beaux passages des odes de cet auteur et de celles de Kleist, son poète favori comme le mien, et des morceaux remarquables des Minnesinger (1). Jamais je n'oublierai les momens où il nous récita de mémoire, dans les jardins du grand duc, au milieu des bois, la belle ode de Klopstock : *Quand j'étais encore parmi les hommes*. Son âme de feu s'y réfléchissait toute entière. Nous nous sommes reconnus dans Klopstock et Kleist. » Quelques jours après, Herder prêcha dans l'église du château. « C'était la voix d'un ange, et c'étaient des paroles que je n'avais jamais entendues. Je n'ai pas d'expressions pour rendre cette grande, unique et profonde sensation que j'éprouvai : oui, c'était un être céleste revêtu de formes humaines. Je le vis dans la journée ; je lui balbutiai ma reconnaissance : dès ce moment nos âmes n'en formaient qu'une, et notre union fut l'ouvrage de la Providence. Il n'est pas possible que deux âmes s'entendent mieux, s'appartiennent plus intimement. » Il est

---

(1) Les Troubadours de l'Allemagne.

inutile de dire, quelle main traça ces lignes, et il est impossible de trouver un plus beau commentaire sur le *Eros* de Platon (1).

Ces relations influèrent probablement sur une résolution importante que prit Herder à Darmstadt. Le comte souverain de Lippe Schaumbourg lui faisant proposer, pour la seconde fois, d'entrer à son service (2), en qualité de son premier prédicateur et de conseiller de son consistoire, il accepta ces offres, à la seule restriction de pouvoir déterminer lui-même l'époque de son entrée en fonctions.

Il conduisit, ensuite, son élève à Strasbourg, après quelque séjour à Carlsrouhe. Dans cette dernière ville, le grand-duc Charles Fréderic le rechercha d'abord et l'entretint sur toutes sortes de sujets sans se faire connaître. « Il est, dit Herder, le premier prince que je vois, *qui ne prenne pas un air de prince;* nos entretiens roulent presque toujours sur des objets qui intéressent *l'amélioration et la liberté du genre humain*, et je me prononce toujours aussi franchement que si je parlais à tout autre. »

Peu de tems après son arrivée à Strasbourg, Herder demanda à la cour d'Eutin sa démission de ses fonctions de précepteur. Cette démarche fut également pénible pour lui, qui luttait depuis long-tems avant de s'y résoudre ; pour le jeune prince, qui lui demandait avec instance quelques jours de prolongation, et pour la cour d'Eutin, qui désirait s'attacher Herder en qualité de prédicateur. Ce ne fut qu'en versant des larmes qu'il communiqua sa résolution à son élève, et ce dernier ne

---

(1) L'amour est, selon Platon, la joie de deux âmes qui n'en formaient qu'une dans l'origine, et qui ont le bonheur de se retrouver.

(2) La première proposition était arrivée à Riga, quelques jours après le départ de Herder.

céda aux raisons du maître qu'après les avoir long-tems combattues. Dans l'intervalle de cette démission à la nomination de premier pasteur à Bückebourg, chef-lieu du pays de Schaumbourg, Herder, tourmenté par une fistule qui s'était formée à son œil gauche, se fit opérer à Strasbourg, par le célèbre Lobstein, assisté de M. Marschall; et, quoique cette opération fut peu heureuse, il en subit les douleurs et la longue guérison avec plus de résignation qu'on ne pouvait attendre de son ardeur pour les études et de la vivacité de son caractère. Ce ne fut qu'à la fin, lorsqu'il vit s'évanouir tout espoir de succès, et s'écouler, sans fruit, des semaines destinées au travail, qu'il manifesta quelquefois l'impatience qui le tourmentait. Tout l'hiver se passa à Strasbourg. Mais ce tems ne fut pas perdu pour Herder. Il lut Ossian et Shakespeare, quelques auteurs grecs et son cher Klopstock; il profita des richesses de la bibliothèque publique, composa un mémoire sur une question publiée par l'académie de Berlin, tout en se livrant aux douceurs que lui procurait la société de quelques-uns des jeunes étrangers les plus distingués, qui venaient alors, de divers pays, suivre les doctes leçons des professeurs de l'université de Strasbourg. Il se lia surtout avec Gœthe, Lenz et Stilling.

L'académie de Berlin avait demandé une solution de la grande question de l'origine du langage, problème auquel se rattachent tant d'autres, et dont la solution deviendrait celle d'une foule d'autres questions. Herder, comme la plupart de ceux qui s'en occupent, n'en saisit qu'un côté, et n'en offrit qu'une explication secondaire. En effet, il ne s'agit point, comme croyait Herder, de savoir si l'homme a reçu de son créateur des facultés intellectuelles et physiques suffisantes pour se former un langage. Posée dans ces termes, la question n'est pas douteuse. Puisqu'il n'a point fallu à l'homme de communication supérieure pour que son œil vît le premier objet qui se présentait devant lui, pour que son oreille fût frappée du premier son, que son intelligence se formât la première idée, il n'a pas fallu non plus d'influence divine pour que l'homme poussât le premier son plus ou moins analogue à l'impression qu'avait faite sur lui l'objet qu'il voulait désigner. Mais il s'agit de savoir, à quelle époque, c'est-à-dire, dans quelle génération l'homme a possédé un langage, un ensemble de sons intelligibles à un ensemble de familles et répondant à un ensemble d'idées, conformes au degré de civilisation auquel étaient parvenues ces familles. Dès-lors la question cesse d'être théologique ou philosophique, elle tombe dans le domaine de l'histoire; mais dèslors on conçoit que, par le défaut de monumens, elle devient insoluble, et voilà pourquoi elle redevient sans cesse, tantôt théologique, tantôt philosophique; la théologie et la philosophie pouvant présenter l'une et l'autre mille solutions diverses, sans être obligées de produire des preuves rigoureuses de ce qu'elles avancent, comme l'histoire y serait obligée. La solution affirmative que choisit Herder pour sa question, sans avoir rien de nouveau, était présentée avec les avantages d'un beau style, d'une véritable éducation et d'une grande élévation de vues; elle plut à Gœthe; elle obtint les suffrages de l'académie de Berlin et prépara la célébrité littéraire de son auteur.

Herder entreprit encore à Strasbourg son écrit sur l'*Art chez les Allemands*, et ce fut peut-être Gœthe qui en fit naître les premières idées. Il essaya aussi d'y débrouiller ses vues sur la *Plastique*, (1); mais il avança peu dans l'un ou l'autre de

---

(1) La sculpture ou l'ensemble des beaux-arts qui travaillent en relief. Il avait pris la première idée de cet écrit au milieu des statues qui ornaient les jardins de Versailles.

ces travaux, et il écrivit à ses amis que Strasbourg ne lui paraissait pas un endroit propre à *plastiser*. C'est pourtant moins une sentence lancée contre cette ville, où l'on ne s'occupait alors que d'études sérieuses, qu'une sorte de condamnation que passe l'auteur sur les dispositions de son âme pendant l'hiver qu'il y passait.

L'opération qu'il avait subie, la résolution qu'il venait de prendre, son engagement avec une petite cour qu'il ne connaissait pas, ses lectures poétiques, ses études pour l'église, la société de Gœthe et de Stilling, et son amour un peu romantique, tout concourait à l'entretenir alors dans cette agitation qui développe toutes les facultés d'un homme, mais qui épuise trop rapidement nos forces vitales. Aussi, tout en admirant le génie de Herder et ses vastes tendances, est-on toujours tenté de plaindre en lui l'homme que dévore un peu d'ambition, beaucoup d'imagination et une sensibilité extrême ; et, cependant, c'est là précisément ce qui fait son génie, ce qui le place si haut, ce qui a rendu son nom immortel et ce qui fera toujours bénir sa mémoire par le peuple qui l'a possédé dans son sein. Deux compatriotes qu'il rencontra, j'allais dire deux amis qu'il se fit à Strasbourg, dont l'un avait l'âme encore plus religieuse que lui, dont l'autre avait encore plus de goût et de talent pour la poésie, et que je ne compare pourtant avec lui, ni l'un ni l'autre, se sont préparé avec moins de travail, avec infiniment plus de calme, des carrières non moins brillantes et beaucoup plus prolongées. Ce sont Stilling et Gœthe, qui ont donné l'un et l'autre des mémoires sur leur vie, mais dont il faut moins étudier la vie dans ces mémoires que dans leurs autres ouvrages. Ils eurent tous deux, et surtout Gœthe, une influence marquée sur le développement de son esprit et de son cœur ; et ils ont parlé tous les trois, avec une manière de voir fort différente, mais avec une sorte d'orgueil et une véritable amitié, des six mois qu'ils passèrent ensemble. Voici en quels termes et avec quels détails, Gœthe a rendu compte de cette liaison (1). « L'événement qui eut pour moi les suites les plus importantes, fut la connaissance, que je fis et la liaison que je contractai avec Herder. — J'étais allé à l'hôtel de l'Esprit pour chercher quelque étranger de distinction. Au bas de l'escalier, je rencontrai un homme qui était sur le point de monter et que je pouvais prendre pour un ecclésiastique. Ses cheveux poudrés étaient relevés en une grosse boucle ronde; l'habit noir le caractérisait également, mais par-dessus tout, un long manteau de soie noir dont il avait réuni les pans dans une poche de son habit. Ces manières un peu extraordinaires, mais dans le fait très-agréables et très-distinguées, dont j'avais déjà entendu parler, ne me laissèrent aucun doute, qu'il ne fût le célèbre étranger, et mes premières paroles durent le convaincre que je le connaissais. Il me demanda mon nom, qui ne pouvait avoir pour lui aucune importance, mais mon air ouvert paraissait lui plaire; il y répondit avec beaucoup d'aménité et avec des dispositions très-communicatives. En le quittant je lui demandai la permission de le voir chez lui, et plus j'en profitai, plus je me sentis attiré par sa personne. Il y avait dans sa manière d'être une sorte d'abandon, avec beaucoup de convenance, et sans aucun soupçon d'adresse. Il avait une figure pleine, un beau front, le nez un peu camus, les lèvres un peu fortes et une très-belle bouche. Plus il m'adressait de questions, avec cette vivacité que relevait un œil de feu que bordaient de

---

(1) Vérité et poésie sur ma vie. Livre X.

grandes paupières noires, plus la force attractive de son être agissait sur le mien. Je dirais à peine qu'elle produisait le même effet sur d'autres, s'il ne fallait pas le faire remarquer au sujet de Jung dit Stilling (1). Les belles et pures tendances de cet homme respectable, ne pouvaient qu'intéresser tous ceux qui avaient de l'âme, et son désir de s'instruire ne pouvait que rendre très-communicatifs tous ceux qui possédaient de quoi communiquer. Aussi Herder lui montra-t-il plus d'indulgence qu'à nous autres, et Stilling en fut tellement exalté, qu'il se sentit élevé audessus de tous les obstacles qu'il avait encore à vaincre (2). Herder s'était déjà rendu assez célèbre par ses *Fragmens* et ses *Forêts critiques*, pour être placé à côté des premiers écrivains, qui fixaient les regards de sa nation. On ne saurait peindre les mouvemens où se trouvait son esprit, ni la fermentation de son être. On ne conçoit la grandeur qu'il voilait encore, qu'en considérant tout ce qu'il a fait bientôt après. »

Gœthe, en peintre habile, n'oublie pourtant pas les ombres du tableau. « Herder, dit-il, avait quelquefois de l'amertume et du sarcasme dans son humeur. Il pouvait être aussi désagréable que charmant et spirituel. D'ailleurs tous les hommes ont dans leur être quelque chose de cette force attractive et ré-

---

(1) Le célèbre oculiste Jung, mort conseiller intime de la cour de Carlsrouhe, en 1816, prenait jeune encore et dans la plupart de ses écrits, le nom de Stilling, du mot *still*, qui est le mot latin *quietus*, et qui peignait son penchant pour une espèce de quiétisme. Il a publié plusieurs romans de piété, qui ont tout le charme des fictions les plus romanesques et quelques volumes sur sa vie qui offre des événemens bien plus extraordinaires que de la plupart des romans.

(2) Il était alors pauvre et marié, et il faisait ses études avec la dot de sa femme.

pulsive, les uns un peu plus, les autres un peu moins, et il n'en est guère qui sachent commander à plus qu'à l'apparence. Quant à Herder, on doit attribuer aux longues douleurs qui l'accablaient, les mouvemens de sarcasme qui dominaient dans son humeur. »

Cette réflexion du plus grand décompositeur du cœur humain qu'ait jamais produit l'Allemagne, n'est qu'une justice rendue au cœur de son ami. Certes l'homme qui, au milieu de tant de souffrances et de tant de travaux, lisait pour la quatrième fois le vicaire de Wackefield, uniquement *pour être avec de bonnes gens,* a dû avoir dans son âme autant d'aménité que de bienveillance. « Le *Vicaire,* dit-il, dans une de ses dernières lettres de Strasbourg, est l'un des plus beaux livres qui existent. Il m'arrive avec ce petit volume à peu près ce qui est arrivé à ce *bon homme* qui courut demander à tout le monde: *Avez-vous lu le prophète Baruc? Lisez le prophète Baruc.* Le Vicaire est par la douceur qui y règne, par la peinture des caractères, l'instruction et les émotions qu'il communique, le véritable livre de l'humanité. »

Au printems de l'année 1771, Herder se rendit, par Carlsrouhe, où il revit le grand-duc, qui lui fit prononcer un sermon à l'église du château, et par Darmstadt, où il retrouva M$^{lle}$ de Flachsland, dont il avait reçu la foi, à Bückebourg, où il allait occuper un rang distingué dans l'église protestante.

J. M.

(*La suite dans un prochain numéro.*)

# DISCOURS

*Prononcé par M. A. W. de Schlegel, à l'ouverture d'un cours de littérature à l'université de Bonn.*

La littérature allemande est une des plus jeunes de l'Europe. Cependant notre langue possède quelques monumens qui l'emportent par leur antiquité sur les plus vieilles traditions de la plupart de nos voisins. L'Allemagne a vu naître un assez grand nombre de productions littéraires durant les siècles du moyen-âge, et, long-tems même avant Tacite, qui nous révèle l'existence de ces poëmes héroïques, composés avec tant de soins et de développemens, qu'ils tenaient lieu d'annales à nos ancêtres. Ce n'étaient souvent que des œuvres informes, parfois aussi élaborées avec art, quelquefois même portant l'empreinte d'une imagination originale et d'un génie mâle et vigoureux. Mais ces antiquités poétiques ont disparu en grande partie, et dans le petit nombre des fragmens qui nous restent, la langue a tellement vieilli, qu'elle est devenue comme étrangère aux Allemands eux-mêmes, qui sont forcés de l'étudier pour la comprendre.

On s'accorde généralement, et avec raison, à placer les beaux tems d'une littérature vers l'époque où la langue est parvenue à un tel degré de maturité que les meilleurs ouvrages en tout genre peuvent servir de modèle pour le style et, par leur puissante influence sur la fixation du langage, conserver, pendant des siècles entiers, toute la jeunesse et toute la fraîcheur de leur éclat primitif. Cinq siècles se sont écoulés depuis que l'Italie la première vit briller cette époque; l'Espagne eut son tour, sous Charles-Quint et Philippe II; l'Angleterre, sous le règne d'Elisabeth; la France, sous Richelieu et Louis XIV; et nous, seulement au milieu du dernier siècle. Ne soyons donc pas surpris que sous le rapport de la belle littérature proprement dite, nous ne puissions encore, par la richesses de nos chefs-d'œuvre, lutter avec d'autres nations; nous reprocher ce retard, serait une injustice. La nature est tantôt plus avare, tantôt plus libérale des dons du génie ; jamais elle ne s'en montre prodigue. Combien de tems ne faut-il pas pour accumuler ces trésors ? Toutefois depuis l'époque que nous avons signalée, l'Allemagne littéraire a fait preuve d'une activité rare et d'une merveilleuse fécondité. Nous avons vu de nouvelles et remarquables productions se succéder coup sur coup, et il suffit de nommer Schiller, Klopstock, Lessing, Winkelmann, Wieland, Bürger, Gœthe, Jean Müller, Herder (sans parler de nos plus jeunes contemporains), pour faire reconnaître nos droits par l'Europe entière.

Peut-être notre littérature n'offre-t-elle point les mêmes attraits, que plusieurs autres, à celui qui, entreprenant l'étude d'une langue comme un voyage d'agrément, ne cherche qu'à satisfaire l'imagination et le goût et qu'à multiplier les moyens d'occuper agréablement ses loisirs ; cependant nous pouvons le promettre, le penseur, le savant et l'ami des sciences trouveront d'amples récompenses des soins et de la peine qu'exige la connaissance approfondie de notre langue. Notre richesse ne se borne pas à cette foule de bons ouvrages, où se trouvent recueillies, classées et si utilement mises en œuvre, jusqu'aux moindres lumières de toutes les nations et de tous les siècles; 1 faut, en outre, reconnaître que la pénétration et la profondeur de quelques esprits d'Allemagne ont rendu à toutes les branches de la science les plus éminens services. Combien d'opinions que si long-tems on avait cru vraies sur la foi des siècles, nous apparaissent aujourd'hui sous une face différente, grâce à une nouvelle direction des esprits. Notre impartialité, notre facilité à saisir les questions sous tous leurs points de vue, notre originalité dans la manière de les envisager : voilà ce qui nous distingue surtout d'autres nations qui, bien que douées de beaucoup d'esprit, ne peuvent cependant, par diverses causes, atteindre ces qualités au même degré que nous. Il serait facile de citer plus d'un écrivain étranger qui n'a dû sa réputation d'auteur profond et original, parmi ses concitoyens, qu'à son adresse à s'approprier les choses qu'il avait puisées dans les livres allemands, ou dans ses relations avec nos savans. Jusqu'ici de pareils plagiats ont été faciles à commettre et même à cacher. L'Allemagne, située au cœur de l'Europe, non pas seulement par sa position topographique, mais aussi sous le rapport intellectuel, n'en est pas moins une terre encore inconnue pour ses plus proches voisins. Cet état de choses a pourtant ses avantages ; les souverains n'aiment-ils pas à voyager inconnus pour apprendre à connaître les hommes, sans s'exposer à leur examen. Nous sommes, je puis le dire, les cosmopolites de la civilisation européenne : dès qu'une vérité nouvelle paraît, peu nous importe à quelle nation elle doit le jour. Sans nous arrêter à d'étroites et partiales considérations, nous nous hâtons de reconnaître et de mettre à profit tous les progrès que fait la science, dans quelque pays que ce soit. L'étranger n'a point fait naître en nous, par d'excessives louanges, un vain orgueil national, ainsi qu'il en est arrivé à nos voisins de l'ouest à leur grand préjudice. Ce n'est donc point là un grave sujet de plainte pour nous

D'un autre côté nous ne nous inquiétons guères de leurs critiques ; nous savons à l'avance qu'il faut les attribuer à leur ignorance de notre langue, à de vieux préjugés et à la différence de leurs mœurs et de leurs habitudes avec les nôtres. On peut sans doute accuser de fierté quelques écrivains allemands qui, trop convaincus de leur supériorité, n'attachent aucun intérêt aux travaux des étrangers dans certaines parties de la science. Cependant il nous est quelquefois difficile de descendre à de sérieuses réfutations ; car ceux qui nous censurent à l'étranger, ressemblent à un orfèvre qui, fier de son habileté à transformer en mille jolis petits riens, le métal déjà épuré, mais n'étant du reste jamais descendu dans la mine, prétendrait diriger les travaux de l'audacieux ouvrier qui creuse les profondeurs de la montagne pour en arracher le noble métal.

Nous avons vu, par exemple, en Ecosse, il y a peu de tems, un célèbre professeur de ce qu'on appelle assez improprement *philosophie*, dans ce pays, traiter avec mépris et rejeter les philosophes allemands, depuis Kant jusqu'à nos jours, sans connaître notre langue, sans avoir lu nos auteurs, sans même sentir ce noble besoin d'une philosophie spéculative qui a servi de véhicule à l'esprit humain dans tous ses grands et merveilleux progrès. Eh bien ! que répondre à un pareil critique... si ce n'est qu'il ne sait point ce dont il s'agit, et que la question est tout-à-fait hors de sa portée.

Je ne prétends pas nier les défauts de notre littérature scientifique, car je me suis toujours efforcé de m'élever à des considérations européennes, pour juger toutes les productions du siècle. Nos savans critiques savent rarement joindre à la solidité des pensées le talent de les exprimer heureusement. L'esprit s'est trouvé souvent écrasé sous la masse de l'érudition, de façon qu'il n'a pu réussir à la présenter sous des formes nobles et gracieuses. Si l'on ne peut méconnaître la profondeur de nos idées, il nous faut avouer aussi que nous manquons souvent de clarté et de netteté en les exposant.

Les écrivains allemands, comme leurs compatriotes en général, ne s'attachent point assez à ces soins extérieurs qui ont tant de prix pour le public; aussi leur façon d'écrire ressemble-t-elle souvent, par sa négligence, à l'exécution typographique de leurs livres.

Le désir d'être neuf, ambition difficile à satisfaire au milieu de la diffusion générale des lumières et de l'activité scientifique qui se manifeste de toutes parts, a souvent conduit à des paradoxes réfléchis. Quelquefois aussi l'originalité naturelle de certains auteurs, excitée par des habitudes solitaires, a revêtu des formes étranges et fantastiques; et l'enthousiasme du beau et du sublime, tendance prédominante de notre nation, a souvent dégénéré en une exaltation extravagante.

En général, l'esprit des Allemands est plutôt dirigé vers la *spéculation* que vers la *pratique*; c'est l'effet, en partie, de leurs dispositions naturelles, et en partie, de quelques causes extrinsèques, de leurs rapports sociaux et de leurs habitudes nationales. Aussi serait-il possible que la connaissance de notre littérature servît de contrepoids salutaire chez une nation où l'on remarque tout l'opposé de ce qui se passe chez nous. Car, cette question répétée à tout propos : *Quel profit en retirera l'économie publique ou privée, l'industrie, les arts mécaniques et le commerce*, tue la philosophie, cette belle science, libre de tout intérêt, indépendante de toute considération, qui cherche partout à saisir les principes dans leur pureté. Je ne puis mieux comparer cette façon de parler qu'à ce que Falstaff dit sur l'honneur. Quand on décore du nom de science un amas informe d'expériences vraies ou fausses, le flambeau philosophique, qui seul pouvait la vivifier, s'éteint aussitôt en elle; elle dégénère en un empirisme grossier, et le mépris que l'on fait des études *spéculatives* finit par exercer une funeste influence sur la *pratique*.

L'Europe actuelle est parvenue à sa majorité par son entrée en possession du riche héritage de génie que la Grèce et Rome nous avaient légué ; par la réformation et par la lutte d'opinions qu'elle fit naître et qu'elle prolongea durant des siècles, bien que plusieurs de ces opinions ne paraissent avoir au premier coup-d'œil aucun rapport avec la religion et les doctrines de l'église ; par les progrès extraordinaires, et sans exemple dans les âges précédens, que l'on a faits dans les sciences naturelles et mathématiques ; enfin par les découvertes commencées par Vasco de Gama et Colomb, et à peu près complettées depuis eux, découvertes qui ont permis à tous les habitans de notre planète de se connaître et d'établir des relations actives entre eux.

Il est à peine nécessaire de rappeler quel rôle important l'Allemagne a joué dans le développement des trois premiers élémens caractéristiques de la civilisation européenne. Par leur position géographique, les Allemands n'étaient guères appelés à s'adonner au commerce et à entreprendre de longues courses maritimes ; cependant ils n'ont négligé aucune occasion de prendre part à ces nobles travaux qui ont pour but d'explorer les contrées et les mers lointaines, et il suffit d'un seul savant voyageur comme M. Alexandre Humbold, pour balancer bien des noms célèbres.

Bien que les Allemands, lors des premiers progrès de la physique, aient fait preuve d'un esprit inventif par les nombreuses expériences qu'on leur doit, il faut cependant convenir, que, dans les derniers tems, tous les autres pays se sont montrés plus féconds que le nôtre, en inventions et en découvertes d'une haute importance par les heureux résultats qu'elles ont eus pour plusieurs sciences, notamment pour la chimie, et par les applications qu'on en a faites à la mécanique. Toutefois il faut dire que cela provient du manque d'encouragement et de moyens d'exécution. Dans les autres sciences naturelles, les savans allemands se sont acquis une influence prépondérante : c'est ainsi, par exemple, que les termes scientifiques que les Allemands ont adoptés en minéralogie et en géologie, ont passé dans toutes les langues.

Les nombreuses recherches philosophiques et historiques que les Allemands ont entreprises, sont un de leurs plus beaux titres de gloire ; on leur doit des richesses immenses. Les savans italiens, français, hollandais et anglais, ont mérité sans doute une haute réputation par le talent qu'ils ont montré à expliquer et à commenter les auteurs classiques : cependant personne ne peut nier que ces études ne soient poursuivies actuellement en Allemagne avec une grande activité et avec les plus heureux succès. Il y a plus : grâce au soin que les historiens allemands se sont imposé de joindre à l'examen sérieux des faits, pris isolément, des considérations philosophiques sur leur ensemble, nous avons acquis, depuis Winkelmann et Lessing, une connaissance plus intime de l'antiquité classique. Le génie de ces tems anciens, qu'éclairait une civilisation noble et énergique, est sorti de la tombe et sa voix retentit avec plus de force et plus de clarté au milieu de la génération actuelle. Jadis, alors que notre horizon ne s'étendait guères au-delà des colonnes d'Hercule et des rivages de la Méditerrannée, l'histoire universelle ancienne jouissait du triste privilège de pouvoir être bornée et stérile. Depuis que nous avons découvert de nouveaux pays et de nouveaux peuples, les exigences de la science ont augmenté dans la même proportion. Il ne s'agit de rien de moins, en effet, que d'expliquer l'état actuel du genre humain, dans toutes les parties du monde, en interrogeant le passé, et, autant que possible, en remontant aux sources les plus reculées. Mais combien la prétendue histoire universelle d'autrefois ne renferme-t-elle pas de pages misérables, vides d'intérêt, n'offrant souvent qu'une suite de noms et de dates, parfois même apocryphes qu'il a fallu faire disparaître. C'est ici surtout que la critique historique est inexorable à remplir le devoir qui lui est imposé. On peut dire que c'est une science d'invention toute nouvelle, ou du moins qu'elle n'a jamais été exercée avec autant de sévérité et de pénétration que de nos jours. Mais bien loin que la critique historique soit simplement négative, elle veut encore découvrir les événemens qui nous sont restés cachés, ou dont on croyait le souvenir à jamais perdu; c'est en rassemblant des fragmens épars et en reconstruisant à leur aide un ensemble historique, qu'elle manifeste avec éclat toute l'importance de ses travaux. Quant à la perte apparente de ces faits, crus véritables anciennement, et auxquels nous ne pouvons plus ajouter aucune foi, elle est richement compensée par l'espérance de pénétrer plus profondément dans l'histoire de l'antiquité et d'arracher les voiles mystérieux qui la couvrent, en se livrant à des études négligées ou du moins mal dirigées précédemment. Ces études consistent à rechercher et à expliquer les anciens monumens ; à comparer entre elles les langues qui servent à nous révéler l'origine et la parenté des peuples ; enfin à rapprocher leurs légendes pour reconnaître si elles renferment des traditions véritables, et voir jusqu'à quel point elles ont emprunté les couleurs du merveilleux et de l'allégorie. Tout ce que nous venons de dire ne s'applique pas seulement aux événemens et aux bouleversemens matériels dont l'histoire politique s'occupe principalement, tels que les migrations des peuples, leurs colonisations; leurs guerres et leurs conquêtes, la naissance, l'accroissement et la chute des états; mais bien plus encore à l'histoire de la civilisation en général, à l'histoire de la religion, de la législation, des sciences, des arts libéraux et mécaniques, de l'industrie et du commerce. L'étude de ces différens sujets, dont la peinture occupe la partie la plus importante de l'histoire universelle, a été cultivée avec d'heureux succès depuis peu de tems, surtout en Allemagne. Mais il reste encore beaucoup à faire, et quelques siècles ne suffiront pas pour épurer et mettre en ordre les matériaux que l'on a recueillis de tous côtés. La plus noble tâche du savant et la plus digne de lui, sera toujours de chercher à exposer aux yeux des hommes la carrière qu'ils ont déjà parcourue, ne dût-il parvenir qu'approximativement au but de ses efforts.

La critique historique, pour être véritablement utile, doit jouir d'une entière *autonomie*, c'est-à-dire qu'elle doit n'obéir à aucune influence étrangère et n'admettre comme digne de foi que ce dont elle a acquis les preuves par elle même. Il en est ainsi, sans doute, de toutes les sciences, et l'on devrait penser que cela s'entend ici de soi-même. Cependant le dix-neuvième siècle a été témoin çà et là d'événemens si surprenans, qu'ils font tout-à-fait craindre qu'on ne veuille tenter de nous ramener aux tems passés, et de mettre des entraves à la liberté intellectuelle.

Nous espérons, sans doute, que désormais aucun astronome n'éprouvera le sort de Galilée: mais nous ne voudrions pas garantir à tous les amis des sciences naturelles et historiques, au géologue par exemple, une égale sûreté en tout pays. Ceux qui craignent que la science ne devienne dangereuse pour les idées qu'ils chérissent, se méprennent étrangement. La vérité est une et il est impossible qu'elle se mette en contradiction avec elle-même. Vouloir défendre la liberté d'examen chez quelque nation que ce soit, c'est avouer que l'on est résolu d'admettre aveuglément comme autant de vérités les opinions que d'autres nous ont transmises.

Quant à nous Allemands, nous ne pouvons que nous féliciter de l'harmonie qui règne, dans notre patrie, entre les lumières, l'état et la religion. Depuis long-tems la paix de Westphalie, en consacrant d'une manière immuable l'égalité politique des différentes croyances, nous avait garanti la tolérance religieuse. Jusqu'à présent ce n'est que dans un petit nombre d'états de la confédération germanique, que la liberté de la presse a été reconnue comme un droit constitutif; mais la plus grande partie de l'Allemagne est, de fait, en possession d'une grande liberté de pensée et d'enseignement. Un prince immortel, Fréderic-le-Grand, a été le premier à en donner l'exemple. Il réclama, pour lui-même, le droit royal d'exprimer librement sa pensée; mais il ne voulut pas être le seul qui le possédât; il l'accorda à chacun de ses sujets. Il exerça ainsi une heureuse et décisive influence sur notre littérature, qu'il ne connaissait pas, qu'il dédaignait même de connaître. Heureux pays, où l'on écoute raconter avec étonnement et incrédulité, comme s'il s'agissait d'un conte fabuleux, que les écrits d'un prince sage, d'une infatigable activité, à qui la nation doit les principaux élémens de sa gloire et la plus grande partie de sa prospérité, sont ailleurs mis à l'*index* des livres défendus. Après de pareils exemples, les projets qui tendent à étouffer le libre examen des questions spéculatives, doivent paraître gothiques et ridicules en Allemagne. Aussi notre littérature en est elle venu au point de présenter pour caractère distinctif, l'image d'un paisible conflit des opinions les plus divergentes, si je puis m'exprimer ainsi. En même tems nous pouvons dire, avec justice, à notre gloire, que ce n'est que très-rarement que l'on a vu chez nous la liberté des opinions dégénérer en licence.

## MÉDECINE.

### LA DOCTRINE PHYSIOLOGIQUE DU DOCTEUR BROUSSAIS JUGÉE EN ALLEMAGNE.

La doctrine physiologique, qui jouit d'un grand crédit en France, et y compte de nombreux partisans, principalement parmi les médecins et chirurgiens militaires, n'a pas eu jusqu'à présent le même succès dans les autres pays de l'Europe. En Allemagne un grand nombre de médecins se sont élevés contre les prétentions du réformateur français et lui ont surtout reproché d'avoir voulu juger la pratique de leur pays sans assez connaître les différentes écoles, auxquelles appartiennent les praticiens allemands les plus distingués. Comme dans ce pays la physiologie a été cultivée avec succès, depuis le commencement du siècle passé, témoins les Hoffmann, les Stahl, les Haller, les Meckel, les Sœmering, les Reil, les Rudolphi, etc., etc., on a cherché à ébranler les bases mêmes, sur lesquelles repose le nouveau système. Les propositions pathologiques et thérapeutiques de M. Broussais n'ont pas été moins exposées à une critique vive et plus ou moins juste. C'est pour faire connaître en France les jugemens que les médecins allemands ont portés sur le nouveau système, que nous allons extraire des journaux et ouvrages de médecine allemands tout ce qui s'y rapporte, du moins autant que le permettront les bornes prescrites, dans ce journal, à des articles de cette nature.

Nous commencerons par l'examen de la doctrine physiologique de M. Broussais par Gruithuisen, professeur à Munic. Cependant comme cette critique remplit près de quatre-vingt pages, nous n'en rapporterons que le commencement et la fin, parce qu'ils suffisent pour donner un résumé du jugement de M. Gruithuisen, et que pour le moment nous nous proposons seulement de faire connaître, par ces extraits, l'opinion des médecins allemands sur la partie pratique du nouveau système. Dans un prochain numéro, nous parlerons des écrits, que Conradi, professeur de clinique à Heidelberg, Formey, un des meilleurs praticiens de Berlin, et Casper, qui a fait un assez long séjour à Paris, ont publié sur le même sujet. Il serait à désirer que M. Gruithuisen n'eût point imité dans sa critique le ton amer et caustique que se permettent quelquefois M. Broussais et ses disciples, lorsqu'ils combattent la théorie et la pratique des *ontologistes* ( ils appellent ainsi les médecins de tous les pays, qui ont écrit et pratiqué avant la publication de l'examen de la doctrine médicale). Dans une question, qui intéresse si vivement la société, on ne saura et trop éviter l'aigreur et les sarcasmes.

« Tandis que les sciences naturelles, c'est ainsi que commence M. Gruithuisen, font tous les jours de nouveaux progrès, grâce aux soins et aux recherches des savans, les gens, qui prétendent au savoir, sans aimer le travail, demandent qu'on simplifie autant que possible leurs études et l'art au moyen duquel ils veulent gagner leur pain. Il est donc naturel que des professeurs aient cherché à satisfaire ce désir, en généralisant un principe particulier. Depuis quelques années on parle beaucoup de la doctrine physiologique de M. Broussais et de la simplicité de son traitement. Ce nouveau phénomène ne m'intéressa guère d'abord, car je ne le considérais que comme un raffinement spirituel. Il ne paraissait annoncer qu'une ambition ordinaire, et les rédacteurs de notre gazette ne s'en sont occupé plus particulièrement que lorsque plusieurs écrits ont paru pour ou contre la nouvelle doctrine, en France, en Italie, en Angleterre et en Allemagne. Ils m'ont alors invité à consacrer quelques feuilles de leur journal à l'examen des propositions de M. Broussais. La raison qu'ils ont donnée pour motiver ce choix, était que j'avais moi-même publié une nouvelle théorie sur l'inflammation et les fièvres. Quoique cette circonstance puisse faire soupçonner mon impartialité, on se persuadera aisément que ma théorie peut très-bien subsister à côté de celle de M. Broussais, qu'elle pourrait même faire la base de la sienne, s'il voulait la fonder sur des principes physiologiques plus solides. Il est vrai qu'il serait alors obligé d'abandonner un grand nombre d'assertions, dénuées de vérité, et d'appuyer le reste de ses propositions sur des preuves plus convaincantes. Pour examiner le système de M. Broussais, il faut avoir recours aux sciences, qui selon lui, en sont les appuis, c'est-à-dire à l'anatomie et à la physiologie. La pathologie, qui jusqu'a présent ne repose que sur des hypothèses, ne peut pas servir à cet examen, d'autant moins que M. Broussais prétend avoir fondé une nouvelle doctrine pathologique. Pour la juger avec impartialité, il faut avoir recours aux faits, qui eux-mêmes sont le résultat de l'expérience et de l'observation. Du reste j'avouerai, que je me serais chargé beaucoup plus volontiers de cette tâche, si M. Broussais ne s'était point annoncé comme un révolutionnaire en médecine, au lieu de se présenter en observateur calme et circonspect. Delà vient que tout médecin, qui lit un ouvrage pour ou contre son système, apporte à cette lecture une certaine aversion, abstraction faite même de ses opinions particulières. Si sa doctrine était vraie, pourquoi diffamer les meilleurs médecins de tous les tems, de toutes les nations et principalement les médecins les plus célèbres de son pays ? Il n'a pas même réussi à prouver qu'il était le véritable fondateur de cette nouvelle théorie, ce que d'ailleurs il a senti lui-même, ainsi que le prouve la dernière édition de son *Examen des doctrines médicales*. On y voit que personne avant lui n'a donné le nom de gastro-entérite à un si grand nombre de maladies. On pourrait même, si cela en valait la peine, découvrir dans les écrits d'un auteur mort depuis long-tems le fond de ses idées sur la gastro-entérite. (1)

« M. Broussais prétend que son système est appuyé sur les principes de la physiologie. Mais on a quelquefois en France et dans les autres pays des idées tout-à-fait particulières sur la physiologie ! — Notre réformateur n'a fait qu'un pas de plus que Bichat. Ce dernier avait démontré les sympathies nombreuses de la muqueuse de l'estomac, et M. Broussais n'a fait qu'expliquer par ces sympathies le plus grand nombre des maladies

---

(1) En lisant pour la première fois le second chapitre des *Leçons sur la Gastro-entérite*, je me rappelai aussitôt l'*Archée* de Van Helmont. Ayant feuilleté de nouveau son livre intitulé : *Aufgang der Arzneikunst. Sulzbach*, 1683. *Tractat von den Fiebern*. C. 13, N. 7. p. 341, je trouvai ce qui suit : « Dans toutes les fièvres, il n'y a qu'une seule inflammation du principe vital (archée) et le véritable nid (siège) des fièvres est dans les premiers ateliers (voies), qui commencent à la porte inférieure de l'estomac et traversent le duodénum. — L'archée (le principe vital) ne s'échauffe que par l'épine (irritation) qu'y fixent les causes occasionnelles qu'il s'efforce d'éloigner. — Un bon médecin ne doit jamais attendre la crise pour porter secours et ne pas confier à la nature tout le fardeau. Ce n'est que lorsqu'il ne peut pas agir qu'il ne doit point troubler la crise.

qui affligent l'humanité. Toutes ses autres explications pathologiques sont empruntées de Bichat, dont la mort prématurée a été une grande perte pour les sciences, mais dont les productions se ressentent de la grande jeunesse de l'auteur et des éloges qu'on lui avait donnés. L'un et l'autre ont de commun l'amour pour la simplicité des principes. Bichat se montra l'adversaire des physiologistes de Montpellier, dont la théorie ne lui semblait pas assez simple, et Broussais celui de l'école de Pinel, qui a trop multiplié le nombre des fièvres, chose embarrassante dans la pratique. Dans tous ses écrits, Bichat se montre toujours aimable et modeste, tandis que M. Broussais, oubliant les services que les autres médecins de l'Europe ont rendus à la science, semble vouloir provoquer tout le monde, croyant sans doute qu'il suffit d'en agir ainsi pour être pris pour un héros. On dirait que c'est le moyen dont il faut user en France pour être remarqué. La doctrine de M. Broussais peut se réduire aux propositions suivantes, que nous examinerons avec plus de détail. »

La nature de cet article ne nous permet pas de suivre M. Gruithuisen dans ce long examen. Nous ne rapporterons que ce qui s'y trouve de relatif à la méthode curative de M. Broussais. « Les groupes de symptômes, que l'on donne pour des maladies, etc., sont des abstractions métaphysiques, etc., ce sont donc des entités factices et tous ceux qui étudient la médecine par cette méthode sont des ontologistes. Cette proposition, continue M. Gruithuisen, sert de transition à l'exposé de sa méthode curative et doit tranquilliser tous les médecins sur le diagnostic de cet auteur. Il est vrai que dans ses leçons on trouve la description des symptômes de la gastrite, de la gastro-entérite, de la colite et de plusieurs autres maladies, selon qu'elles peuvent cadrer avec son système; mais ce travail aurait été inutile si M. Broussais avait fait, alors déjà, la découverte, que dans ce moment, je viens de faire pour lui, c'est-à-dire, que toutes les maladies, sans exception, sont des gastro-entérites, qui se subdivisent en gastro-entérite inflammatoire et gastro-entérite subinflammatoire. Par-là il se serait également tiré d'embarras, en faisant des autopsies cadavériques. Car, quoiqu'en dépit de l'excellence de sa théorie, l'estomac, le duodénum, etc., ne montrent quelquefois point de traces d'inflammation chez des malades, qu'on croyait avoir succombés à une gastro-entérite; cela ne doit pas nous étonner, ils sont probablement morts d'une subinflammation. Il est clair que, dans la suite, on pourrait simplifier encore l'art de guérir ; on n'aurait plus besoin alors ni de médecin, ni de théorie ! Il suffirait d'avoir dans sa maison des sangsues et un chirurgien qui sût les appliquer sur le bas ventre ! Car, il est clair que lorsqu'on tombe malade, on doit avoir une gastro-entérite. Quoique la méthode curative de M. Broussais n'ait pas encore atteint aujourd'hui cette haute simplicité, il ne paraîtra pas étonnant que maint Broussaïste veuille qu'on ne prenne plus de médecine. N'est-ce pas là trancher le nœud ? Prenez garde à vous, ontologistes, qui prescrivez des mixtures, des poudres, des pilules, des électuaires, des essences, etc. Il faut gagner votre pain d'une autre manière ! Qui sera assez fou à l'avenir pour avaler tout le fatras que vous prescrivez ! Et vous aussi, pauvres pharmaciens, vous serez réduits à ne vendre dorénavant que des sangsues, de la gomme arabique; vos autres drogues n'auront plus qu'un faible débit ! Suivant M. Broussais la méthode antiphlogiste paraît consister à placer des sangsues sur le bas-ventre ; car, d'après sa théorie il n'y a d'autres maladies que des gastro-entérites. Les sangsues appliquées au creux de l'estomac guérissent donc les inflammations, qui ne sont pas trop intenses, la variole avec fièvre, l'inflammation aiguë et chronique du foie, la péritonite commençante, la variole maligne, le typhus commençant, la fièvre jaune, l'hypochondrie, car toutes ces maladies ne sont que des gastro-entérites. L'application des sangsues à l'épigastre est, selon M. Broussais, une saignée locale, assertion que niera tout médecin qui connaît la circulation. Si dans la gastrite, l'on pouvait faire avaler les sangsues et les faire sucer à la partie enflammée de l'estomac, alors on serait fondé à donner à cette opération le nom de saignée locale. Entre la muqueuse de l'estomac et la peau de la région épigastrique il y a des parties qui ne sont dans aucun rapport direct avec la première. Les sangsues appliquées de cette manière agissent non seulement comme remède antiphlogistique, mais encore comme moyen révulsif, par l'irritation qu'excitent les dents de l'insecte en perçant l'épiderme. Les ventouses scarifiées agissent d'une manière semblable, et quand les sangsues finiront par manquer, il faudra y avoir recours.

« L'application des sangsues ne mérite le nom de saignée locale que lorsqu'on les applique sur des tumeurs scrophuleuses ou d'autres parties enflammées, qui se trouvent immédiatement sous la peau. Que doit penser un médecin, qui est praticien, de la prétention de M. Broussais de vouloir guérir par ce moyen la diathèse scrophuleuse? Les sangsues, selon lui, guérissent le catarrhe, les exanthêmes inflammatoires, la jaunisse, le météorisme, la siphilis et d'autres maladies encore; elles préviennent la phthisie. A l'entendre, la méthode antiphlogistique seule guérit radicalement les maladies, puisque l'inflammation en constitue l'essence. On voit donc que M. Broussais ne combat que des symptômes, l'inflammation n'étant le plus souvent que

le symptôme d'une maladie. Cela ne veut pas dire qu'il ne faill
pas souvent modérer un symptôme, mais il ne faut jamais ou
blier que la nature ne guérit que par le moyen de la fièvre o
de l'inflammation. Suivant notre expérience, arrêter l'inflam
mation c'est exciter l'absorption ; exciter l'absorption, c'es
changer l'inflammation sanguine en une inflammation lympha
tique. Celle-ci est plus facile à guérir et donne naissance, en
se terminant, à un grand nombre de vaisseaux exhalants et
absorbants. Mais si l'on ne réussit point à produire ce changement, que faire alors ? On ne guérit radicalement les inflammations impures (1) que lorsqu'on guérit les maladies dont elles ne
sont qu'un symptôme, mais on guérit bien les inflammations
pures.

« Pour guérir les maladies simples, causées par la suppres-
sion de la transpiration, il suffit de se tenir chaudement,
tandis que la méthode antiphlogistique, employée sans les
moyens qui favorisent la transpiration, ne produit pas le
même effet. Les préparations mercurielles agissent comme médicamens antiphlogistiques dans l'hépatite, la siphilis et dans un
grand nombre d'autres maladies, et c'est une erreur que de
lui donner, comme M. Broussais, le nom d'excitans antisiphi-
litiques. Ce n'est que lorsqu'on les emploie à trop forte dose,
ou trop long-tems de suite, qu'elles *excitent*, c'est-à-dire, selon
lui, qu'elles occasionnent une inflammation. Ainsi le vinaigre
à petite dose et mêlé avec beaucoup d'eau, agit comme
moyen antiphlogistique, tandis que bien concentré il enflamme
la bouche et les premières voies. M. Broussais soutient que
le mercure doux n'est pas un remède antiphlogistique. La mé-

---

(1) Voyez ma Théorie sur l'inflammation.

thode révulsive est la seule à laquelle il ait recours lorsqu'il lui semble dangereux de tirer du sang, ou que la saignée n'a pas eu d'effet. Les vomitifs sont pour lui des irritans. Il les croit dangereux parce qu'ils favorisent la gastro-entérite, si fréquente, selon lui. Cependant les praticiens les plus célèbres ont administré avec succès le vomitif dans des maladies que lui suppose être des gastro-entérites. Il paraît ignorer l'action de ce remède sur le système nerveux, sur les sécrétions, les membranes muqueuses et la peau. Connaît-il l'action des purgatifs sur les fonctions des membranes muqueuses (1) ? Les excitans qui, donnés à forte dose, excitent ou augmentent ordinairement l'inflammation, diminuent dans le catarrhe, l'inflammation de la membrane muqueuse, si, donnés à petite dose, ils parviennent à augmenter la sécrétion de celle-ci. Un huitième de grain de *veratrum album*, mis dans la cavité nasale, diminue le catarrhe des membranes muqueuses du nez, en excitant la sécrétion d'une grande quantité de mucosités. S'il y a inflammation (engorgement inflammatoire) du foie, parce que la sécrétion de cet organe ne se fait plus régulièrement, on donne le tartre émétique avec succès, pour exciter cette sécrétion. En un mot si, au moyen d'un médicament excitant, on guérit la maladie, dont l'inflammation n'est qu'un symptôme, on n'a pas à craindre que ce médicament puisse augmenter l'inflammation. Combattre seulement l'inflammation, qui n'est qu'un symptôme, c'est imiter le chien qui mord la pierre qu'on lui a jetée. Que M. Broussais et ses sectateurs me pardonnent cette expression, je ne fais que suivre son précepte, « *qu'il faut flétrir l'erreur.* »

---

(1) Voyez mes Observations sur l'action du Jalap et de l'Hellébore sur les membranes muqueuses, dans mes *Supplémens*.

« Le grand art du médecin consiste à reconnaître la nature de chaque maladie et à trouver ensuite les moyens propres à obtenir la guérison. M. Broussais donne à ces médecins le nom d'ontologistes, épithète par conséquent honorable.

« M. Broussais ne s'informe jamais de la nature d'une maladie; il ne voit partout que des gastro-entérites, et sa panacée consiste à placer des sangsues sur le bas-ventre. Tout le monde appelle charlatan celui qui n'a qu'un seul remède pour toutes les maladies. Est-ce que cette épithète est honorable? Quel amour, quel respect ne s'attirerait pas notre réformateur ( à qui l'épithète de charlatan ne peut être appliquée justement, puisqu'il emploie différens moyens pour guérir) si l'on pouvait guérir toutes les maladies avec les sangsues? On n'aurait alors plus de dépense à faire pour les médecins et les pharmaciens : un petit étang, près de chez soi, et propre à y élever des sangsues, suffirait. C'est donc la peine d'examiner s'il y a quelque espoir que nous puissions jouir bientôt de ce bonheur.

Un proverbe dit qu'on reconnaît l'arbre à ses fruits : nous pouvons donc juger du mérite de la méthode curative de M. Broussais, en considérant le succès qu'elle a eu entre ses mains.

Un médecin impartial (1) nous a donné, d'après des pièces authentiques, le tableau de la mortalité dans les différentes salles de l'hôpital du Val-de-Grâce, où chaque année quatre médecins font alternativement le service. Suivant ce tableau un malade sur quinze meurt chez M. Vaidy; chez M. Desgenettes, un sur dix-neuf; chez M. Pierre, un sur vingt, et chez M. Brous-

---

(1) *Casper*, ouvrage cité plus haut p. 290. Il me paraît encore résulter de ce tableau que quiconque veut rendre plus simple l'art de guérir, doit étudier avec soin son Hippocrate, à moins qu'il n'ait envie de peupler bien vite le cimetière.

sais, un sur treize. Mais comme on pourrait objecter que la mortalité n'est pas la même dans les différentes années, je vais prendre le terme moyen de cinq années : or ce terme moyen est, chez M. Broussais, comme 1 à 13, et, chez les autres, comme 1 à 18. Peut-être que la mortalité diminue au moins chez M. Broussais. Voyons : en 1815, il perd un malade sur onze; en 1816, un sur dix-neuf; en 1817, un sur quatorze; en 1818, un sur douze; en 1819, un sur huit. Ce résultat n'est donc pas favorable à la méthode curative de M. Broussais.

« Gastro-entérite et sangsues sont donc le mot d'ordre de M. Broussais. Nous sommes assez portés à croire que lui-même est attaqué d'une gastro-entérite chronique; mais il nous paraît impossible que tant d'autres personnes le soient aussi. L'organisation du corps humain n'est pas si pitoyable. Je me rappelle très-bien qu'étant encore jeune, je mangeais quelquefois trop. Lorsque le lendemain j'avais mal à l'estomac, ce qui, suivant M. Broussais, est déjà une gastro-entérite, j'avalais quatre à cinq noix, après en avoir cassé la coque avec mes dents, et aussitôt la douleur disparaissait. Quand je ne trouvais pas de noix, j'avalais quelques petits cailloux. Une fois, j'ai cassé du verre avec mes dents, et après l'avoir réduit en poudre, je l'ai avalé avec une gorgée de bierre, ce qui a fait cesser la douleur sur-le-champ. Aujourd'hui, que mes dents ne sont plus aussi bonnes, j'obtiens le même effet en cassant et en avalant des noisettes, des noyaux de cerises ou de prunes. Je n'ai jamais trouvé personne qui voulût imiter cette méthode curative; je ne saurais donc dire si elle peut être aussi utile aux autres qu'à moi-même. Du fer avalé cause, suivant M. Broussais, une gastro-entérite. Une demoiselle noble, de la Pologne, avala, dans un accès de mélancolie, vingt clous, sept verrous, quatre clefs, un petit couteau, treize pièces de monnaie d'argent, deux de cuivre, six cuillères d'étain cassées, et une pièce de cuivre jaune, plus de cent épingles, trois morceaux de verre pointus, etc. le tout pesant deux livres et six onces de Berlin. Elle porta ces objets dans le corps pendant cinq mois, étant toujours de bonne humeur, et sans montrer le moindre symptôme de gastro-entérite (1).

« On lit dans les journaux français : qu'on a trouvé dans l'estomac d'un galérien glouton et maniaque, mort d'un accès d'asthme, des objets aussi indigestes, pesant une livre dix onces et quatre gros. Ils se trouvaient dans une espèce de sac formé par les tuniques de l'estomac (2). Ce dernier, d'une étendue extraordinaire, avait contracté, près de l'endroit où il s'appuyait sur les os du bassin, une adhérence avec le péritoine. A cette place se trouvait un point sphacélé. Suivant M. Broussais, le siége de la manie est dans la membrane muqueuse de l'estomac. Le fameux Fress-Kahle, qui pouvait avaler, outre une portion énorme de viande, des pierres, des canifs, des morceaux de poterie et de verre cassés; Kohlnicker, capable de manger en un jour deux veaux, et qui, pour mieux les digérer, avait coutume d'avaler encore plusieurs livres de pierres, n'ont montré ni pendant leur vie, ni après leur mort, de trace de gastro-entérite. Lorsque ce dernier n'avait rien à manger, il avalait des pierres, pour tromper l'appétit. J'ai vu moi-même à Munic, en 1798, un homme qui se faisait voir pour de l'argent. Il avalait un grand nombre de pierres, qu'on pouvait sentir à la région épigastrique, soulever même et presser une à une.

---

(1) *Wliszeck, Casus peculiaris historia. Vilnæ*, 1783.
(2) Gazette de santé, 1772 et 1774. — Roux, Journal de médecine. Tome XLII.

L'estomac était quelquefois tellement chargé qu'il descendait jusqu'à l'ombilic. En frappant alors sur l'estomac, on entendait le bruit que faisaient les pierres en s'entrechoquant. Cet homme n'éprouvait pas non plus la moindre incommodité de sa manière de vivre, quoiqu'il la pratiquât depuis plusieurs années. Il m'engagea deux fois à avaler des pierres, ce que je fis sans éprouver aucune incommodité, si ce n'est une saveur métallique à peine sensible, après avoir avalé une pierre calcaire. M. Casper parle d'un polyphage, qu'il a vu à Paris, et de deux autres qu'il cite, ironiquement sans doute, en faveur de la doctrine de M. Broussais (1). Et qu'on vienne après cela soutenir que notre estomac est organisé d'une manière aussi malheureuse qu'on veut nous le faire croire.

« Pour pouvoir bien apprécier les autopsies que M. Broussais a faites, il faudrait n'avoir plus aucun doute relativement à l'action du suc gastrique sur la membrane muqueuse de l'estomac d'un homme mort récemment, et il faudrait surtout s'assurer si dans quelques maladies la bile ne peut pas contracter un certain degré d'acrimonie. Il faudrait savoir si la membrane muqueuse de l'estomac et des intestins d'un homme à demi mort, ne s'enflamme pas par l'action du suc gastrique et de la bile, et ne finit pas par se gangréner; car en examinant les intestins d'un homme mort de faim, on les trouva gangrénés. En attendant nous croyons avoir démontré qu'il n'y a qu'un petit nombre de malades affectés de maladies internes, qui meurent de gastro-entérite; que la méthode curative de M. Broussais ne promet point de résultats heureux ; que lui-même paraît être travaillé par une idée fixe; car il n'y a que lui qui accuse l'estomac et ses sympathies de

---

(1) Ouvrage cité.

tant de malignité, qui, si elle était réelle, elle suffirait à elle seule, pour détruire l'espèce humaine. Ayant ainsi examiné et caractérisé la nouvelle doctrine, il nous semble qu'on peut reprocher justement à son auteur de s'annoncer avec quelque rodomontade, et de sembler dire comme Paracelse autrefois : *Imitez, ce que je fais*; car il blâme tous les bons auteurs de médecine, que le hazard lui a fait connaître. Nous avons vu que son ouvrage annonce des connaissances assez ordinaires, que son esprit vif manque quelquefois de justesse (1); qu'au lieu de profiter de son talent d'observation, il ne l'emploie qu'à se tracasser inutilement l'esprit. Au lieu d'envisager les objets sous le point-de-vue organique, il explique d'une manière mécanique ce qu'il y a de plus important dans sa doctrine.

« Pour terminer cet examen, résumons ce que nous avons déjà dit : ce que M. Broussais entend par inflammation et fièvre, ne fera jamais naître d'autres idées que celle d'orgasme et de congestion (2). La gastro-entérite est un *demon ex machinâ*, qui coupe le nœud gordien de la multiplicité, de la variété, de l'embrouillement, pour ainsi dire, des causes et des phénomènes morbifiques; les idées simples qu'il veut introduire dans la pathologie et dans la thérapeutique, sont plus appropriées à l'intelligence d'un paphlagonien, que dignes de l'état actuel des sciences naturelles. Refuser d'admettre des maladies générales et des remèdes généraux, tandis que les dernières recherches prouvent de nouveau que le scorbut est une maladie générale, c'est se refuser à l'évidence. L'application des sangsues sur le bas-ventre ne

---

(1) Pour s'en convaincre on n'a qu'à examiner d'un œil critique sa terminologie, sans parler du grand nombre d'autres inconséquences que nous croyons avoir montrées dans le cours de cet examen.

(2) V. notre Proposition II.

sera jamais regardée, par celui qui connaît la circulation, comme une saignée locale, mais bien comme une saignée générale. Supposons maintenant, que la doctrine de M. Broussais soit adoptée par une faculté de médecine entière, nous sommes sûr, que dans cet établissement, destiné à former des guérisseurs pauvres d'esprit, l'élève le plus médiocre, aura achevé son cours de pathologie et de thérapeutique au bout de quelques mois. Cette étude n'exigera pas non plus beaucoup de connaissances préliminaires, *la doctrine de M. Broussais étant à la portée de toutes les intelligences.* Il nous sera permis cependant de demander si l'art de guérir peut être appris à si bon marché et si le monde savant doit continuer à s'occuper de ce nouveau produit de l'orgueil et de la vanité ? » (1)     C.

(*La suite dans un prochain numéro.*)

---

(1) Nous croyons devoir rappeler encore une fois à nos lecteurs, que nous ne prenons aucun parti dans cette discussion médicale, et que nous sommes loin, surtout, d'approuver le peu d'urbanité qu'a mis le professeur allemand dans cette critique.     (*Note des Editeurs.*)

# ANALYSES ET ANNONCES D'OUVRAGES.

## LITTÉRATURE.

17. *Reineké de Voss fan Hinrek fan Alkmer.* — Reineke le Renard par Henri d'Alkmer, nouvelle édition corrigée par K. F. A. Scheller. Halberstadt, 1825. *in*-8. Prix : 1 *Thlr.* 8 *Gr.*

Déjà nous avons eu occasion de parler de ce poëme célèbre (1), qui fut imprimé pour la première fois en Allemagne en dialecte saxon (*plattdeutsch*), à Lübeck en 1498. Cette édition étant devenue fort rare, elle fut réimprimée par Hackmann, à Wolfenbüttel, en 1711. Gottsched en donna une nouvelle en 1752, mais elle était fort peu correcte, et l'on peut adresser le même reproche à celle qui fut publiée par Eutin en 1789, quoiqu'il l'ait accompagnée d'un glossaire. Jusqu'à ce jour, personne n'a peut-être été mieux en état de s'occuper de cette publication que M. Scheller; ce savant possède à fond le dialecte saxon et le nouveau glossaire dont il a augmenté cette édition, justifie entièrement l'hommage que nous nous plaisons à rendre à son érudition. Il émet une opinion bien différente de celle de tous ses devanciers, en attribuant la version originale de ce poëme à Henri d'Alkmer; car, tous les éditeurs précédens en reconnaissaient Nicolas Baumann pour auteur. M. Scheller ne croit pas non plus que cet ouvrage puisse être une satire de la cour de

(1) Voyez *Bibliothèque allemande*, tome I, pages 227 et 228.

Juliers, à laquelle était attaché Baumann, par la raison qu'il en fut publié deux traductions hollandaises en prose, l'une à Delft en 1485 et l'autre à Gouda en 1479, qui étaient par conséquent bien antérieures à l'existence de cette cour. M. Méon a donné tout récemment une nouvelle édition de ce poëme qui existe depuis long-tems en français. (Paris, 1826. 4 vol. in-8°).                                                                                     J.

## SCIENCES HISTORIQUES.

18. *De Kronika fan Sassen, in Reimen.* — *Chronique des Saxons, en vers rimés, depuis Wedekind jusqu'à Albert de Brunswick, publiée par K. F. A. Scheller. Halberstadt,* 1826, 1 *vol. in-*8. *Prix* 1 *Thaler* 12 *Gr.*

Avant que d'entrer dans quelques détails sur cet ouvrage intéressant, dont on trouve des extraits dans la collection des bénédictins de la congrégation de St. Maur, intitulée: *Les Historiens des Gaules* (*Scriptores rerum Francicarum, t. V, p.* 136 *ss.*), nous rappellerons une autre chronique, qui porte pour titre: *Cronecken der Sassen.* Dans l'édition imprimée en petit in-fol. à Mayence, en 1492, par Pierre Schœffer de Gernsheim, elle est désignée à la fin du volume, suivant l'usage de ces tems, par ces mots: *Dusse Kroneke van Keysern unde van anderen Fürsten unde Stetten der Sassen, mit oren Wapen, etc.* (1). Elle est écrite en prose, et enrichie d'une grande quantité de gravures en bois, qui lui

(1) On a lieu d'être étonné que cette *Chronique des Saxons* contenue dans la collection de Leibnitz (*Scriptores Brunswicenses illustrantes;* Tome III) n'ait pas été publiée par ces savans moines; serait-ce peut-être parce qu'elle n'est pas accompagnée d'une traduction allemande?

ont fait donner aussi le nom de *Chronicon picturatum*, sous lequel elle est plus connue. Elle s'étend depuis la création du monde juqu'en 1489, et a servi de base à plusieurs compilateurs d'annales historiques, tels que Cranzius, Pomarius et Dresserius. Un exemplaire manuscrit qui se trouve dans la bibliothèque de Brunswick, porte le nom de l'auteur, Cord Bothe, bourgeois de Brunswick. On y trouve beaucoup de fables et d'histoires peu vraisemblables, mais elle contient aussi des faits ignorés jusqu'à ce jour, ou racontés d'une manière imparfaite par les annalistes de ces tems. Les dates qui y sont mentionnées sont très-exactes, et pour en donner une idée nous avons extrait et traduit littéralement le passage qui se rapporte au règne de Charlemagne. Il doit intéresser les personnes qui aiment l'histoire de France. Si l'espace nous le permet, nous y ajouterons plus tard quelques extraits concernant les successeurs de Charlemagne.

Cette chronique commence avec la création du monde, et elle arrive, dès la septième page, à l'époque de la fondation de Rome. Deux feuillets plus loin, l'auteur dit, après avoir parlé de la mort du Seigneur : *Dusse hystoria will ick nu lassen stan und wil segen von den Sassen.* « Je vais maintenant abandonner cette histoire, pour parler des Saxons »; et il commence en ces termes : « Des Saxons, de quel pays ils sont venus, et de quelle nation ils descendent. Je remonterai aux tems où Charles, surnommé le Grand, monta sur le trône de France; et celui qui voudrait savoir ce qui s'est passé depuis la naissance de *Dieu* jusqu'aux tems de Charles, pourra le lire dans les chroniques latines et anglaises. Les anciens m'apprennent que les Saxons sont venus de l'armée du grand Alexandre; selon d'autres, ils descendent du peuple britannique; d'autres encore les disent originaires des Danois. »

L'auteur paraît pencher pour la première de ces opinions car il dit : « Je trouve dans l'histoire du grand Alexandre, que, lorsqu'il mourut, son armée se dispersa sur toute la terre. (*Do delde sick syn Here over alle de Warlt.*) »

Les Saxons parcoururent plusieurs pays, ils soutinrent même une guerre maritime contre l'empereur romain Valentin, et abordèrent enfin en Prusse et en Saxe. Ce dernier pays était alors soumis aux Romains, et Jules César y avait construit plusieurs forts, entre autres celui de Magdebourg, dont notre chronique explique le nom par *Domus Veneris*, du mot allemand *Magde* (fille); car c'est en l'honneur de cette déesse que le conquérant avait fondé cette ville.

Par le mariage d'Amalaborch, fille du roi Lothaire, avec le roi Ermefrid de Thuringe, les Thuringiens se trouvèrent unis en quelque sorte avec les Francs; mais, malgré cette alliance, un des fils de Lothaire, Théodoric, qui régnait alors à Mayence, fit offrir des secours aux Saxons dont il avait appris le débarquement sur les bords de l'Elbe. Il tint à cet effet un conseil avec ses nobles (*he gingk to rade mit synen Edelingh*). Son plan était de chasser le roi Ermefrid, qui s'opposait à l'invasion des Saxons, et de donner son royaume à ceux-ci. Les Saxons envoyèrent au roi Théodoric mille cavaliers et d'autres troupes, sous le commandement de Hadwigato (*Houetman*), guerrier distingué par sa valeur. Dans la bannière que portaient ces auxiliaires, on voyait un aigle aux ailes étendues, un dragon et un lion.

L'auteur de la chronique décrit ainsi ces guerriers, dont la vue étonna beaucoup les Francs : *Wente de Sassen weren grote Lude unde houerdich. Se hadden langk Hare wente up de Schulderen. Ore Wapen wass reyne œre Cleyder de weren van Perllen, und hadden lange Spere unde korte Schilde, unde grote breyde*

*Meste up œrer Siden.* Et il ajoute plus loin à ce tableau : *Se weren entrechtich in œren Wonnynge under sick und fredesam ; in Gotlicheyt leveden se under ander, wedder ander Volk weren se gur grymmich. Se nemen nicht gern utlendesche Wyffe, uppe dat œre slechte nicht en ardena anderem Volcke, darumme weren se almeystich van eyne Staltenisse* (1). « Les Saxons étaient des hommes très-grands et très-agiles. Ils avaient les cheveux longs, flottant sur les épaules, leurs armes étaient luisantes, leurs habits étaient ornés de perles, et ils portaient de longues lances, de petits boucliers, et de larges couteaux qui pendaient à leur côté. — La paix et l'union régnaient dans leurs demeures; ils vivaient en bonne harmonie entre eux, mais ils étaient terribles envers les autres peuples. Les Saxons n'épousaient pas ordinairement des femmes étrangères, afin que leur race ne dégénérât pas par le mélange avec les autres nations, et c'est pour cette raison qu'ils étaient presque tous de la même stature. Ils étaient divisés en quatre tribus ou classes. La première s'appelait *nobiles*, c'étaient les gens nobles (*eddele Lude*); la seconde, *liberi*, était composée des hommes libres par naissance (*Frylude van œren Overelderen*); la troisième comprenait les *libertini*, ceux auxquels la liberté avait été accordée, et la quatrième enfin les serfs (*de eggene Lude*). Ils ne pouvaient se marier qu'avec des femmes dont la naissance était égale à la leur. Toute fille ou femme, qui se prostituait, était condamnée à avoir la partie inférieure des vêtemens coupée jusqu'à la ceinture, et elle cessait de faire partie du peuple saxon (*von den Luden*). Les mœurs des Saxons étaient pures, innocentes, et s'ils eussent été chrétiens ils auraient été sauvés. Ils

---

(1) Nous avons transcrit ces deux passages en entiers, pour montrer l'analogie qui existe entre cet ancien idiôme et la langue anglaise.

adoraient les arbres, les buissons et les planètes, et ils n'osaient prendre de résolution sans avoir observé le cours de la lune; avant que de livrer combat ils consultaient le hennissement des chevaux ou le chant des oiseaux. Tel fut, dit la chronique, l'état de ce peuple jusqu'à Charlemagne. »

Voici comment cette chronique explique l'étymologie du nom de Saxons; « Les Saxons cachaient dans leurs pantalons des poignards qu'ils appelaient *Sacken*; ils s'en servaient pour leur défense; dans le combat, ils faisaient aussi usage de pierres nommées en latin *Saxa*, et delà ils reçurent le nom de *Saxen*; auparavant ils étaient connus sous le nom de *Macédoniens*. »

L'auteur décrit ensuite le *Wentlant*, pays des *Wendes* ou *Slaves*. « Le Wentland, dit-il, est divisé en deux parties, le grand et le petit Wenden. Le grand Wenden est situé vers la Dalmatie; le petit Wenden touche aux frontières des Saxons, et s'étend vers la mer, que nous appelons le Belt. C'est là que se trouvent les villes de Lübeck, Hambourg, Slesewig (Schleswig), Swerin (Schwerin), Sunde, Wismar, Rostock et Lünebourg. Ces villes sont bâties sur les côtes de la mer (*in dem Munde des Meres*). La Bohême et la Prusse sont séparées par plusieurs fleuves et montagnes. Les Danois et les Goths sont séparés par la mer, qu'on appelle la mer barbare. Le Danemark est appelé Ostegard, parce qu'il est situé à l'est. »

L'histoire de la conquête de l'Angleterre est racontée de la manière suivante : « Lorsque les Saxons se furent établis, après avoir combattu les peuples du Nord, il existait dans la Grande-Bretagne deux rois qui étaient frères. L'un de ces rois voulait chasser l'autre. Les Saxons avaient aussi deux chefs dans la Saxe occidentale, à Engeren ; l'un s'appelait Hengest, l'autre Horst. L'un des rois bretons fit demander des secours aux Saxons, et

Hengest ainsi que Horst se mirent à sa solde avec 9000 hommes. Ces troupes firent des prodiges de valeur et parvinrent à chasser l'autre roi. Alors les Saxons prièrent le vainqueur de leur donner autant de terrain qu'ils pourraient en couvrir avec une peau de bœuf; le roi le leur accorda. Les Saxons coupèrent la peau en courroies et entourèrent un assez grand espace. Ils y construisirent une forteresse qu'ils appelèrent Ossenbourg (bourg des bœufs), en anglais Tancaster. Ils prirent le nom de gens d'Engeren et s'arrogèrent de jour en jour plus de droits, au point qu'ils expulsèrent enfin le dernier roi de Bretagne, en s'emparant de la ville de Lunden (Londres). Alors ils se nommèrent les Seigneurs d'Engerlant, et cet état de choses dura jusqu'à l'introduction du christianisme. A cette époque quelques-uns de leurs chefs allèrent avec une troupe assez forte à Rome. Dans ce tems, le grand Saint-Grégoire était pape (*pauws*); il les fit venir devant lui et leur demanda de quel pays ils étaient. Ils lui répondirent : d'Engerlant. Le pape dit : Non, vous ne devez pas vous appeler gens d'Engerlant, depuis que vous êtes devenus si bons chrétiens, vous devez vous appeler les gens d'Engelland, car vous êtes des gens semblables aux anges (*Engelen*) de Dieu. Alors ils revinrent chez eux et donnèrent à leur pays le nom d'*Engelland*. »

« En 527, dit plus loin la chronique, fut fondé en France l'ordre de S$^t$-Benoît. Celui-ci était un saint homme. S$^t$-Grégoire a beaucoup écrit sur lui ; on peut lire tout cela dans les livres qui contiennent sa vie. »

Pour donner une preuve de la superstition de l'auteur de cette chronique, nous citerons le passage suivant :

« En 615, le soleil s'obscurcit, et pendant l'automne qui suivit, il régna une grande mortalité. On voyait alors dans plusieurs villes un ange et un mauvais génie parcourant les rues durant la nuit; l'esprit portait dans sa main une massue, et chaque fois qu'il en frappait la porte d'une maison, c'était le signal certain de la mort de l'un de ses habitans. »

Pour que nos lecteurs puissent établir une comparaison entre cette ancienne chronique et celle que M. Scheller vient de publier en vers, nous allons traduire littéralement tout ce qu'elle rapporte de Charlemagne; ce chapitre est ainsi intitulé: *Karolus de Grote* DCCLXIX. (Charles-le-Grand, 769.) « Dans cette année après la naissance de Jésus-Christ, Charles, fils de Pepin, monta sur le trône de tous les royaumes francs ( *over alle Franckricke* ); il fut le premier roi franc qui posséda l'empire romain. Je parlerai d'abord de son origine. Son père s'appelait Pepin, et sa mère Bertrade. Il conquit beaucoup de grands pays et en convertit les habitans à la religion chrétienne. Il fit aussi la guerre aux Saxons, durant plus de trente ans, et il régna sur la France pendant 46 ans. »

« *Année 772*. A l'époque où Léon était empereur romain, le roi Charles assembla une grande armée, pour marcher contre les Saxons. Il campa près des sources de la Lippe. ( *by den lipschen Borne.* ) Les Saxons s'assemblèrent aussi et livrèrent une bataille au roi Charles; mais ils furent vaincus. La bataille eut lieu près d'une forêt appelée *Boukholt*, à une demie-lieue d'Osenbruge (Osnabrück). Beaucoup de Saxons furent tués, les autres prirent la fuite, et se réfugièrent sur l'autre rive du fleuve appelé Weser, dans le pays des Wendes et dans la Thuringe septentrionale. Les Saxons eurent tant de honte de leur défaite que dans leur colère ils tuèrent leur duc Bartolde. »

« Lorsque Charles eut chassé les Saxons du pays qu'on appelle maintenant la Westphalie, il détruisit à Marsbourg (Mersebourg) leur idôle appelée *Armesule*; il ruina Marsbourg, et fit occuper ce territoire par un autre peuple, qu'il fit venir de la France, de l'Espagne et de l'Ardania (Ardennes), et auquel il donna cette contrée en propriété. Le pays était couvert de bois, et il s'y commettait beaucoup de meurtres et de vols. Le roi Charles créa des lois secrètes, appelées la Vehme (*myt heymeliken Rechten dat man nomet de Feme*), et ces lois devaient être observées à perpétuité entre les fleuves du Weser et du Rhin. »

« On a appelé les Saxons habitant au-delà du Weser, Saxons orientaux (Oster-Sassen), et ceux qui occupaient la contrée qui s'étend entre le Weser et le Rhin, étaient appelés Westphaliens. Les Saxons qui restèrent dans ce dernier pays, et que leur pauvreté avait empêchés de prendre la fuite, car les riches seuls s'étaient sauvés, furent soumis à la colonie envoyée par le roi Charles, et obligés de travailler pour elle. On les appelait serfs (*egenne Lude*) et c'est pour cela qu'il se trouve encore beaucoup de serfs dans la Westphalie. »

« *De l'idole Armesule*. Les livres m'apprennent que le roi Charles a détruit l'idole des Saxons, appelée *Armesule*. Ce peuple adorait le dieu Mars depuis le tems de Jules César. Il le représentait sous la forme suivante... (ici se trouve dans la chronique une figure qui répond parfaitement à la description qu'on lira plus loin). Une idole semblable a été trouvée à Corbey et au-dessous de cette figure était écrit en latin l'inscription que nous traduirons ainsi : « Dans les anciens tems j'ai « été le duc des Saxons et leur dieu. Ce peuple de Mars m'a adoré. « Tout peuple qui m'adorera se trouvera toujours à la tête des autres peuples. » C'est cette idole que le bas peuple (*das meyn*

*Volk* ) appelait *Armesule*. Les Saxons faisaient aussi peindre son image et placer sa statue dans leurs temples. Ils représentaient ce dieu sous les traits d'un homme armé et placé dans des fleurs qui le couvraient jusqu'au bas-ventre; car il était le dieu de la guerre et était né d'une fleur, ce qui indique que les disputes et les guerres prennent souvent naissance à l'occasion d'une fleur, c'est-à-dire pour des choses tout-à-fait insignifiantes. Il devait préserver le pays des meurtres et de la dévastation. Cette statue portait à son côté une épée, et dans la main droite une bannière avec une fleur rouge. Dans la main gauche elle tenait une balance ; son casque était surmonté d'un coq, symbole de la guerre. La balance indique qu'on doit balancer ou réfléchir dans toute circonstance. La poitrine était à découvert, et l'on y remarquait un ours, ce qui signifiait que chacun doit se montrer à ses ennemis sans peur et avec courage, et que, lorsque l'on est mis en fuite, il faut faire comme l'ours, c'est-à-dire regarder autour de soi, et chercher à saisir l'occasion de s'élancer à son tour sur l'agresseur. Sur son bouclier se trouvait un lion, au-dessous une fleur rouge, et au-dessus une balance, pour rappeler que toute guerre doit être conduite avec courage et avec prudence. Telle était l'image de l'idole des Saxons que détruisit le roi Charles. »  J.

(*La suite au prochain numéro.*)

## NUMISMATIQUE.

19. *C. M. Fraehn. De Musci Sprewitziani Mosquae numis Kuficis nonnullis adhuc ineditis, qui Chersonesi humo eruti esse dicuntur, commentationes duae, plura ut numismaticae ita geographiae et historiae asiaticae capita obscuriora illustrantes.* S$^t$ Pétersbourg, 1825. 110 p. in-4$^{to}$.

Nous avons déjà parlé de plusieurs ouvrages de M. Fræhn. Le zèle que déploie ce savant antiquaire pour la science numismatique et les lumières qu'il répand chaque jour sur l'histoire de l'Asie centrale, lui ont valu une réputation européenne. Dans l'introduction aux deux traités dont se compose le volume que nous annonçons, l'auteur expose les motifs qui doivent engager les savans à explorer la Russie. Cette contrée, dit-il, est celle qui offre le plus de chances favorables aux recherches numismatiques; dans les autres pays ce n'est qu'à grands frais qu'on parvient à former des cabinets de médailles orientales, tandis qu'en Russie on peut se procurer ces monnaies très-facilement. Non seulement cet empire touche dans toute l'immense étendue de ses frontières méridionales à la Turquie, à la Perse, à la Bouckarie et à la Chine, et se trouve en rapport direct avec les habitans de ces pays, dont elle tire facilement une grande quantité de médailles orientales : mais elle jouit encore des mêmes avantages que trois royaumes de l'Europe chrétienne, l'Espagne, le Portugal et la Sicile, parce qu'elle renfermait dans son sein même, un vaste empire oriental; on sait en effet que, dès le commencement du treizième siècle jusqu'à la fin du quinzième, ses provinces orientales, composées des plaines immenses, comprises sous le nom de *Deschti Kaptschak*, dépendaient du puissant empire qui fut gouverné par les descendans des Dschingis et de leurs successeurs connus sous le nom générique de *Horde d'or*. Dans la Tauride, les ruines de cet empire se maintinrent jusque vers la fin du dix-huitième siècle sous la dynastie des Giraï-Khans. Tous ces princes, sans en excepter ceux dont le règne n'a duré que peu de jours, ont fait frapper des monnaies.

C'est donc sur le sol même de la Russie, qu'on trouve des monnaies des règnes d'Ulu Dschudschi et de ses descendants dans la Tauride, et des autres dynasties contemporaines qui gouvernaient l'Iran et le Sartol (Tschaghataï).

Outre ces médailles, on en a encore découvert un grand nombre d'autres dont les dates remontent à des époques bien antérieures à ces différents empires; dans les provinces occidentales où l'on entreprit des fouilles, on en trouva même qui remontent aux Kalifes des dynasties Moaviah et d'Abbas, et aux émirs de Saman et de Buweih. On présume que ces monnaies proviennent du commerce actif qui liait, pendant le huitième, le neuvième et le dixième siècle (car elles appartiennent presque toutes à ces tems) la Russie à la Perse et à la grande Bouckarie. Le grand nombre de médailles que l'on a retirées de ces fouilles prouvent évidemment que ce commerce enrichissait considérablement la Russie, qui recevait en échange de ses productions beaucoup d'argent monnayé.

Parmi toutes ces médailles antiques, il s'en trouve aussi qui ont été importées par les Mahométans, qui s'étaient fixés dans les pays occidentaux; d'autres proviennent des Ommiades d'Espagne, des Edrisides de la Mauritanie, des gouverneurs des Kalifes dans la Barbarie: elles datent du huitième et du neuvième siècle. Ces monnaies peuvent aussi avoir été apportées par les Normands.

Quoique les savans fussent instruits de toute ce que nous venons de rapporter, ils ont cependant négligé jusqu'à nos jours de porter leur attention sur la Russie, pour enrichir leurs cabinets. Primitivement, ces fouilles ont dû être très-productives; mais elles n'ont eu aucun résultat pour les sciences : car, à cette époque, ceux qui trouvaient ces trésors, n'en connaissaient ni la valeur réelle, ni l'importance historique, et presque toutes furent anéanties par le fatal creuset, pour satisfaire l'ignorante cupidité de leurs possesseurs. Ce n'est que depuis peu d'années qu'il existe, dans les différentes provinces de la Russie, des hommes capables d'apprécier ces monumens historiques, et a qui l'amour pour les sciences fait faire de nombreux sacrifices. M. Fræhn a déjà décrit les différens cabinets de médailles qui existent en Russie: ceux de MM. Potot et Néhelow à Kasan, ceux de M. Pflug, de M. le comte de Manteufel, du duc Alexandre de Wurtemberg; ceux de l'Ermitage impérial, de la bibliothèque impériale de Pétersbourg, de l'université de Dorpat, de la Société courlandaise de Mitau. Le nouvel ouvrage de M. Fræhn est consacré au cabinet formé depuis quelques années par M. Sprewitz à Moscou. M. Fræhn y décrit vingt-deux monnaies kufiques, inconnues jusqu'aprésent et intéressantes sous plusieurs rapports.

La seconde de ces médailles, frappée sous la dynastie des Ommiades, l'an de l'hégire 131 (748 à 749 de l'ère chrétienne), porte l'inscription de la ville de Schamia ou Samia. Cette ville est inconnue aux anciens et aux nouveaux géographes, et M. Fræhn suppose qu'elle était située dans la Mésopotamie, mais qu'elle n'existe plus depuis long-tems.

Déjà précédemment l'auteur avait publié une liste de vingt-cinq villes qui avaient le droit de frapper monnaie; d'après de nouvelles recherches, il y en a ajouté encore trois autres, qui n'étaient pas encore connues.

En décrivant la troisième médaille, M. Fræhn expose les traditions des Arabes sur l'origine du nom de la ville de Bagdad, *Medinet-es-Salam*, ville du salut, ou ville de l'hommage des Kalifes.

L'auteur traite en outre d'un passage d'Elmacin (p. 149. éd. in-fol.), du pays de Seba (Psaume 72, 11), des noms qui commencent par celui de Muttewekkil, d'Afrikia, des émirs de la dynastie des Tahirides, du nom de Muhammedia qui se trouve sur les monnaies kufiques, et enfin de la syllabe *mah*, de la langue Pehlwy, que l'on rencontre dans beaucoup de noms.    J.

## PHILOLOGIE.

20. *Ueber die Bedeutung von* $\psi v \chi \eta$ *etc.* — Sur la signification des mots $\psi v \chi \eta$ et Ἐιδωλον dans l'Iliade et l'Odyssée; essai sur la psychologie d'Homère, par *Ch. Henri Guillaume Vælcker.* Giessen, 1825, in-4.

Ce traité n'est pas seulement intéressant par les éclaircissemens qu'il donne sur le système de psychologie adopté par Homère; il s'élève même jusqu'à l'histoire générale du développement de l'esprit humain. Un grand nombre de passages de ce poète y sont interprétés d'une manière fixe et certaine, et chaque page prouve l'étendue et la profondeur des connaissances du commentateur M. Vælcker établit d'abord en principe, que $\psi v \chi \eta$, dans Homère, signifie seulement souffle et vie, mais jamais âme, ou esprit; que $\eta \vartheta o \varsigma$, $\tau \eta \vartheta o \varsigma$, $\kappa \rho \alpha \delta \iota \eta$, indiquent le siége des forces vitales dans le corps de l'homme, auquel est attaché l'être spirituel, sans toutefois que ce dernier descende dans le Hadès, parce que tout ce qui est corps visible et matériel reste sur la terre. $\Theta v \mu o \varsigma$, $v o v \varsigma$, $\mu \varepsilon v o \varsigma$, n'étant pas attachés à une partie du corps humain, abandonnent le corps à l'instant même de la mort, sans descendre dans le Hadès, et terminent par conséquent leur existence en même tems que le corps; d'où il suit que ce n'est pas l'âme, ni l'esprit, qui, d'après la croyance des contemporains d'Homère, continuent de vivre après la mort. Il est remarquable que nous ne trouvons nulle part dans Homère, l'esprit présenté comme une existence individuelle, une abstraction, mais nous y voyons que l'activité des forces spirituelles dépend absolument du corps, et que la croyance à l'existence prolongée de l'âme se lie encore aux impressions des sens. En effet, la $\psi v \chi \eta$, dans sa signification primitive de *souffle*, et de principe de la vie, se présente à l'aperception des sens comme cause de la vie et de la mort: quand le souffle, la $\psi v \chi \eta$, se sépare du corps, les autres parties de ce dernier restent; elle même descend dans le Hadès, où elle continuera son existence, parce qu'elle est la source de la vie. Cette existence continuée de la $\psi v \chi \eta$ est indiquée par l'expression $\epsilon \iota \delta \omega \lambda o v$, qui est équivalente à $\psi v \chi \eta$, ou qui plutôt l'explique. Carus, dans son histoire de la psychologie (p. 104), avait déjà fait remarquer cette identité. En partant, comme M. Vœlker, de la signification primitive de $\psi v \chi \eta$, souffle, de laquelle celle de vie, de force vitale à été séparée, Carus suppose que cette vie qui se manifeste dans le corps en est isolée, et constitue un *analogon* de vie, un homme qui a vécu autrefois, l'image d'un individu vivant, enlevée aux sens par la mort, une illusion du défunt. Cette image respirait et vivait en même tems, et, avec l'$\epsilon \iota \delta \omega \lambda o v$, se liait une ombre qui avait la faculté de se mouvoir. Le souffle même forme cet $\epsilon \iota \delta \omega \lambda o v$, cette image illusoire du défunt, que l'on peut voir, mais qui ne peut pas être touchée. Nous voyons dans ces représentations, dit Carus, l'origine de l'idée d'une substance ou du moins la transition à cette idée.

M. Vœlcker cherche à déterminer la nature de cette continuation de l'existence de la ψυχη considéré comme ειδωλον, en faisant dériver la signification de ce dernier mot du verbe ειδω, ειδομαι, apparaître, paraître, ressembler. La ψυχη est donc une apparition qui sort du Hadès, ou se montre dans les songes, mais ce n'est pas une image vraie, quoiqu'elle ressemble absolument à l'original. Cette explication peut encore s'appuyer sur un passage de Platon, Phæd. p. 70, et note de Wyttenbach, p. 174. Aussi ces existences n'ont-elles pas la conscience d'elles-mêmes sans avoir bu du sang, parce que c'est ce dernier qui joint à la respiration constitue la condition principale de la vie et de l'activité des facultés intellectuelles. C'est par cette raison que les parties du corps, dans lesquelles se trouve le siége de la respiration et du sang, στηθος, ητορ, κραδιη et φρενες sont regardées comme les siéges de l'activité intellectuelle. Ειδωλον, dans le Hadès, est donc toujours l'image exactement ressemblante à l'homme tel qu'il était sur la terre, même avec toutes ses propriétés intellectuelles et morales. C'est une représentation sensible de l'existence future, parce que l'esprit humain ne pouvait pas encore se faire aucune idée de la vie sans la confiner dans l'espace et le tems.

J.

21. *Etymologische Versuche etc.* — *Essais d'étymologie, appliqués à la science de l'antiquité et à la connaissance des langues, par F. Heyd, pasteur à Markgrœningen. Tubingen, 1824, in-8.*

Comme la France, l'Allemagne a ses Fabre d'Olivet. Le petit ouvrage que nous annonçons est écrit dans le même but que le traité du savant français sur la langue hébraïque. M. Heyd cherche à pénétrer la signification primitive (*die Urbedeutungen*) des lettres et des syllabes radicales (*Ursylben*); cependant malgré son érudition vaste et profonde il n'a pu donner que des règles générales et vagues, qui ne trouveront pas d'application fixe et certaine, ou qui du moins soumettraient l'étude du langage humain à un trop grand arbitraire. Nous en donnerons pour exemple la signification qu'il donne à la lettre *S*, qui, placée entre une voyelle et une consonne, doit exprimer l'individualité en séparant les objets de l'universalité. Cette lettre, dit l'auteur, doit se trouver également dans les noms de tous les objets qui sont distingués par leur position, leur grandeur, etc. Il en est ainsi de la syllabe *ak*, qui doit exprimer tout ce qui est pointu ou tranchant; des syllabes *da*, *du*, qui indiquent ce qui est profond, caché; *mu*, ce qui est mystérieux; *ad*, ce qui est fermé; *ar*, ce qui est élevé, etc., etc. Néanmoins l'auteur montre une connaissance profonde des langues anciennes et des modernes. Nous en citerons pour exemple le développement de la signification de la racine *kal*, qui exprime les cris, la parole, comme dans les mots : καλειν, *gallus* (le coq), *to call*, *gala*, *kalda*, *galer* (vieux français), *koll*, *gull*, *gall* (hébreu), *hall schall* (allemand), *skalde* (suédois); et comme l'enchantement était produit par des chants mystérieux, cette racine se retrouve dans une foule de mots qui expriment le charme superstitieux: κηλειν *galdra* (irlandais), *calstrare*, *galender*, etc.

J.

# MÉLANGES ET VARIÉTÉS.

*Traditions des Chipaways ou Chipiouans, nation de l'Amérique du Nord, sur leur création et sur leur destination future.*

«Selon les traditions des Chipaways, la terre ne présentait d'abord qu'un océan immense, sans autre créature vivante qu'un oiseau gigantesque dont les yeux étaient de feu, dont les regards lançaient des éclairs, et dont les ailes faisaient un bruit semblable au tonnerre. Quand cet oiseau s'abattit sur l'océan, et le toucha de ses ailes, la terre s'éleva au-dessus de la surface des eaux. Tous les êtres nâquirent ensuite de cet oiseau tout-puissant, à l'exception des Chipaways, qui se croient issus d'un chien. C'est à cause de cette origine présumée, que ce peuple a une horreur invincible pour la chair de chien, et pour ceux qui s'en nourrissent.»

«D'après une autre tradition, ils se croient originaires d'une contrée éloignée et habitée par un peuple cruel; ils eurent à traverser un grand lac, étroit, peu profond et parsemé d'îles, où règne un hiver éternel. Sur les bords du *fleuve des mines de cuivre,* où ils abordèrent, le sol était couvert de cuivre. Ils croient que leurs ancêtres avaient vécu si long-tems que leurs pieds et leur gosier en étaient tout usés. Ils conservent la mémoire d'un déluge universel, qui ne laissa à découvert que les sommets des plus hautes montagnes, sur lesquels leurs pères se sauvèrent. Ils sont persuadés qu'immédiatement après leur mort ils passeront dans un autre monde, qu'ils arriveront à un grand fleuve, que là ils s'embarqueront sur des canots de pierre; qu'alors un doux courant les conduira dans un grand lac où se trouve une île magnifique, et qu'en vue de cette île leur sentence sera irrévocablement prononcée ; que si leurs bonnes actions l'emportent, il leur sera permis d'aborder dans l'île, où ils jouiront d'une éternelle félicité, dont les délices sont du reste conformes à leurs idées grossières du bonheur; que si au contraire leurs mauvaises actions font pencher la balance, le canot de pierre s'enfoncera et les plongera dans l'eau jusqu'au menton; qu'ils resteront éternellement dans cette position, éternellement livrés au supplice de Tantale, témoins de la félicité de leurs frères, qu'ils s'efforceront sans cesse, et toujours en vain, de partager. (*Atlantis n° 3.*)

### *Pensées détachées de Jean-Paul.*

*Sur la mort d'un enfant.* « Ses yeux se sont éteints à jamais, sans qu'il ait vu ses parens, et sa langue deviendra la proie des vers, sans avoir proféré une parole. Tendre fleur, que le sommeil de la mort a fermée dès le matin, tu te rouvriras aux regards du soleil éternel ! »

\* \* \*

« Qui a donné à la créature le droit de dire au créateur: « tu n'as pu me faire naître pour souffrir ! » Lui-même, en plaçant dans nos cœurs la pitié et l'espérance. »

\* \* \*

« Génie bienfaisant des songes ! Sans toi il nous faudrait attendre trop long-tems, pour revoir ceux que la mort nous a enlevés ! »

\* \* \*

« Le plus grand défaut de l'homme est d'en avoir tant de petits. »

\* \* \*

« Au printems de la vie nous voyons de loin le bonheur que nous promet l'été, et lorsque nous y sommes arrivés, nous nous retournons vers la jeunesse et nous jouissons du plaisir de ses espérances. »

\* \* \*

Jamais on ne trahit plus facilement les projets que l'on avait formés, que lorsqu'on les voit échouer. »

\* \* \*

« Certaines pensées ressemblent à la colonne de fumée qui sort du Vésuve : sombres et nébuleuses pendant le jour, elles deviennent lumineuses et brillantes durant la nuit. »

\* \* \*

« La jeunesse est la fête de la vie. »

\* \* \*

« Le plaisir est de courte durée, mais un long espoir le précède et il est suivi d'un souvenir plus long encore.

\* \* \*

« La joie la plus pure et la plus touchante est celle que ressent une mère du bonheur de ses enfans. »

\* \* \*

« L'homme ne commet tant de crimes, avec tant de légèreté, que parce qu'il n'en connaît pas les suites funestes. Il déchaîne les bêtes féroces renfermées dans son sein, et il ne prévoit pas combien ces monstres aveugles saisiront et dévoreront de victimes innocentes. »

## Nouvelles diverses.

— Le 3ᵉ numéro de l'*Atlantis* vient de paraître. Voici ce qu'il contient: *Congrès de Panama*; 1° *Discussions secrètes sur l'opportunité de faire représenter les Etats-Unis au congrès de Panama.* 2° *Message du président des Etats-Unis, adressé à la chambre des représentans, etc.* (Première partie.) — *Correspondance du Secrétaire du département de la guerre des Etats-Unis, avec les députés des Indiens de Séminote et Florida, à Washington.*— *Traditions et croyances des Chipaways ou Chipiouans.* — *Adresse du comité institué en faveur de Jefferson, aux citoyens de la Pensylvanie.* — *Message du président du congrès ?s Etats-Unis du Mexique, à l'ouverture de la session de* 1826. - *Message du président du congrès de la république de Colomie, à l'ouverture de la session de* 1826. — *Discours de l'empeeur du Brésil, à l'ouverture de l'assemblée nationale, prononcé e 6 mai* 1826. — *Rapport du comité d'agriculture, présenté à a chambre des représentans, sur les vers à soie et sur la culure du mûrier.* — *Mouvement des ports des Etats-Unis, penlant l'année* 1825. — *Sur les affaires de banque des Etats-Unis.* — *Renseignemens statistiques sur la république de Guatimala, ur celle de Bolivia, etc.* — *Extrait sommaire d'une nouvelle lisposition tendant à améliorer l'état des esclaves dans les colonies britanniques des Indes occidentales.* — *Le Rocher de la Vierge sur les bords du Mississipi.* — *Documens historiques sur les relations diplomatiques des Etats-Unis avec le gouvernement d'Alexandre I^er. — Convention entre les Etats-Unis et la Russie, sur la navigation et le commerce de la côte du Nord-Ouest de l'Amérique.*

— *Population du district d'Aix-la-Chapelle (Prusse)*. On estime la superficie de ce district à 73 milles carrées. A la fin de l'année 1825 on y comptait 336,025 habitans, sur lesquels il y a 324,453 catholiques, 9,686 de l'église évangélique (on sait que c'est le nom qu'a adopté l'église réunie des deux confessions protestantes), 5 mennonites ou anabaptistes, et 1,881 juifs. C'est donc 4,603 habitans par mille carrée. Le nombre des naissances s'est élevé, en 1825, à 11,955, celui des morts à 8,433, et on y a célébré 2,415 mariages. La ville d'Aix-la-Chapelle et ses dépendances a 35,428 habitans, dont 34,287 sont catholiques.         (*Gazette de Berlin.*)

— *Population du district d'Oppeln (Prusse)*. Il résulte du dernier recensement fait en 1825, que ce district a 647,399 habitans, dont 63,813 de l'église évangélique, 573,023 catholiques, 294 frères moraves (*Herrnhuther*) et 10,269 juifs. Dans le courant de cette même année, il y a eu 35,957 naissances et 21,474 décès.

— *District de Kœslin*. On y compte 298,218 habitans, dont 291,867 de l'église évangélique, 4,315 catholiques, et 2,036 juifs. En 1825, les naissances se sont élevées au nombre de 13,491, et les décès à 7,184.

— *Villes de la Norwège*. Voici suivant la *Gazette du royaume de Suède*, l'état de la population des villes de la Norwège : Bergen, y compris le faubourg de Sandwig, 20,601 habitans; Christiania, 19,396; Drontheim, 11,639; Christiansand, 7,488;

Drammen, 6,833; Frédericshall, 4,611; Stavanger 3,777; et Kongsberg, 3,691.

— *Compagnie de l'Elbe pour le commerce avec l'Amérique (Elb-Amerikanische Gesellschaft).* Cette compagnie a rendu compte de l'état de son commerce pendant l'année 1825 (1). La valeur des marchandises qu'elle a envoyées dans le courant de cette année, tant pour son propre compte que pour celui des négocians étrangers à la société, dans l'Amérique septentrionale, le Mexique, la Colombie, la Havane, la Jamaïque, Haïti, l'île Saint-Thomas, le Brésil, le Pérou, le Chili et à Buénos-Ayres, s'élève à la somme de 450,000 reichsthaler (1,800,000 fr.). Voici l'état détaillé de ces exportations : cotons, pour 99,000 rthl. (396,000 fr.); laines, pour 75,000 rthl. (300,000 fr.), passementerie et dentelles, pour 38,000 rthl. (152,000 fr.), toiles cirées et tapisserie, pour 5,800 rthlr. (23,200 fr.); droguerie, pour 12,000 rthl. (48,000 fr.); métaux fabriqués, pour 0,600 rthl. (42,400 fr.); instrumens de musique, pour 1,600 thl, (6,400 fr.). (*Gaz. de Berlin.*)

— *Nouvelle division de la Russie en provinces.* La Russie européenne et asiatique était autrefois divisée en gouvernemens et en provinces (*oblastes*). En 1825 elle comptait cinquante gouvernemens et cinq provinces; dans cette division ne se trouvait pas comprise la contrée habitée par les Cosaques du Don, ainsi que quelques autres pays caucasiens qui sont sous la protection de l'empire. A la tête de plusieurs de ces gouvernemens étaient des gouverneurs militaires, mais dont la plupart n'avaient aucune autorité civile.

Aujourd'hui ce vaste empire est divisé en deux gouvernemens

---

(1) A Leipsic, le 22 avril 1826.

généraux militaires, dont l'un a son siége à Saint-Pétersbourg et l'autre à Moscou. On a en outre institué trois gouvernemens militaires, à Orenbourg, à Kiew et à Wilna, et sept gouvernemens généraux. La nouvelle division des provinces n'est pas encore connue. Chaque gouverneur général militaire reçoit une somme de 56,000 roubles pour son traitement particulier, et 550,000 pour les dépenses de sa chancellerie.

— Les pays catholiques de l'Allemagne ont une population de 15 millions d'habitans et six universités; les pays protestans comptent 17 millions d'habitans et 17 universités. Sur 250,000 catholiques, il y en a 63 qui suivent les universités, et sur un même nombre de protestans, il y en a 149.

— Le gouvernement suédois vient de céder pour dix ans à la société pour la propagation de l'enseignement mutuel, établie à Stockholm, une maison très-considérable, pour y établir une école normale. « Le gouvernement, est-il dit dans la lettre que Sa Majesté a fait adresser à la société, a trouvé cette méthode très-utile et digne de toute sa sollicitude. »

— Le gouvernement russe a accordé aux professeurs Engelhardt et Ledebour, de Dorpat, une somme de 16,000 roubles, pour entreprendre un voyage dans l'intérieur de la Russie, dans l'intérêt de la botanique et de la minéralogie.

— Nous venons de recevoir un ouvrage publié à Heidelberg, par M. le D' Bender de Giessen, intitulé : *Du commerce, des effets publics et des principales questions qui s'y rattachent* (*Ueber den Verkehr mit Staatspapieren, in seinen Hauptrichtungen*). Nous rendrons compte incessamment de cet écrit, qui est divisé en quatre parties : 1° Introduction; 2° Nature des effets publics; 3° Propriété des effets publics; et 4° Transactions concernant les effets publics.

## AVERTISSEMENT DES ÉDITEURS.

La première pensée des éditeurs de la Bibliothèque allemande avait été de donner à leur recueil périodique le titre de Revue germanique.

Tout concourait à justifier ce titre, le seul qui convienne réellement à un ouvrage périodique, destiné à faire connaître non-seulement les ouvrages d'histoire ou de littérature qui paraissent en Allemagne, mais encore toutes les découvertes qu'on y fait dans les sciences, dans les beaux-arts et dans l'industrie.

Mais, au moment même où les éditeurs de la Bibliothèque allemande jetaient les fondemens d'un journal destiné à répandre en France la connaissance des produits scientifiques et littéraires de l'Allemagne, une entreprise semblable avait été formée à Paris, et un recueil périodique, qui devait y être publié, s'annonçait sous le titre de Revue germanique.

Les éditeurs de Strasbourg, placés sur le véritable terrain où un semblable ouvrage peut et doit prospérer, n'ont pas redouté la concurrence des éditeurs de Paris, mais ils ont respecté l'antériorité de l'annonce du titre adopté par ceux-ci pour le recueil périodique qu'ils projetaient, et ils ont résolu de faire paraître leur ouvrage sous le titre de Bibliothèque allemande.

Cependant le *Prospectus* de la Revue germanique de Paris, n'ayant pas été suivi d'exécution, et les éditeurs y ayant formellement renoncé, après l'apparition des premiers numéros de la Bibliothèque allemande, les éditeurs de ce dernier ouvrage, cédant d'ailleurs aux vœux émis par un grand nombre de leurs abonnés, reviennent à leur première idée, et ils ont l'honneur d'annoncer que leur recueil périodique paraîtra, à dater du 13ᵉ numéro qui sera le premier du 3ᵉ volume, sous le titre de Revue germanique.

Ce nouveau titre sera d'ailleurs justifié par l'extension que les éditeurs donneront à leur ouvrage.

La faveur avec laquelle le public a daigné accueillir leurs premiers essais, leur a fait mieux sentir encore l'importance de l'entreprise qu'ils avaient conçue.

Les sciences et les lettres sont de tous les pays, les savans et les littérateurs sont depuis long-tems de cet avis, et chaque jour voit diminuer les préjugés de *nationalité littéraire*, qui existent en France comme en Allemagne et en Angleterre.

Les dénominations de *classique* et de *romantique* ne s'appliquent plus aux productions littéraires de telle ou telle nation, mais seulement aux productions de tels ou tels auteurs à quelque nation qu'ils appartiennent.

Dans cet état des choses, une Revue germanique destinée à faire connaître en France tous les bons ouvrages de sciences, de littérature ou d'arts libéraux, qui paraissent en Allemagne, est une entreprise utile et qui doit obtenir l'assentiment de tous les Français qui aiment à suivre les progrès de l'esprit humain, sans partager la ridicule idée que les bornes d'un territoire puissent servir également de bornes au développement du génie.

Dans un nouveau Prospectus, qui sera publié avec la dernière livraison du deuxième volume, les éditeurs exposeront avec plus de détails les changemens qu'ils apporteront au plan de leur entreprise. Ils sauront profiter et de leur propre expérience et des excellens conseils que des littérateurs des deux nations ont bien voulu leur adresser.

L'extension que les éditeurs se proposent de donner à leur Journal, nécessite une augmentation dans le nombre des feuilles et dans le prix. A commencer du troisième volume, il paraîtra, sous le titre de Revue germanique, trois volumes par an composés chacun de vingt-quatre feuilles d'impression, et publiés en douze livraisons. Le prix de l'abonnement sera :

|  | Pour 1 vol. | Pour 2 vol. | Pour 3 vol. ou l'année. |
|---|---|---|---|
| Pour Strasbourg | 8 fr. | 15 fr. | 20 fr. |
| Pour Paris et les Départemens, | 10 fr. | 18 fr. | 25 fr. |
| Pour l'Étranger | 12 fr. | 22 fr. | 30 fr. |

Les deux livraisons qui restent à publier pour completter le deuxième volume, paraîtront ensemble dans les premiers jours de février 1827.

# MÉMOIRES ET NOTICES.

## SCIENCES HISTORIQUES.

### L'HISTOIRE DES SCIENCES HISTORIQUES EN ALLEMAGNE.

( Suite. )

TROISIÈME PÉRIODE. — *Le dix-septième siècle.*

Avec la réformation une ère nouvelle avait commencé pour l'Europe. Ce grand événement ne fut pas seulement une révolution ecclésiastique : il fut une révolution de l'esprit humain, une direction nouvelle imprimée à toutes les facultés morales et intellectuelles. Cette influence s'étendit sur toute l'Europe ; mais elle ne fut point marquée d'abord par des progrès, par des améliorations immédiates. Il n'est point dans les destinées humaines de marcher si vite : les innovations qui doivent durer ne peuvent s'établir qu'avec lenteur et ne s'affermir qu'après de longs ébranlemens. La lutte universelle, qui s'engagea entre l'ancien ordre de choses et le nouveau, ajourna pour long-tems les heureux effets qui devaient nécessairement résulter de l'affranchissement du génie de l'homme. L'Allemagne, surtout, ne devait pas voir de sitôt se réaliser les espérances que la réformation, née dans son sein, avait fait concevoir. Des guerres désastreuses, produites par le choc des passions politiques et religieuses, couvrirent le sol de désolations et de ruines, tandis qu'une controverse interminable frappait les esprits d'une triste stérilité. Aucun des théologiens, qui parurent sur la scène après

Luther, n'avait hérité de son éloquence et de son ascendant, pour subjuguer les esprits et pour entraîner les suffrages de la nation ; et Maurice de Saxe, qui avait un instant balancé la fortune de Charles-Quint et lui avait arraché une paix de religion précaire, n'eut point de successeur pour consolider définitivement son ouvrage. Gustave-Adolphe ne fit que paraître sur la scène, et ses vastes projets périrent avec lui. La paix de Westphalie consacra, il est vrai, l'égalité des deux cultes rivaux, mais non la liberté religieuse, et ne fit que sanctionner la division de la nation germanique. Le sentiment d'une patrie commune fut de plus en plus étouffé dans le cœur des Allemands, par les antipathies religieuses, et par l'indépendance que les traités de Münster et d'Osnabruck avaient assurée aux princes et aux cités de l'empire. A la longue agitation de la guerre de trente ans, qui avait détruit toutes les prospérités et toutes les industries, corrompu les mœurs et arrêté la marche des idées, succéda un repos, ou plutôt un état de stagnation, qui empêcha tout progrès vers un meilleur avenir, et toute l'activité de l'esprit était absorbée par les subtilités théologiques, et par des formalités judiciaires sans nombre et sans fin. Les nobles, depuis que les lois avaient mis des bornes à leur ardeur belliqueuse, descendirent au métier de courtisans, ou, retirés dans leurs manoirs, contractèrent des mœurs grossières. Un très-petit nombre d'entre eux seulement sauvèrent leurs noms de l'oubli en se distinguant soit dans les lettres, soit dans la carrière politique ou militaire. Le clergé de la nouvelle église, comme celui de l'ancienne, était en général également peu susceptible d'idées nouvelles et plus libérales, et soumettait son savoir, souvent très-étendu, au joug d'une opiniâtre orthodoxie. L'esprit du peuple était partout entravé par les formes étroites de l'église, secondée d'ordinaire par les gouvernemens. Des mœurs et une langue étrangères s'étaient établies en Allemagne. « La langue nationale, si riche et si flexible, déja si cultivée, fut honteusement négligée. Vainement il se forma, depuis 1617, plusieurs sociétés pour la cultiver et pour la faire prévaloir : elles succombèrent sous le malheur des tems, sous le pédantisme des savans et sous leurs propres exagérations. L'école poétique de Silésie, n'eut qu'une influence presque imperceptible sur la prose. Le style didactique et le style historique étaient sans goût et sans couleur, et ces défauts allèrent sans cesse en croissant. Le latin était la langue des savans, qui formaient comme une république à part, et qui n'avaient aucune idée de ce qu'ils devaient être pour le peuple » (1).

L'activité littéraire des Allemands fut néanmoins très-grande dans ce siècle, malgré les obstacles qu'y apportaient la théologie et l'état politique et moral de la nation. Mais elle n'était le plus souvent qu'un métier, et l'on n'écrivait guère que pour faire des livres (2). Cependant dès-lors l'application des savans de l'Allemagne mérita, aussi bien que leur manie de faire des livres de devenir, proverbiale; et cette application ne resta pas sans fruit pour les sciences historiques. Si leurs ouvrages sont écrits sans goût et sans art, si l'imagination n'eut aucune part à leurs compositions, s'ils restèrent sans influence sur la masse de la nation, ils firent beaucoup pour la science en elle-même, et préparèrent ainsi des matériaux précieux pour les historiens à venir.

---

(1) Wachler, vol. I, p. 856.

(2) Dès 1640 on trouve, comme le fait observer M. Wachler, en Angleterre le proverbe : *The German's wit is in his fingers.*

Nous citerons, pour la géographie, Philippe Cluver, de Danzig, trop connu pour qu'il soit nécessaire d'indiquer ici ses ouvrages; l'aventureux et infortuné Christophe Harant, baron de Polschiz, condamné à mort en 1621, qui parcourut une partie de l'Asie et l'Egypte (1), et qui a laissé une relation de son voyage dans cette dernière contrée et en Arabie; Adam Oléarius, qui a fait un mémoire très-intéressant sur l'ambassade que la cour de Holstein-Gottorp envoya (1633 — 1638) en Russie et en Perse (2); Jean-Albert de Mandelslo, dont les relations sur les Indes ont été publiées par Adam Oléarius, son compagnon de voyage, (3). Job Ludolf écrivit, par ordre du duc de Saxe, Ernest-le-Pieux, un ouvrage latin sur l'Ethiopie (4), puisé dans les sources les plus pures, et surtout dans les entretiens qu'il eut à Rome en 1649 avec l'abbé abyssinien, Grégoire. Un de ses élèves enfin, l'aventurier Jean-Michel Wansleben, nous a laissé les relations de deux voyages en Egypte, l'une en italien (5) et l'autre en français (6). Il fit le dernier de ces voyages par ordre du ministre Colbert.

---

(1) *Der christliche Ulysses oder weit versuchte Cavallier.* — L'Ulysse chrétien, ou le cavalier éprouvé au loin, etc. Nuremberg, 1678, in-4°.

(2) *Neue orientalische Reisebeschreibung.* Schleswig, 1647, 1656, 1663, 1671. in-fol. Ouvrage traduit en français.

(3) *Schreiben von seiner ostindischen Reise an A. Olearius*, lettre sur son voyage dans les Indes orientales, Schleswig, 1645, in-fol. — *Persianisches Rosenthal.* 1668, in-fol. Vallée de roses persane: se trouve dans l'édition du voyage d'Oléarius. Hambourg, 1696; en français par Wiquefort. Amsterd. 1737, in-fol.

(4) *Historia æthiopica*, libri IV. Francf. sur le Mein, 1681, in-fol. — *Ad suam hist. æthiop. Commentarius.* 1691, in-fol. — *Appendix ad hist. æthiop.* 1693, in-fol.

(5) *Relazione dello stato presente dell' Egitto.* Paris, 1671, in-12; extraits de ses lettres qui se trouvent manuscrites à la bibliothèque de Gotha.

(6) Nouvelle relation en forme de journal d'un voyage fait en Egypte

Quant à l'étude des antiquités, nous devons passer sous silence la plupart des auteurs qui s'en occupèrent. Leurs livres, utiles dans le tems, n'ont pu se sauver de l'oubli. On doit en excepter les ouvrages que Philippe Cluver, que nous avons déjà cité, a laissés sur les antiquités de la Sicile et de la Sardaigne (1), les recueils d'inscriptions de Reinésius (2) de Gotha et de Marquard Gude (3) de Rendsbourg, et surtout l'écrit très-remarquable de François Du Jong ou Junius (4), de Heidelberg, sur la peinture des anciens.

La science des médailles fut cultivée par un grand nombre de savans allemands. Tous leurs travaux, ainsi que ceux des étrangers dans ce genre, furent effacés par le célèbre Spanheim, né à Genève en 1629, d'une famille allemande, et mort à Londres en 1710, humaniste distingué, envoyé du Brandebourg en France et en Angleterre. Il embrassa la numismatique ancienne dans toute son étendue, et montra le premier de quelle importance elle pouvait devenir pour la connaissance de l'antiquité (5).

Parmi les savans qui se livrèrent aux recherches chronolo-

---

en 1672 et 1673. Paris, 1676, in-12. — *Histoire de l'église d'Alexandrie.* Paris, 1677, in-12.

(1) *Siciliae antiquæ lib. II Sardinia et Corsica antiq.* Leiden, 1624. 2 vol. in-fol.

(2) *Syntagma inscriptionum antiq. in Gruteri opere omissarum.* Leipz. 1682, 2 vol. in-fol.

(3) *Inscriptiones antiquæ.* Leuwarden, 1731, in-fol.

(4) *De pictura veterum. Lib. III.* Amsterd. 1637. in-4°. Nouv. éd. par Grævius ; Rotterd. 1694, 2 vol. in-fol. L'auteur en publia une édition anglaise, 1638, in-4°.

(5) *Dissertationes de praestantia et usu numismatum antiquorum.* Tome 1er à Londres, 1696, tome 2 à Amsterdam, 1717, in-fol.

giques on distingue surtout Calvisius (1) qui popularisa le système de Scaliger, Strauch (2), professeur à Wittemberg, et Schrader de Helmstædt, qui publia les premières bonnes tables chronologiques.

La généalogie fut soumise aux règles de la critique par Nicolas Rittershausen (3), professeur de droit à Altdorf. Il prit le quinzième siècle pour point de départ, et n'admettait que par exception une origine plus reculée. Le théologien alsacien Philippe-Jacques Spener (4) fut le premier qui apporta de la méthode dans le blason : son système héraldique, passa pour classique aussi long-tems que cette connaissance, aujourd'hui réputée frivole, se maintint parmi les sciences historiques.

Les universités allemandes, et particulièrement celles de Heidelberg, de Strasbourg, de Jéna et de Helmstædt, étaient le siége des études historiques, et dès cette époque les savans de l'Allemagne, par leur zèle à rechercher et à recueillir, avec une minutieuse exactitude, les documens historiques, méritèrent d'être appelés la *mémoire* de l'Europe. Il parut une foule de dissertations sur des points controversés, et un grand nombre de collections d'historiens. Conring surtout, sur lequel nous allons revenir tout-à-l'heure, doit être regardé comme le créateur de la critique historique en Allemagne. La préface, qu'il plaça en tête de l'ouvrage de Tacite sur la Germanie, renferme d'excellens préceptes sur la mé-

---

(1) *Opus chronologicum*, 1664, Leipsic 1605, in-4°, Francf. 1685, in-fol.

(2) *Breviarium chronologicum*, 1664, in-12. — *De natali mundi*, 1652, in-4°; — *De tempore diluvii*, 1553, in-4° etc.

(3) *Genealogiae imperatorum, regum, ducum, etc. orbis christiani*. Tubingue, 1683; in-fol.

(4) *Historia insignium illustrium, s. operis heraldici pars specialis*. Francf. 1680. *Pars generalis*, 1690. — *Theatrum nobilitatis Europaeae*, 1668, 2 vol. in-fol.

thode qui doit présider à l'étude de l'histoire. Il fut le premier à élever des doutes sur la haute antiquité et la longue durée de la monarchie assyrienne (1).

Dans l'application de la critique à l'histoire générale, les Allemands restèrent encore au-dessous des Français et des Anglais. Les recherches du Jésuite Athanase Kircher (2) sur l'Egypte et la Chine, firent beaucoup de bruit, et n'étaient point sans mérite, pour le tems où elles furent mises au jour; mais, trop prévenu en faveur de sa matière, il se plaisait dans l'hyperbole, et se livrait sans réserve à son imagination ; l'unique résultat de ses écrits fut, en définitive, de contribuer à porter l'attention des historiens sur ces contrées mystérieuses. Le savant orientaliste, Schickard de Tubingue, publia un fragment d'un manuscrit turc sur les rois de Perse de la quatrième dynastie, avec d'utiles annotations (3) ; et J. Henri Hottinger de Zurich fut un des premiers à mettre au jour les trésors de la littérature et de l'histoire de l'Orient, principalement dans leurs rapports avec les idées et les constitutions religieuses (4).

Dans les abrégés de ce qu'on appelait si improprement l'*Histoire universelle*, on suivit presque généralement la méthode de Sleidan, sans y apporter de notables améliorations, et de tous ceux qui furent publiés dans la langue nationale, et qui étaient

---

(1) *De Asiæ et Ægypti antiquissimis Dynastiis*; 1655, in-4.

(2) *Oedipus Ægiptiacus*, etc. Rome, 1652, 4 vol. in-fol. — *Sphinx mystagoga.* Amsterdam, 1676, in-fol. — *China monumentis illustrata.* Amsterdam, 1667, in-fol.

(3) *Tarich, S. series regum Persiae, per annos fere CCCC.* Tubingue, 1628, in-4°.

(4) *Historia orientalis. De Muhammedismo, Saracenismo, Chaldaeismo*, etc. 1660, in-4°. — *Bibliotheca orientalis*, 1658, in-4°.

destinés au peuple, aucun ne s'éleva au-dessus du médiocre ni par le style, ni par les vues morales ou politiques (1). Le grand nombre de ces ouvrages et la vogue de plusieurs d'entre eux prouvent cependant combien les connaissances historiques étaient recherchées. C'est ce qu'atteste aussi le succès du premier dictionnaire historique, publié vers le milieu de ce siècle, par Hofmann (2), et qui, quoique très-défectueux, servit longtems de fondement aux entreprises de ce genre.

L'Allemagne eut de bonne heure des journaux politiques. Dès 1612 parut une gazette régulière, sous le titre d'*Avis et Relations*, et, depuis 1615, le libraire Egenolph Emmel, de Francfort-sur-le-Mein, publia un journal, dit le *Journal de Francfort*; Foulde, Augsbourg et Nuremberg eurent des gazettes dès le commencement de la guerre de trente ans. Il se forma, en même tems, des recueils de pièces officielles et de notices historiques, que l'historien ne consultera pas sans fruit (3).

---

(1) Pour s'en convaincre on n'a qu'à lire le titre de l'ouvrage le plus connu de ce genre : *Historische Chronica, oder Beschreibung der vornehmsten Geschichten, so sich vom Anfang der Welt bis 1619 zugetragen*, c'est-à-dire, Chronique historique, ou relation des histoires les plus remarquables qui se sont passées depuis le commencement du monde jusqu'en 1619. La dern. édit. est de 1758, in-fol.

(2) *Lexicon universale historicum*. Bâle, 1667 — 74, 2 vol. in-fol. Leiden, 1698, 4 vol. in-fol.

(3) Tels sont les *Acta publica* de Michel Gaspard Londorp. Francfort 1622 — 1623, 4 parties in-4°. Continués de 1666 à 1669, 12 vol. in-fol. De nouvelles continuations parurent en 1688 et en 1708. — Le *Theatrum Europaeum*, publié par Abelin et par plusieurs continuateurs à Francfort, de 1635 à 1738, 21 vol. in-fol. Les volumes les plus utiles à consulter sont le 6e, le 7e, le 8e, le 9e, et les 16e, 17e, 18e, et 19e. L'ouvrage embrasse un siècle, depuis 1617 jusqu'en 1718. — Enfin le *Diarium Europaeum*, qui embrasse les tems de 1657 à 1681 ; il fut publié à Francfort, 1657 — 1683, 45 vol. in-4°.

C'est vers le milieu du dix-septième siècle, que furent jetés les premiers fondemens de la *Statistique*, que les Allemands ont les premiers cultivée avec succès. On doit regarder comme le véritable inventeur de cette science, le savant Herrmann Conring (1), professeur à Helmstædt, depuis 1632, également versé dans la philosophie, la médecine, le droit et la politique. Il forma une école historique, qui prépara en Allemagne une meilleure méthode d'étudier l'histoire. « Il comprit, dit M. Wachler, que la réflexion politique de l'homme d'état doit se fonder sur des faits, et que la théorie du gouvernement doit dépendre de l'expérience. » Il commença ses leçons de statistique en 1641. Plusieurs professeurs suivirent son exemple, et cette science nouvelle, qui seule pouvait fournir à l'économie politique des bases solides, ne tarda pas à entrer dans le cercle des études universitaires.

Bernard de Zech de Weimar, conseiller de l'électeur de Saxe, publia en allemand des tableaux statistiques, généalogiques, héraldiques et politiques des principaux états de l'Europe, qui offrent encore aujourd'hui des matériaux précieux aux historiens (2).

Ces travaux estimables préparèrent les voies à l'un des plus grands hommes de l'histoire littéraire de l'Allemagne, à Samuël de Puffendorf (né en 1632 et mort en 1694), qui ne fait pas moins époque dans l'histoire des sciences historiques, que dans celle de la haute jurisprudence. Il ne fut pas seulement le

---

(1) *Opera omnia*, ed. J. W. Gœbel, Brunswic. 1730, 7 vol. in-fol. On doit consulter surtout son *Exercitatio hist. polit. de notitia reipublicae singularis*, dans le tome 4 de la collection.

(2) *Schaubühne der jetzt regierenden Welt*. Théâtre du monde actuellement régnant. Nuremberg, 1677, 4 vol. in-8°. — *Europaeischer Herold*. Hérault européen. Francfort et Leipsic, 1688, in-fol., et augmenté en 1705, 2 vol. in-fol.

premier professeur du droit de la *nature* et des *gens* à Heidelberg, mais encore le premier historien philosophique de l'Allemagne. Dans son histoire des principaux États de l'Europe (1), il abandonna la manière philologique et théologique qui jusqu'alors avait généralement présidé aux travaux historiques, et envisagea les faits sous le point de vue pratique et politique; il s'attacha particulièrement à développer l'état intérieur des nations et à signaler les causes qui avaient déterminé l'accroissement et la décadence des empires. Son ouvrage n'est point sans défauts ni sans erreurs, mais sa méthode fut féconde en grands résultats. Il fut nommé successivement historiographe de la Suède et du grand électeur de Brandebourg. Il y a dans son histoire de Gustave-Adolphe et de la reine Christine de la chaleur et de la franchise, et l'esprit du protestantisme s'y montre dans toute son indépendance (2). Son meilleur ouvrage est l'histoire de l'électeur Fréderic-Guillaume, qui embrasse en même tems les événemens contemporains, et renferme des aperçus historiques très-intéressants (3).

L'histoire nationale fut étudiée avec beaucoup de soin. Martin Zeiller (4), directeur du gymnase d'Ulm, publia des topographies très-estimables, et ornées d'estampes par le célèbre graveur

---

(1) *Einleitung zu der Historie der vornehmsten Reiche und Staaten.* Introduction à l'histoire des principaux états de l'Europe. Francfort sur le Mein, 1682, in-8°.

(2) *Commentarii de rebus Suecicis, lib. XXVI, ab expeditione Gustavi-Adolphi, ad abdicationem usque Christinae.* Utrecht, 1676.

(3) *De rebus gestis Friderici Wilhelmi Magni, lib. XIX.* Berlin, 1695 — 1733, 2 vol. in-fol.

(4) *Itinerarium Germaniae, d. i. Reisebuch durch Hoch- und Niederdeutschland.* Itinéraire de la haute et de la basse Allemagne. Ulm, 1653, in 12, et Francfort sur-le Mein, 1674, in-fol. — *Tractatus de X circulis Imperii Rom. Germ. Edit. II,* Ulm, 1665, in-8°.

Merian de Bâle. Les antiquités germaniques furent en général traitées avec peu de critique: on recherche encore les ouvrages de Marquard Freher (1) d'Augsbourg; cet auteur se fait remarquer par une profonde érudition et par un jugement sain et droit. On estime surtout son traité des tribunaux secrets (2), et ses collections d'historiens du moyen âge (3). On place au même rang les dissertations de Henri Meybaum (4), professeur à Helmstædt, les traités de George Schubart (5), professeur à Jéna, de Sagittarius, du fameux Obrecht de Strasbourg et de plusieurs autres. La collection d'antiquités germaniques, ecclésiastiques, civiles et littéraires du jurisconsulte strasbourgeois, Jean Schilter (6), est encore aujourd'hui l'un des plus utiles recueils en ce genre. Les historiens de l'Allemagne du moyen âge furent recueillis par Freher, que nous avons déjà cité, par Pistorius (7), par Léopold et par Frédéric Lindenbruch (8).

---

(1) *Origines Palatinae. Heidelberg.* 1686, *in-4°.* — *De Lupoduno antiquissimo Alemanniae oppido*, 1618.

(2) *De secretis judiciis olim in Westphalia aliisque Germaniae partibus usitatis*, etc. *Edit. Goebel.* Ratisbonne, 1762, in-4°.

(3) *Germanicarum rerum scriptores*, *Edit. Struvii.* Strasbourg, 1717, 3. vol. in-fol. — Le *directorium in omnes fere annalium scriptores* a été augmenté en dernier lieu par Hamberger. Gœttingue, 1772, in-4°.

(4) *De metallifodinarum Hartzicarum primo origine et progressu.* Helmstædt, 1680, in 4°. — *Ad Saxoniæ, inferioris imprimis, historiam introductio*, de 1687, in-4°. — *Rerum germanicarum T. III*, 1688, in-fol.

(5) *De Gothorum ortu.* Jéna, 1676, in-4°. — *Henricus IV Imp. exemplum turbatae reipublicae*, 1680, Halle, 1727, in-4°., etc.

(6) *Thesaurus Antiquitatum Teutonicarum*, etc. Ulm, 1728, 3 vol. in-fol.

(7) *Scriptores rerum Germanicarum.* Francf. 1607, 3 vol. in-fol. édit de Struvius. Ratisbonne, 1726, 3 vol. in-fol.

(8) Le premier publia: *Scriptores rerum Germanic. septentrionalium.*

Les recueils de l'infatigable mais peu scrupuleux Goldast, pour servir à l'histoire de la Suisse et de l'Allemagne méridionale, offrent un grand intérêt (1). Ses recherches embrassent les affaires ecclésiastiques, la législation, la langue et la civilisation du moyen âge. Il occupe un rang distingué parmi les publicistes du dix-septième siècle, par le coup-d'œil toujours juste qu'il porte sur l'histoire du droit (2). Goldast écrivit antérieurement à la guerre de trente ans, et dans les premiers temps de cette longue et sanglante querelle. Ces importans travaux restèrent interrompus pendant près d'un demi-siècle, et il ne furent pas repris avec le même succès.

Il ne se fit rien pour l'histoire générale de l'Allemagne, durant cette époque où l'on avait cessé de la regarder comme la patrie commune de deux partis, qui se regardaient comme deux nations ennemies; mais nous y rencontrons plusieurs ouvrages remarquables sur certains événemens particuliers, et sur l'histoire spéciale de quelques parties de l'empire et de quelques cités.

---

augm. par Fabricius. Hamb. 1706, in-fol. Le second, est l'auteur de la collection intitulée : *Diversarum gentium historiae antiquae scriptores.* Hamb. 1611, in-4.°; elle renferme Iornandès, Isidore de Séville et Paul Warnefrid.

(1) *Suevicarum rerum scriptores aliquot veteres.* Dernière édition, Ulm, 1727, in-fol. — *Alemannicarum rerum scriptores aliquot vetusti,* édition de Senkenberg. Francf. 1730, 3 vol. in-fol. — *Paraeneticorum vet.* P. 1, 1604, in-4°.

(2) Nous ne rappellerons que ses écrits sur les constitutions de l'empire et de la Bohème : *Imperatorum etc. Statuta et rescripta a Carolo Magno, usque ad Rudolphum II.* Francfort 1607, 2 vol. in-fol. — *Collectio consuetudinum et legum imperii.* 1611, in fol. — *Politische Rechtshaendel.* 1614, in-fol. — *Monarchia S. R. Imperii sive tractatus de juridictione imperiali et pontificali.* Hanau, 1611 — 1668, 3 vol. in-fol. — *De Bohemiae regni juribus et privilegiis.* Francf. 1627, in-4°.

L'histoire de la guerre de la ligue de Smalcalde ( de 1546 à 1558) contre Charles-Quint, fut traitée avec une rare fidélité diplomatique, par Fréderic Hortleder (1), conseiller du duc de Saxe-Weimar. Il puisa dans les archives de ce duché et dans plusieurs bibliothèques particulières, notamment dans celle de Goldast. Il consulta, avec le plus grand soin, les pamphlets polémiques, les actes officiels, et d'autres écrits du temps. Son ouvrage sera toujours, à côté des commentaires de Sleidan, la source la plus authentique de l'histoire des derniers tems du règne de Charles-Quint.

Il s'est conservé sur la guerre de trente ans un petit écrit contemporain, attribué à Léonard Pappus (2), chanoine de Constance, dans lequel des accents patriotiques se mêlent aux vœux pour la cause du catholicisme et de l'Autriche, et qui par le coloris des tableaux et la profonde énergie de l'expression, rappelle quelquefois la manière de Tacite. Philippe de Chemnitz de Stettin, historiographe de Suède, écrivit en langue allemande (3) l'histoire de cette même guerre, depuis l'intervention de Gustave-Adolphe jusqu'en 1636. L'auteur puisa une grande partie de ses matériaux dans les documens officiels, dans les pièces que lui fournissait le chancelier Oxenstierna, et dans des entretiens qu'il eut avec cet homme célèbre. L'histoire

---

(1) *Disc. de justitia belli Germanici contra Carolum V*, etc. Jenae 1609; in-4°. — *Des R. K. und K. Maj, auch heil. ræm. R. Staende Handlungen und Ausschreiben von den Ursachen des deutschen Krieges*. Francfort, 1617 — 1618. 2 vol. in-fol.

(2) *Epitome rerum Germanicarum ab anno 1617 ad 1643 gestarum*. 1644. Recensuit J. J. G. Bœhme. Leips. 1760. in-8°.

(3) *Kœniglichen schwedischen in Deutschland geführten Krieges*, etc. Histoire de l'expédition des Suédois en Allemagne; première partie. Stettin, 1648; in-fol. Seconde partie; Stockholm, 1653, in-fol.

de la paix de Westphalie fut écrite avec fidélité par le bénédictin Adam Adami (1), envoyé de l'évêque de Corbie au congrès de Münster.

Il parut un grand nombre de chroniques particulières. La plupart ne sont que des compilations sans aucun esprit de critique, et remplacées depuis par de meilleurs ouvrages. Ce ne fut que vers la fin du dix-septième siècle, lorsque les sources étaient devenues plus accessibles, et que le public se montrait plus disposé à apprécier cette espèce de travaux, que les auteurs de ce genre d'écrits y apportèrent plus de soin. Parmi eux, on distingue surtout Gaspard Sagittarius, professeur à Jéna, qui mérita bien de l'histoire de la Saxe et de la Thuringe. Ses nombreux ouvrages ont été d'une grande utilité à ses successeurs.

Presque tous les états qui composaient l'empire germanique, eurent des historiens. La plupart d'entre eux sont aujourd'hui oubliés, ou ne vivent plus que dans les citations des auteurs qui ont traité la même matière après eux. Ils ont distingué avec reconnaissance la *Chronique de la ville de Spire*, par Lehmann (2), puisée dans les sources les plus authentiques et écrite avec assez de pureté et d'élégance. Conring avoue que c'est dans cet ouvrage qu'il apprit la véritable méthode de traiter l'histoire de l'Allemagne. Les *Annales de Paderborn* par le jésuite Nicolas Schaten (3), sont riches de faits et de documens, bien que l'auteur les ait quelquefois fait plier au gré de ses vues particulières.

---

(1) *Historica relatio de pacificatione Osnabrugo-Monasteriensi.* Francfort, 1707. Nouv. édit. Leipsic, 1737; in-4°.

(2) *Chronica der freien Reichstadt Speier.* Chronique de la ville libre de Spire. Dernière édition, 1711, in-fol.

(3) *Annales Paderbornenses*, 1693 — 1698, 2 vol. in-fol.

L'histoire de Bavière est celle qui, grâces à l'exemple d'Aventin et aux encouragemens du gouvernement, fut cultivée avec le plus de succès. Maximilien I<sup>er</sup>, qui régna plus d'un demi-siècle ( de 1597 à 1651 ), et qui était jaloux de la gloire de sa maison et de son peuple, chargea entre autres deux jésuites beaux-esprits, Matthieu Rader et André Brunner, tous deux Tyroliens, d'écrire l'*Histoire de la Bavière*. L'ouvrage du premier n'a pas été publié ; mais on a de lui une *Histoire des Saints bavarois* (1). L'ouvrage de Brunner (2) ne va que jusqu'au règne de l'empereur Louis IV. Il paraît que le jésuite s'arrêta là par déférence pour les principes de son ordre, qui lui défendaient de faire l'apologie d'un prince que la cour de Rome avait condamné. Du reste Brunner justifia la confiance de Maximilien par la pompe et la pureté de son style, et par la savante critique qui préside à ses recherches. L'*Histoire de la Bavière* fut écrite jusqu'à la mort de Maximilien I<sup>er</sup> par Jean Adlzreiter (3), digne successeur d'Aventin.

Parmi les ouvrages les plus estimables de ce tems, sont les *Annales du règne de Ferdinand II*, par le comte François-Christophe de Khevenhiller (4), qui embrassent toute l'histoire contemporaine ( de 1578 à 1637) dans ses rapports avec le règne

---

(1) *Bavaria sancta*, Munich, 1627, in-fol.

(2) *Annales virtutis et fortunæ Bojorum*, Munich, 1626, 1629, 1637, 3 vol. in-8°.

(3) *Annales Boicæ gentis ab ejus origine usque ad annum* 1651, 3 vol. in-fol. — *Accesserunt A. Brunneri Annales, partes III. Cum praefatione G. G. Leibnitzii*, 1710, in-fol.

(4) *Annales Ferdinandei, oder Wahrhafte Beschreibung Kaisers Ferdinands II Geburt, Auferziehung und Thaten*, Ratisbonne et Vienne, 1640 — 1646, 9 parties, in-fol. Leipsic, 1721 — 1726, 12 parties en 2 vol. in-fol.

de cet empereur, qui commença la guerre de trente ans et ne vit pas la fin de l'incendie qu'il avait allumé. Khevenhiller raconte, année par année, les principaux événemens arrivés dans tous les états de l'Europe et donne beaucoup de notices biographiques. Son récit est en général très-complet, et entre dans les moindres détails, qui sont toujours puisés aux meilleures sources. Son expérience dans les affaires, ses ambassades en Allemagne, en Italie et à Madrid, le mettaient à même de connaître et de comprendre la vérité : « Son histoire, dit M. Wachler, offre un tableau fidèle de ce tems, de l'étiquette des cours et des ambassades, des formes usitées dans les relations étrangères, des détours et des lenteurs dans les affaires, et de cette sollicitude pédantesque avec laquelle on veillait à l'observation des convenances sociales. » Elle serait plus utile si les noms des personnes et des lieux n'étaient pas fréquemment inexacts, et si la négligence et la prolixité du style ne décourageaient pas trop souvent le lecteur de suivre l'auteur à travers ses lourdes et pénibles périodes, et le fatras de ses inutiles et fastidieuses digressions. De tems en tems seulement, sa narration devient vive et pressée.

Parmi les historiens de la Suisse, qui, littérairement parlant, faisait encore partie de l'empire germanique, on remarque surtout, dans cette troisième période, François Guillimann (1) de Fribourg qui écrivit un ouvrage sur l'origine de la maison d'Habsbourg, et un autre sur l'origine des Helvétiens, dans lequel il a fait preuve d'un esprit de critique très-rare dans ce siècle;

---

(1) *Habsburgiaca s. de antiqua et vera origine domus Austriacae, etc.* Lib. VII. Milan, 1605. Ratisb. 1696, in-4°. — *De rebus Helvetiorum.* lib. V. Fribourg, 1598. Ces deux ouvrages se trouvent dans le *Thesaurus historiae Helv.*

et Michel Stettler (1) de Berne, auteur d'une histoire de sa patrie, écrite avec autant de jugement que de patriotisme.

L'histoire littéraire fut cultivée dans le dix-septième siècle par deux savans très-distingués, dignes précurseurs des Fabricius et des Bouterwerck. Pierre Lambec (2) de Hambourg, conçut le plan d'une *Histoire universelle de la littérature*, dont il ne publia que l'introduction, et fit connaître au public les trésors que renfermait la bibliothèque de Vienne, dont il était le conservateur. Daniel-George Morhof (3), professeur à Kiel, écrivit, sur toutes les parties de la littérature, un livre qui trouve encore aujourd'hui sa place dans les bibliothèques des amateurs de ce genre d'études.

On consulte encore avec fruit l'ouvrage de Jonsius (4) sur les écrivains de l'histoire de la philosophie, et les notices biographiques de Melchior Adam. Plusieurs recueils, qu'on peut regarder comme les premiers journaux littéraires de l'Allemagne (5), ouvrirent entre les savans, vers la fin du siècle, ces communi-

---

(1) *Annales oder Beschreibung der vornehmsten Geschichten so sich in Helvetia zugetragen haben.* Annales de l'Helvétie depuis 815 jusqu'en 1626. Berne, 1626, 2 vol. in-fol.

(2) *Prodromus historiae litterariae*, Hambourg, 1659, in-fol., édit. de Fabricius, Leips. 1710, in-fol. — *Commentariorum de Biblioth. Vindobonensi*, lib. VIII. Vienne. 1665 — 1679, 8 vol. in-fol. Nouv. édit. Vienne, 1766 — 1782, 8 vol. in-fol.

(3) *Polyhistor sive de notitia autorum et rerum Commentarii*, Lubeck, édit. de Fabricius, 1732 — 1747, 2 vol. in-4°.

(4) *De scriptoribus historiae philosophicae*, lib. IV. Jéna, 1716, in-4°.

(5) Les *Acta eruditorum*, journal mensuel, furent commencés par Otton Wenke, à Leipsic, 1682, in-4°. — Chrétien Thomasius publia *Freymüthige, jedoch vernunft- und gesetzmaesige Gedanken über allerhand Bücher und Fragen*, Halle, 1688, 2 vol. in-8°. — *Tenzel moralische Unterredungen von allerhand Büchern*. Leipsic, 1689 — 1698, 10 vol. in-8. etc.

cations fréquentes et rapides, qui, bien plus que les livres, mettent toutes les idées nouvelles en circulation, et qui, en plaçant toutes les opinions en présence les unes des autres, font sortir de leur choc l'opinion véritable.

L'histoire de l'Église ne pouvait être écrite avec impartialité et franchise dans un siècle, où l'on cherchait dans l'histoire, non des faits, mais des dogmes et des armes pour défendre ses propres doctrines, et pour attaquer celles des autres. Le seul historien de l'église, qui, bien qu'il écrivît dans l'intérêt d'un parti, ait mérité la reconnaissance de la postérité, est Louis de Seckendorf, formé au protestantisme par les malheurs de la guerre de trente ans, l'ami du duc Ernest, pieux comme lui, et comme lui sacrifiant tout à la vérité. Au milieu des affaires, il remplit le vœu de ce prince, en composant un *Précis de l'histoire de l'Église* (1), le seul de tous ceux qui parurent dans le dix-septième siècle, qu'on puisse lire, et qui se distingue par un ordre lumineux, par le choix des faits, et par la clarté et la convenance du style. Le même prince l'engagea à écrire une *Histoire de la Réformation* : il s'y décida après la publication du livre de Maimbourg. L'ouvrage de Seckendorf (2) devint ainsi une apologie de la nouvelle église contre les injures de ce jésuite, et contre les attaques de Pallavicini et de Varillas. Cet écrit est encore aujourd'hui indispensable à tous ceux qui se livrent à des recherches sur les événemens religieux et politiques dont l'Allemagne fut le théâtre, depuis 1517 jusqu'en 1546. Ce n'est point l'ouvrage d'un sectaire, qui veut absolu-

---

(1) *Compendium hist. ecclesiasticae decreto serenissimi Ernesti*, Sax. D. et Gotha, 1667 — 64, 2 vol. in-12; en allemand, 1661, in-8°.

(2) *Commentarius hist. et apologeticus de Lutheranismo*. 1ʳᵉ édit. 1694, in-fol.

ment faire prévaloir son parti; tout y est appuyé sur des témoignages irrécusables.

Nous ne saurions mieux terminer cette revue des travaux historiques les plus remarquables des Allemands pendant le dix-septième siècle, que par ce noble écrivain qui en fut un des plus beaux ornemens. En résumé, si nous trouvons, en général, peu d'art dans ces compositions, elles offrent des recherches très-précieuses et des documens indispensables; et si les historiens songèrent peu à la nation, s'ils n'écrivirent guère que pour les savans, un grand nombre de professeurs déployèrent dans les universités une activité, qui en fit autant de foyers de lumières, et qui présageait et préparait un meilleur avenir.

W.

## PENSÉES DÉTACHÉES,
### *extraites des œuvres de Herder.*

Un soudan se réjouissait de voir dans ses états un grand nombre de religions, qui adoraient Dieu chacune à sa manière. Il comparait ce phénomène à une belle prairie, où brillent une multitude de fleurs de diverses couleurs. Cette comparaison peut s'appliquer aussi à la poésie des peuples, qui ont habité notre globe à des époques différentes; de quelque idiôme qu'ils se soient servis, elle a toujours été le sommaire, pour ainsi dire, de leurs défauts et de leurs belles qualités, le miroir de leurs sentimens, l'expression de leurs idées les plus sublimes. Semblable à des tableaux, qu'il est aussi utile qu'instructif de comparer les uns avec les autres, elle représente toujours un idéal vrai ou faux, plus ou moins parfait. C'est surtout en nous promenant dans cette espèce de galerie que nous apprenons bien mieux à connaître les idées, les sentimens, les vœux des nations, que dans l'histoire de leur politique et de leurs guerres, qui ne nous montre le plus souvent que fausseté et désolation, et qui se borne d'ordinaire à nous apprendre comment les peuples se sont laissés gouverner et détruire. Il est vrai que pour lire ainsi dans l'âme des nations, il nous manque encore un grand nombre de moyens.

— Il y a trois chemins pour arriver au superbe point de vue, dont nous avons parlé plus haut, et on les a pris tous les trois. Le premier, consiste à distribuer en genres et en espèces la foule des productions de l'esprit humain, méthode instructive pour les jeunes gens, quand ils ont un guide habile, mais qui peut aussi les égarer facilement, parce que le même nom désigne souvent des choses d'une nature tout-à-fait différente. C'est ainsi qu'on a donné le nom d'épopée aux poëmes d'Homère, de Virgile, de l'Arioste, de Milton, de Klopstock, et cependant quelle énorme différence n'y a-t-il pas entre ces poëmes, si l'on considère les règles que leurs auteurs ont suivies et surtout l'esprit qui règne dans leurs productions. On peut en dire autant de tous les autres genres de poésie, depuis l'élégie jusqu'à l'épigramme. L'idée que les Français se font de ces deux espèces de poëme diffère tout-à-fait de celle que s'en sont formée les Grecs et d'après eux les Allemands.

On a essayé de classer les poètes d'après les sentimens (*Empfindungen*), qui prédominent dans leurs productions; sous ce rapport Schiller a dit des choses excellentes, et a fait des observations extrêmement profondes. Mais on sent facilement combien les différens sentimens se confondent, et d'ailleurs quel est le poète dont la manière de sentir dans des compositions de genres divers, soit assez égale pour qu'elle puisse servir à le caractériser? Il touche souvent des cordes si différentes qu'elles ne produisent l'harmonie que par la différence et la multiplicité des sons. Le monde des sentimens est, pour ainsi dire, le monde des atômes ; il n'y a que la main du Créateur, qui soit capable d'en faire des créatures.

La troisième méthode, qu'on pourrait nommer la méthode naturelle, consiste à laisser chaque fleur à sa place et à la considérer attentivement depuis sa couronne jusqu'à sa racine. La mousse, le lichen, la fougère et la plus riche fleur de l'orient, occupent leurs places suivant l'ordre que le divin Créateur a établi.

— La grande différence, qui existe entre l'orient et l'occident, entre les Grecs et les modernes, c'est le résultat du mélange des nations, des religions et des langues, des progrès des mœurs, des sentimens, des connaissances et de l'expérience ; il est impossible d'exprimer cette différence par un seul mot. Elle n'est point le résultat d'une nouvelle catégorie.

— La poésie, produit de l'imagination et d'une vive sensibilité, est, si l'on peut s'exprimer ainsi, la région où séjournent les âmes. Elle exprime, par le moyen de la parole et des sons, un idéal du beau, de la dignité humaine et du bonheur, qui sommeillent au fond de tous les cœurs.

— Si la poésie est la langue qui exprime les vœux et les désirs de l'humanité entière, l'idéal de notre esprit, je dirais même la fleur des mœurs et de l'esprit humain ; celui-là me semble heureux qui peut cueillir cette fleur sur sa tige même chez les nations les plus éclairées de l'Europe. Certes, la vie intérieure de l'homme, qui peut converser, pour ainsi dire, non-seulement avec les génies de l'antiquité et de l'Orient, mais encore avec ceux de l'Italie, de l'Espagne et de la France, doit en tirer un grand profit. Il verra avec quelle dignité, quelle éloquence ils ont su exprimer les idées et les souhaits, qui enflammaient leur cœur. Entraînés dans vos douces et parfois profondes rêveries, ô poètes! nous nous promenons avec vous dans un monde enchanté, et nous croyons entendre votre voix, comme si vous viviez encore. Si d'autres racontent des faits qui leur sont arrivés à eux-mêmes ou à leurs semblables, vous nous faites entrer dans votre intérieur, dans le secret de vos idées et de vos sentimens, de vos peines et de vos plaisirs. Hélas, que le cercle, autour duquel tournent nos idées et vos désirs, est étroit, et combien est circonscrit tout ce qui peut nous intéresser!

— Le compagnon le plus agréable, est sans doute l'homme simple, complaisant, d'un commerce sûr, d'une âme céleste, aimant la vie, parce qu'il en connaît le prix, et toujours prêt à occuper nos instans d'une manière agréable, sans nous accabler par les hautes prétentions de sa grandeur. Nous nous plaisons bien plus dans sa société que dans celle du plus grand génie, du bel esprit le plus gai, du penseur le plus profond. Horace est ce compagnon. C'est lui qui met en pratique et enseigne d'une manière grâcieuse, la véritable philosophie, c'est-à-dire, le véritable usage que l'on doit faire de la vie: c'est en chantant qu'il donne ses leçons. C'est ce qui lui a fait trouver un si grand nombre d'admirateurs fidèles, que sa lecture égaie, anime et console. En lui regardant dans sa face joviale, on se rappelle pourquoi l'on vit. Et, pour nous servir des expressions de Hagedorn: si la fortune nous accordait le sort heureux d'Horace, c'est-à-dire, d'être presque indépendans, sans soucis cuisans, délivrés d'occupations inutiles, et pouvant vivre pour nous-mêmes, pour nos amis et pour les honnêtes gens de tous les siècles: c'est alors que nous pourrions appeler gaîment notre sœur, sa muse enjouée et grâcieuse.  C.

## MÉDECINE.

### LA DOCTRINE PHYSIOLOGIQUE DU DOCTEUR BROUSSAIS JUGÉE EN ALLEMAGNE.

(Second article.)

Après avoir donné un extrait de la critique du professeur Gruithuisen (1), nous allons faire connaître celle du docteur Casper de Berlin, insérée dans le *Magasin de Rust* (2). M. Casper a consacré un ouvrage particulier (3) à l'exposé des propositions de la *Doctrine physiologique*; dans cette critique, qui nous occupe, il examine plus particulièrement le chapitre VI de l'*Examen des doctrines*, où M. Broussais parle de l'état de guérir en Allemagne. Le docteur Casper, nous nous plaisons à le dire, discute les doctrines de M. Broussais avec moins d'aigreur que le professeur Gruithuisen, sans cependant dissimuler la fâcheuse impression qu'a faite, sur les médecins allemands, le ton tranchant que prend l'auteur de l'*Examen*, en parlant des médecins de l'antiquité et de ceux des pays de l'Europe, où les sciences sont cultivées avec le plus de succès. En faisant connaître ainsi successivement les différents écrits qu'on a publiés en Allemagne, sur ou contre la *Doctrine physiologique* et l'*Examen des doctrines*, nous croyons rendre un service aux Français qui ignorent la langue allemande. Mais

---

(1) Nous croyons devoir annoncer que l'article du professeur Cruithuisen, inséré par extraits dans notre dernier numéro, date du 19 mai 1823, époque à laquelle il parut dans la *Gazette de Salzbourg*. Celui de M. Casper que nous donnons ici, est encore antérieur.

(2) C'est un des meilleurs journaux de médecine de l'Allemagne. M. Rust, chirurgien en chef de la Charité et professeur à l'université de Berlin, etc., etc., en est le rédacteur en chef.

(3) *Caractéristique de la médecine française*, etc. Leipsic, 1822.

qu'il nous soit permis d'observer, que nous n'exprimons pas notre propre opinion sur la nouvelle doctrine, et que nous n'approuvons pas le ton acerbe avec lequel quelques critiques ont répondu aux jugemens de M. Broussais. C'est du conflit des opinions que jaillit la vérité, et dans les sciences, comme en politique, les révolutions sont quelquefois nécessaires pour le progrès des lumières, auxquelles l'homme a dû, de tout tems, le développement de ses facultés et l'amélioration de son existence. Revenons cependant à la critique du docteur Casper : « Les auteurs des nouveaux systèmes en médecine, dit-il, ont la coutume de traiter avec dédain et mépris leurs contemporains et les auteurs qui ont écrit avant eux. Ils savent bien que pour en imposer, il faut au moins faire semblant de se croire infaillibles, et comme leurs assertions n'ont pas encore été éprouvées au creuset de l'expérience, ils tâchent de remédier à cet inconvenient qui pourrait compromettre le succès de leur entreprise, en s'attirant un grand nombre de partisans, par le ton d'assurance avec lequel ils parlent. Pour se persuader de la justesse de cette observation, on n'a qu'à se rappeler la manière dont Brown s'est annoncé et les querelles presque sanglantes que sa théorie a excitées à Edimbourg. La doctrine homoïopathique, dont l'existence est plus récente, vient aussi à l'appui de ce que nous avons avancé. Tout le monde sait que nous autres médecins, qui ne sommes pas partisans de ce système, nous nous voyons journellement en butte aux invectives et aux épithètes les plus injurieuses. Mais M. Broussais, dont la doctrine doit déjà être connue du plus grand nombre de nos lecteurs (1) a manifesté cette tendance d'une manière encore plus offensante

---

(1) Nous avons cherché à exposer cette importante doctrine d'une ma-

pour les autres médecins. Il parle d'un ton tranchant de ce que ses contemporains et les écrivains des siècles passés, ont fait pour la médecine en France et dans les autres pays de l'Europe. Il ne respecte aucune autorité, il ne tient compte d'aucune expérience, il cherche à rabaisser toutes les réputations. Suivant lui, on n'a rien fait avant l'apparition de son système, partout il n'y avait qu'erreur, illusion et préjugé! » — Après cette espèce d'introduction, l'auteur allemand s'attache à exposer aussi fidèlement que possible le fond de la doctrine de M. Broussais. Il croit que cela suffit pour les médecins allemands, qui connaissent l'état actuel de nos connaissances et qu'il est inutile de soumettre chaque proposition à un examen particulier. Nous ne suivrons pas l'auteur dans son exposition, et nous nous bornerons à traduire la partie de son article, où il examine le jugement que M. Broussais a porté sur l'état de l'art de guérir en Allemagne. « M. Broussais, dit le docteur Casper, lance contre les médecins allemands, le même anathème que contre tous les autres médecins, ses contemporains, et les mots ne manquent pas à sa plume hardie, pour raconter à ses compatriotes combien nous sommes encore plongés dans les vieux préjugés du Brownisme, etc., et qu'en Allemagne il ne peut pas être question de la véritable médecine, puisque la doctrine physiologique n'y est pas encore reconnue dans toute sa dignité. Ce qui doit d'autant plus surprendre M. Broussais, que son histoire des phlegmasies se trouve dans toutes les mains, et que depuis long-temps on aurait pu puiser la vérité dans ses écrits. « Nous n'avons fait que modifier le Brownisme, dit M. Broussais ( page 173 ), nous ne con-

---

nière claire et complète dans notre *Caractéristique de la médecine française*, etc, Leipsic, 1812.

naissons pas la gastro-entérite, nous avons stimulé dans l'hépatite (p. 198), nous abusons du phosphore (p. 201), nous expliquons mal le ramollissement gastrique, (p. 204) nous avons des idées imparfaites sur les phlegmasies des enfants, (p. 208) (et pour le dire ici en passant, M. Schæffer de Ratisbonne est pour M. Broussais un médecin suisse), nous devinons les maladies par la constitution régnante, (p. 209), nous ignorons la véritable nature de l'irritation, ( p. 213 ) nous plaçons mal la phlegmasie du typhus, (page 217) nous avons des idées fausses sur la dyssenterie, le rhumatisme, la gastrite, les maladies cutanées, nous distinguons mal les névroses (p. 233), on ne peut pas profiter de nos cures empiriques, (p. 237) nous adressons nos spécifiques à des entités chimériques (p. 239). » Voilà des reproches durs, bien durs, et nous en trouverons de plus durs, de plus offensants encore, en entrant dans les détails. Un grand nombre de ces assertions se réfutent d'elles-mêmes, et il suffit de les rapporter, pour en montrer le peu de fondement. Nous pourrions les passer sous silence, si la médecine et les médecins allemands étaient plus connus en France. Mais il ne faut pas oublier que M. Broussais jouit d'une autorité extraordinaire parmi ses nombreux partisans, qu'il leur parle de l'état de l'art de guérir dans un pays, qui leur est presque inconnu, avec une assurance remarquable, avec une infaillibilité apparente. Ignorant la langue et connaissant peu la littérature des Allemands, ses élèves ajoutent une foi aveugle à la critique de leur maître. Il n'y a pas long-tems qu'un journal anglais (1) a répliqué à la critique que M. Broussais a faite des médecins anglais, avec une aigreur et une amertume, que la hardiesse

---

(1) *London medical and physical journal*, octobre 1821.

avec laquelle l'auteur de l'*Examen* juge une littérature qu'il ne connaît qu'imparfaitement, peut seule excuser. Nous, de notre côté, nous tâcherons de présenter, sans aigreur, nos observations sur la critique qu'il a faite des médecins allemands. Comme M. Broussais n'a aucune notion de la langue allemande, nos lecteurs seront d'autant plus curieux de savoir où il a puisé sa connaissance de notre littérature médicale. Ce ne pouvait naturellement être que dans les articles de journaux et dans les ouvrages traduits en français ou écrits en latin. Voici les noms des auteurs qu'il a cités : Minderer, Joseph Frank (depuis long-tems professeur à Wilna en Pologne, fils du célèbre Pierre Frank), Hufeland, Hildenbrand, Hume (ce n'est pas un Allemand), Kopp, Ideler, Lichtenstein, Lobstein, Jæger, Schæffer, Dzondi, Horn, Wolf, Parrot (ce n'est pas un Allemand), Hahnemann, Wassener. Dans tout le cours de sa critique, M. Broussais ne cite que trois ouvrages proprement dits, savoir : la *Praxis medica* de Joseph Frank (que M. Broussais confond souvent avec son père Pierre Frank, autrefois professeur à Pavie et à Vienne, auteur de l'excellent et savant ouvrage intitulé : *Epitome de curandis hominum morbis*, et du système de la police médicale); *Sur le typhus*, par Hildenbrand (traduit par M. Gasc) et *Sur le phosphore*, par J. Fr. Daniel Lobstein, qui, comme on le sait habite Strasbourg, et écrit en français (1). Toutes les autres sources, auxquelles il a puisé, sont des articles insérés par les auteurs, qu'il a nommés, dans les journaux allemands et dont il n'a eu connaissance que par les extraits que les journalistes français en ont donnés. Certes, il faut avoir une hardiesse

---

(1) Il ne faut pas confondre J. Fr. Daniel Lobstein avec M: Jean-Fréderic Lobstein, professeur de clinique à la faculté de Strasbourg, médecin et accoucheur en chef de l'hôpital civil de la même ville, con-

rare et une confiance en soi-même peu ordinaire, pour oser publier une critique si tranchante et si amère de l'état d'une science dans un pays, sur la littérature duquel on a des notions aussi imparfaites! — « Les médecins allemands, dit M. Broussais, et les médecins du nord en général, quoique sous le joug du Brownisme, n'ont pas toujours négligé les symptômes des maladies; ils font quelquefois des descriptions bien détaillées et racontent l'effet des médicamens avec beaucoup d'exactitude. Le célèbre Joseph Frank, après avoir préconisé le Brownisme, abjura cette erreur de la manière la plus authentique, mais tout en reprenant le langage des anciens maîtres, il ne put s'affranchir entièrement des préjugés du médecin écossais. » Et ici M. Broussais cite plusieurs passages de *l'Epitome* de Pierre Franck, en ajoutant qu'il avait écrit cela il y a quelques mois, ne connaissant encore que la traduction de *l'Epitome de curandis hominum morbis* de Pierre Frank! Il juge ensuite l'ouvrage de Joseph Frank, et finit par dire : « J'ai insisté sur la théorie du docteur Frank, parce qu'elle est l'image de presque toutes celles qui prédominent aujourd'hui chez *les médecins du nord*, (p. 184). » Les huit périodes qu'assigne M. Hildenbrand au typhus contagieux, sont traitées par M. Broussais de distinctions superflues, et qui ne tendent qu'à l'ontologie. C'est naturel, puisque son école rejette les périodes, les crises, les métastases et autres phénomènes semblables que l'expérience des siècles a confirmés. « Il est vrai, continue M. Broussais, que Hildenbrand, est un des Browniens les moins exclusifs de tous les Browniens modifiés, mais il n'a pas

---

nu d'ailleurs dans le monde savant par son ouvrage intitulé: *De nervi sympathetici humani fabrica usu et morbis*, par ses observations sur les accouchemens, etc. Le premier se trouve actuellement dans les Etats-Unis de l'Amérique du Nord.

compris la véritable nature physiologique du typhus (p. 186 et 188). Il n'a pas mieux connu les fièvres, que tous les autres et il est resté bien au-dessous de Tommasini! (p. 189). Sa théorie réunit, comme celle de tous nos contemporains, les traits confus de l'humorisme, de l'autocratisme et du Brownisme. Nous les retrouverons dans celle des autres médecins allemands; mais, content d'avoir apprécié *les deux plus célèbres classiques de ces contrées,* je me bornerai à indiquer d'une manière sommaire la doctrine des autres, afin d'éviter de fastidieuses répétitions (page 191). »

« En parlant de la *prétendue* hydrocéphale aiguë, à l'occasion de laquelle il cite Hume, il ajoute : « Ainsi dès que ces messieurs rencontrent de l'assoupissement, quelques mouvemens musculaires, de la fièvre, de la mauvaise humeur, de la chaleur au ventre, ils prononcent le mot d'hydrocéphale aiguë, sans songer que tous ces symptômes peuvent être provoqués par la seule irritation gastro-intestinale, et qu'il faut d'autres signes pour affirmer l'existence d'une phlegmasie cérébrale. Nouvelle preuve que cette dernière affection n'est pas généralement reconnue. »

« Et quel bon médecin allemand a jamais jugé de la présence de l'hydrocéphale par la présence de ces signes seuls ? L'auteur ne paraît pas connaître le chef-d'œuvre que le célèbre Goelis a publié sur cette maladie, ni l'excellent traité de Formey, sur l'encéphalite. « Les inflammations de la gorge sont également détournées de leur véritable nature par les médecins allemands. — Il en est peu qui y appliquent les saignées, tandis qu'on les voit prodiguer une foule de stimulants. » M. Broussais aurait dû connaître au moins le mémoire d'Albers, *De Tracheitide infantum,* bien connu à Paris et couronné par l'Institut. S'il connaissait mieux la médecine allemande, il aurait appris que la plupart, ou plutôt tous les bons médecins allemands employaient, dans le siècle passé déjà, les sangsues contre le croup et la bronchite. Mais il faut se rappeler que le calomel n'est pas un moyen antiphlogistique pour M. Broussais, et qu'il regarde les vomitifs comme de simples irritans. S'agit-il de phthisie, on trouve encore un vague bien plus insupportable. « Car, dit M. Broussais, quel parti peut-on tirer de l'énoncé suivant : On a réussi dans ces maladies par l'usage long-tems continué de l'amidon d'orge, de la gélatine de lichen d'Islande et du salep, par celui du phellandrium avec les feuilles de digitale et la douce amère, des exutoires, et de petites saignées, etc. »

« Donc nous autres médecins allemands, nous ne nous inquiétons pas de la véritable nature des maladies, nous essayons les médicamens les plus opposés, et nous sommes réduits à un *tâtonnement pénible* : nous ne sommes que des empiriques ( p. 197 ). L'assertion que la péritonite aiguë commence à être connue des médecins allemands, repose sur des fondemens aussi inébranlables, car...., M. Ideler a cité comme un fait singulier, l'histoire d'un goutteux chez lequel on a trouvé une péritonite, et comme la goutte est une maladie asthénique, il fallait bien que la phlegmasie du péritoine fût de même nature. *Ergo !* — Mais M. Broussais ne se doute pas même de l'existence des excellens traités sur l'inflammation du péritoine, publiés en Allemagne depuis Selle (1) et Boer (2) jusqu'à nos jours. « Les médecins allemands, continue-t-il, donnent des excitans dans l'hépatite

---

(1) Médecin du grand Frédéric, roi de Prusse.
(2) Accoucheur en chef et professeur à Vienne.

et la dyssenterie ( p. 199 ); car le docteur Lichtenstein a employé en 1804 et 1805 au Cap de Bonne-Espérance, parmi les troupes hollandaises, attaquées de ces maladies, le calomel joint à l'opium! » Nous croyons inutile de réfuter une pareille assertion, nous bornant à rappeler que Haase (1) recommande, tout récemment encore, l'emploi de la méthode antiphlogistique dans les premières périodes de la dyssenterie putride. On pourrait montrer à M. Broussais tous les traités élémentaires de médecine pratique, publiés en Allemagne long-tems avant son livre, et lui faire voir qu'on recommande dans tous le traitement antiphlogistique contre la phlegmasie du foie. Nous nous contenterons d'un seul exemple, pour prouver le peu d'attention avec laquelle M. Broussais lit les ouvrages mêmes qu'il cite: « Le célèbre praticien Pierre Frank, dans son *Epitome de curandis hominum morbis*, publié à Mannhein en 1792 (!) cite un malade attaqué de pemphigus avec phlegmasie du foie, qu'il fit saigner, avec succès, quinze fois en moins de quinze jours, et les trois dernières fois, au treizième jour de la maladie, malgré les soubresauts des tendons, le tremblement continuel des mains, la grande pâleur et la faiblesse du malade. — « Les médecins allemands méconnaissent les gastro-entérites; car ils abusent du phosphore! » Mais chaque médecin allemand, tant soit peu instruit, sait que ce médicament n'a trouvé que fort peu de partisans parmi nous; combien de fois, au contraire, les auteurs des différentes écoles de l'Allemagne, n'ont-ils pas prévenu sur les dangers de son emploi? »

« M. Broussais s'exprime ainsi sur la constitution régnante qui,

---

(1) *Handbuch der chronischen Krankheiten, etc.* — Traité des maladies chroniques.

suivant les médecins les plus célèbres de tous les tems et de tous les pays, influe sur le caractère des maladies et le modifie : « On voit à quelle confusion, à quelles absurdités on s'expose en avançant, en thèse générale, qu'il faut avoir égard au génie de la constitution, pour bien juger de la nature d'une maladie. — Ce qu'ils veulent désigner, c'est une entité indéfinissable, un être fictif, produit de je ne sais quelles imaginations égarées qui, ne trouvant aucune base solide dans la médecine de l'antiquité, se sont flattées d'y suppléer par la création de ces ridicules chimères. »

« Nous sommes obligés, par le défaut d'espace, de passer sous silence un grand nombre d'assertions semblables, que M. Broussais cherche à assaisonner d'épithètes, dont en général il ne se montre pas avare, telles que *jargon, ignorance, ridicule, ineptie, empirique*, etc., et nous nous arrêtons de préférence à ce qu'il dit sur les phlegmasies éruptives. Si jusqu'à présent les Allemands ont cru pouvoir se flatter d'avoir répandu une nouvelle lumière sur la nature et le traitement des phlegmasies éruptives, principalement de la scarlatine (*Stieglitz*), M. Broussais cherche à leur montrer qu'ils sont dans l'erreur. « Si nous passions, dit-il, aux phlegmasies éruptives, nous y trouverions toujours le mélange du Brownisme avec les anciennes théories. » Il traite d'ineptie indigne de réfutation, le signe diagnostique qu'un des plus célèbres praticiens de l'Allemagne, croit avoir trouvé dans la différence de l'odeur que répandent la scarlatine, la rougeole et la rubéole ( p. 223 ). Il est vrai que si la théorie de M. Broussais était fondée, le diagnostic de tous les médecins, qui ont écrit et pratiqué jusqu'à nos jours, ne serait *qu'une ineptie !* Des millions de bonnes observations ont prouvé les effets de l'oxide de bismuth dans la cardialgie, des vomitifs dans le rhumatisme, de la belladonne dans la coqueluche, etc. M. Broussais n'en tient aucun compte, et nomme les médecins qui employent ces médicamens, des empiriques. « La paresse humaine, dit-il, aime mieux retenir en mémoire une vingtaine de formules, pour les essayer, l'une après l'autre, sur un mot donné pour une maladie, que de s'exercer par l'étude des lois physiologiques, etc. ( p. 238). Les médecins allemands méconnaissent encore, dit M. Broussais, les rapports des symptômes avec les désordres cadavériques ; *car* l'un d'eux (*sic!*) a méconnu les suites d'une gastro-entérite et d'une péritonite chronique! ( p. 247 ) »

« En finissant sa diatribe contre la médecine allemande, M. Broussais dit : « Tels sont les seuls moyens que nous avons d'agrandir le domaine de la science, en augmentant son utilité. Or, ce n'est point aux médecins allemands que nous devons cette méthode, qui promet à la société d'aussi précieux résultats (p. 249). » Nous ne croyons pas avoir besoin de caractériser l'impression qu'a fait généralement sur les médecins allemands cette prétendue critique. Pour en montrer la solidité et pour terminer nos observations, il nous suffit d'ajouter que, pour M. Broussais, les noms d'Alberts, d'Autenrieth, de Blumenbach, de Brandis, de Conradi, de Formey, de Harles, de Henke, de Kreisig, de Nasse, d'Osiander, de Reil, de Richter, de Rust, de Vogel, etc., n'existent même pas ; que d'autres, tels que Horn, Hufeland, etc., sont jugés par lui sur des extraits d'articles isolés tirés des journaux. »

« Nous sommes persuadés qu'aux yeux des médecins allemands, ce peu de mots est plus que suffisant, pour montrer toute la pauvreté de ces jugemens sur l'état de l'art de guérir dans notre pays. »  C.

# ANALYSES ET ANNONCES D'OUVRAGES.

## SCIENCES HISTORIQUES.

22. *Irrthümer und Wahrheiten aus den ersten Jahren nach dem letzten Kriege gegen Napoleon und die Franzosen*, etc. — Erreurs et vérités des premières années qui ont suivi la dernière guerre contre Napoléon et les Français, par Guillaume Schulz. Darmstadt, 1825.

Nous avons déjà annoncé cette brochure (1) et promis de la soumettre à un plus mûr examen. Nous remplissons aujourd'hui cet engagement. Il importe d'examiner cette production, moins pour elle-même, que pour jeter un coup-d'œil sur l'époque si remarquable dont l'auteur prétend nous faire connaître les erreurs et les vérités. La brochure de M. Schulz, et les intentions de l'auteur ont été diversement jugées. Pour nous, nous ne nous érigerons point en juge de la conscience de l'écrivain, et ne nous occuperons que de son ouvrage. Nous aimons à croire qu'il est écrit de bonne foi, et que M. Schulz

---

(1) Voy. Bibliothèque allemande. Tom. I, p. 58.

n'abandonne les principes qui ont antérieurement servi de règle à ses actions, que parce qu'il les regarde comme faux aujourd'hui (1). Dans la préface, l'auteur jette un coup-d'œil général sur l'époque qui suivit la dernière guerre contre Napoléon, et maintenant que le calme a succédé à l'orage, que tant d'illusions se sont évanouies, il se demande « quel est le résultat de ce profond ébranlement? Quelles vérités nouvelles avons-nous acquises, quelles erreurs sont dissipées? Ou bien, cette époque n'a-t-elle été, selon l'expression de Jean-Paul, qu'une course vers un but élevé, entreprise par des pygmées? Fatigués de l'effort, dès les premiers pas dans la carrière, sommes-nous déjà retournés au point d'où nous étions partis. »

« L'avenir seul peut donner une réponse décisive à cette question. Si cette réponse nous est refusée maintenant, d'après ce qui reste, et d'après ce qui a disparu, nous oserons manifester l'espérance que la grande marche du perfectionnement de l'espèce humaine, n'est point ralentie chez nous. Du reste, que chacun, selon son gré ou ses facultés, se représente de son point-de-vue l'image de l'avenir et la peigne de couleurs riantes ou sombres, il est certain qu'aux yeux d'un grand nombre, cette image sera tout autre qu'elle n'eût été peu avant l'événement. Pendant les dernières années qui se sont écoulées,

---

(1) Jusqu'en 1817 M. Schultz était lieutenant dans les troupes hessoises. A cette époque il fut traduit en justice pour avoir publié un petit écrit intitulé : *Catéchisme pour les paysans*. Il fut acquitté, mais il paraît que les officiers de son corps voulurent se montrer plus rigides que les juges. Ne pouvant vivre en bonne intelligence avec eux : il quitta le service pour étudier le droit, et maintenant il est avocat.

les passions se sont appaisées, et les esprits, qui avaient été agités, sont rentrés dans le plus grand calme. Il en est résulté un changement remarquable dans les idées et la manière de voir, dans les désirs et les efforts ; ces phénomènes, dans leurs causes aussi bien que dans leurs conséquences, paraissent mériter un examen attentif. »

« Il était naturel que la jeunesse allemande se crût appelée à travailler à cette œuvre si pompeusement annoncée ; mais, comme le but de ses efforts n'en était pas clairement connu, dans son zèle aveugle, il lui est arrivé trop souvent de sauter par-dessus. Le cours de ces dernières années, a exercé sur elle une influence bien marquée, et plusieurs de ces fantômes, qui étaient, il y a peu de tems, une idole sacrée, se sont évanouis dans le néant. Pourtant ici, comme partout, lorsqu'on a fait de sérieux et loyaux efforts pour des opinions qui excitent l'enthousiasme, tout n'a pas été un vain songe. »

« Il est tems enfin que tous, au lieu de vivre dans un avenir imaginaire, s'attachent étroitement au présent et à ce qui est maintenant, pour tâcher d'obtenir un résultat possible et pratique de tous les élémens qui existent. Pour cela, la dernière époque a été une sévère institutrice, et les observations suivantes doivent faciliter l'examen de ces leçons. »

« Afin de rester fidèle à la vérité, l'auteur de ce mémoire a dû se borner à l'explication des phénomènes que lui-même a été à portée d'observer. Quant aux associations secrètes, qui se sont formées plus tard dans plusieurs universités allemandes, il ne doit pas en être question, attendu que l'instruction de cette affaire n'est pas encore terminée, et qu'il n'appartient pas à un particulier de porter un jugement sur une pareille matière. Il ne parlera que de ce qui se rapporte au tems de la guerre de l'indépendance..... »

La préface se termine, comme de coutume, par une allocution au public ; il ne paraît estimer que ceux qui se tiennent au centre. Il n'adresse point ses discours et ses écrits à ceux qui, se tenant toujours à droite ou à gauche, restent endurcis dans leurs préjugés, sans vouloir ni entendre ni voir.

L'auteur paraît désirer et croire que l'humanité marche vers son perfectionnement ; il avoue que tous ces systèmes, tous ces fantômes (comme il le dit) qui ont porté la jeunesse allemande à faire de si grands efforts, ont fourni des élémens dont il faut savoir tirer parti. Il veut aussi que l'on s'attache au présent sans le quitter un instant. Il est en contradiction avec lui-même : car de nouvelles théories peuvent exciter un nouvel enthousiasme, et fournir de nouveaux élémens qui nous donneront les moyens d'approcher davantage de cette perfection tant désirée. Nous allons voir si, dans son ouvrage, il continue toujours à marcher dans le même système.

Après avoir comparé la vie d'un peuple à celle d'un individu, il établit que le meilleur, pour l'un comme pour l'autre, c'est quand il y a harmonie entre la vie physique et la vie morale, autrement il est à craindre que l'on ne tombe dans l'animalité ou de folles extravagances.

Il établit ensuite, que la plus ancienne forme de gouvernement a dû être la forme patriarchale, et qu'elle a été plus ou moins promptement modifiée, suivant les localités, et surtout par les premières habitudes des peuples ou nomades ou chasseurs, par les guerres plus ou moins fréquentes qu'ils ont eu à soutenir, comme dans la Grèce.

Après avoir montré quelle fut sur l'Allemagne l'influence du christianisme et de la féodalité, il arrive au tems de la révolution ; à cette époque où la France, épuisée par son enthousiasme outré pour la liberté républicaine, tomba dans les mains du despotisme militaire. L'Allemagne alors sentit aussi le poids de sa main oppressive, et fit des efforts pour secouer la domination étrangère. Les peuples et les princes s'excitaient mutuellement à conquérir leur indépendance, et à maintenir leur nationalité. « Alors, dit-il, il y eut mille écrivains qui criaient comme *les oies du Capitole*, mais ils sonnèrent l'alarme lorsque la patrie était déjà sauvée; et d'autres qui, dans leur sainte colère, pensaient, comme avec les trompettes de Jéricho, renverser les murs de Paris, cette impure Babylone. Alors se manifesta cette haine contre tout ce qui était français, et un mépris absolu pour tout ce qui n'était pas allemand, etc. »

M. Schulz veut verser le ridicule sur cette jeunesse dont probablement il partageait l'enthousiasme. Que M. Schulz y prenne garde ; c'est une mauvaise méthode que de plaisanter sur les choses sérieuses. Et quoi de plus sérieux que l'histoire ? et quoi de plus beau, dans les tems modernes, que le spectacle d'une nation qui emploie toutes ses forces physiques et morales, pour recouvrer sa liberté ? Cette haine contre ses oppresseurs, ce mépris pour les autres peuples, était l'indice certain que l'Allemagne avait quelque confiance en elle-même. Il en est d'un peuple comme d'un homme ; il ne réussira jamais s'il n'a foi en son courage et en sa force, cette confiance doit être outrée et accompagnée d'orgueil ; car la foi est aveugle. Cette masse d'écrivains a contribué, autant qu'aucun autre agent, à mettre en mouvement les forces matérielles de l'Allemagne. Cette jeunesse enthousiaste, dont il se moque, parce qu'elle a livré peu de combats, c'est elle qui a entraîné les masses : le paysan avait honte de ne pas se ranger sous les drapeaux, lorsque les fils du pasteur, du juge, du bailli, du professeur, du ministre, etc., étaient partis comme simples soldats. On remarquera dans la suite de cette analyse, que M. Schulz tombe toujours dans la même faute, celle de critiquer et de condamner les choses et les principes à cause des abus qu'on a pu en faire. Il ne voit jamais que ce qu'il y a d'exagéré; le ton goguenard qu'il a voulu prendre, le force à suivre cette mauvaise marche. Nous l'avertissons que ce ton ne lui convient pas, ne lui est pas naturel, et que s'il veut imiter certains auteurs qui en ont abusé avec une dangereuse adresse, il risque de faire comme l'un des acteurs de cette fable qui commence par ce vers : *Ne forçons point notre talent.*

M. Schulz veut ensuite développer, à grands traits, comment de tous ces élémens et du mouvement tumultueux que leur imprima les événemens d'alors, il a dû en résulter de nouveaux efforts et de nouvelles erreurs. Afin d'examiner les principes et leurs conséquences, et afin de pouvoir rendre raison des contradictions, il veut, d'abord séparément, avoir égard à l'influence que *la religion, la poésie, les doctrines politiques, et les convenances de famille*, exercèrent sur la jeunesse allemande.

*Religion.* Avec la foi, l'homme s'élance hors des limites de l'empirisme et de la nature matérielle, il s'élève à l'idée d'une divinité régulatrice et puissante, à celle du vrai, du bon, du juste et du beau. Comme la force créatrice se présente à nous dans le monde sous une infinité de formes diverses, de même la manifestation de la foi doit être très-variée, selon l'état de civilisation des peuples, et selon leur caractère propre; d'où résulte une religion nationale qui réagit ensuite sur la vie du peuple;

Il en conclut que l'église ne doit point rester dans l'isolement, mais se développer avec l'état et être toujours en harmonie avec lui. Il veut aussi que la philosophie marche à côté de la religion, pour en purifier la source sans la troubler. Il nous fait voir ensuite, comment après avoir douté de tout, même de son existence, on tomba dans un excès opposé, la mysticité; quelle influence ces idées dûrent avoir sur la jeunesse, dont l'activité dût prendre une couleur religieuse. On vit bientôt se former la *Burschenschaft* chrétienne, dont l'esprit fut par-fois très-intolérant ; la Bible remplaça les romans, et les chants chrétiens-allemands se firent entendre de toutes parts. Oubliant ce qui convient au caractère de chaque peuple, on chercha dans la Bible des formes de gouvernement. Cette piété ne fut pas le produit d'une érudition profonde, mais comme le cri d'un sentiment peu distinct, et avec le tems, elle eût pu conduire à l'hypocrisie. — Cette tendance religieuse indiquait un besoin de notre époque, mais rien n'était clair. L'idée que nos actions doivent avoir un motif plus élevé que la simple prudence dans cette vie ; la pensée que le développement national des peuples doit marcher d'un même pas sous le rapport religieux et politique, dirigeait et souvent égarait les efforts de la jeunesse. Cette vérité de laquelle nous concluons, que dans un état chrétien, aucune loi ne doit être en contradiction avec la doctrine chrétienne, a été sentie par les princes et par les peuples, et exprime en termes clairs le but de la Sainte-Alliance. Alors on a aussi commis la faute de vouloir faire émaner l'état de la loi du christianisme, ou bien de saisir les rapports de l'église et de l'état, de manière à ce qu'ils ne fussent pas en hostilité. M. Schulz prétend enfin, qu'à l'égard de la religion et de la politique, nous sommes rentrés dans la bonne route. Dieu veuille accomplir sa prédilection ; mais il est encore permis d'en douter.

*Poésie.* « Dans les produits de l'art chez un peuple, dit M. Schulz, nous pouvons souvent apercevoir son avenir. Si Platon a supposé qu'un changement dans la musique doit entraîner des modifications dans la constitution de l'état, à plus forte raison pouvons-nous avancer, que le développement d'une nation doit imprimer une autre direction à sa poésie. »

M. Schulz s'appuie de ces vérités pour tourner en ridicule les poètes de l'époque dont il parle, et, par conséquent, le patriotisme souvent trop exclusif qui les inspira. Il ne fait pas attention à ce qui se passe dans une lutte à outrance, où chaque parti veut se servir de toutes ses armes, et où celui qui ne ferait que parer, sans attaquer à son tour, serait bientôt vaincu.

Ce sujet le conduit à parler de la grande querelle sur Schiller et Gœthe : « On a souvent remarqué avec justesse, que Schiller est le poète favori de la jeunesse allemande; mais que chez le plus grand nombre, dans l'âge mûr, Gœthe reprend sa place. Ce phénomène est facile à expliquer. Schiller fait agir ses héros avec énergie dans leur idéal ou le sien propre, et cette énergie, il la développe même dans l'erreur. Dans son style vigoureux et riche, il offre des réflexions générales sur la vie et l'homme, plutôt qu'une peinture de la vie elle-même. Il dût satisfaire la jeunesse, qui veut seulement de la force, sans s'inquiéter de sa direction, et qui, quoiqu'elle ait peu vécu, veut saisir des généralités, sans sentir combien elles sont différentes, selon les tems et les circonstances. Le mérite de Gœthe, au contraire, consiste en ce qu'il arrive aux généralités par les individualités, et représente la vie entière dans sa réalité..... »

Quant à nous, nous reconnaissons d'autres causes que celles qu'a indiquées M. Schulz, pour expliquer ce phénomène du partage de l'opinion, à l'égard des deux grands poètes, dont l'un est mort, et dont l'autre, jouissant encore de son immense réputation, peut honorer d'un regard ceux qui l'admirent, et même leur accorder quelques faveurs. Il ne faut pas être trop éloigné de la nature pour être poète et pour sentir la poésie; elle est incompatible avec les calculs intéressés et les spéculations mathématiques des siècles trop civilisés, où presque tout est artificiel. La jeunesse est plus rapprochée de la nature qu'on ne l'est dans un âge plus avancé ; sous ce rapport, elle est certainement plus apte à sentir, quoique peut-être sans les comprendre, les beautés de la poésie. L'âme du jeune homme n'est point désenchantée par les rouerie de la société, l'intérêt n'a pas flétri son cœur, et son esprit n'est point distrait par les coteries et les intrigues, dont la connaissance est aujourd'hui la perfection du savoir-vivre. Schiller ne copie pas servilement, il crée, et souvent un type créé par le génie, est plus naturel et plus vrai que ne l'est une copie exacte, et même un calque; on y saisit d'un seul coup-d'œil tout ce qu'il y a de caractéristique. Les œuvres des anciens, que nous prenons toujours pour modèles, nous offriraient mille preuves de cette vérité. Vouloir renfermer la poésie dans le cercle étroit de la vie individuelle, c'est vouloir la quadrature du cercle. Heureusement que Gœthe s'écarte souvent de ce qui lui vaut l'admiration des hommes faits. On peut cependant lui reprocher de peindre avec un égal talent le bien et le mal, la vertu et le vice, qui, dans ses œuvres, est trop souvent excusé; aussi la lecture de ses écrits laisse dans l'âme un arrière-goût désagréable. Schiller, au contraire, chante ce qui est grand et noble, cherche à inspirer des sentimens généreux, et à faire naître l'enthousiasme du dévouement. L'un, nous élève, l'autre, nous ramène sur la terre. Le premier, est le poète favori de la jeunesse, dont l'âme n'a pas été déflorée par l'égoïsme; le second est admiré dans l'âge du positif et de l'ambition, lorsque l'intérêt est le principal mobile, dans l'âge avant lequel on ne peut parvenir aux emplois, parce qu'il est plus facile alors de corrompre les hommes ou de les intimider, et, pour parler physiologiquement, dans l'âge où le ventre prédomine.

Dans la partie où M. Schulz examine les différentes doctrines politiques de l'époque, nous retrouvons le même défaut que nous avons déjà signalé : c'est qu'il se plaît à amplifier les exagérations, afin de les tourner en ridicule. Ce ne fut point un système comme il le prétend, que d'avoir voulu faire prévaloir la volonté de tous, sur la volonté des individus ; ce fut un résultat tout naturel de la réaction de l'Europe, contre une volonté de fer qui ne voulait d'autre loi que son bon plaisir, contre un despote qui aurait voulu effacer toutes les nuances qui distinguent les nations, et même imposer une langue universelle. Ce n'est pas plus un système que le phénomène d'un ressort qui cessant d'être comprimé, revient fortement sur lui-même, et va bien au-delà du point où il doit s'arrêter, après de nombreuses oscillations. Il se plaint bien injustement, ce me semble, de ce qu'on ne tint aucun compte de ces vérités, que tout état est un produit vivant du peuple, une manifestation de son caractère, qu'il y a des frontières désignées par la nature, une nationalité propre à chaque peuple, des rapports naturels entre les états et les peuples, que la force d'un état ne consiste pas uniquement dans le nombre de ses habitans, etc. Toutes ces vérités ont été proclamées à cette époque seulement, et c'est de cette époque, que date l'étude de l'histoire et de la politique, en rapport avec la vie propre à chaque nation. Après ces récriminations injustes, il se moque des efforts que l'on fit pour recréer le caractère national, pour en faire une arme défensive; il tourne en ridicule les mots inventés pour exprimer le phénomène de son existence. Comme la plaisanterie ne sait jamais se renfermer dans les bornes du vrai, elle ne vaut rien dans l'histoire, elle est bonne pour amuser quelques précieuses au milieu d'un salon. Tel est malheureusement le parti qu'à embrassé M. Schulz, et pour le soutenir, il est obligé de se rabattre sur des niaiseries.

L'auteur paraît conserver quelque goût pour la conquête; car il prend la défense des armées permanentes, contre ceux qui *rêvent* leur remplacement par des armées de citoyens. Ne savons-nous pas assez à quoi elles sont utiles? à envahir les voisins, à vivre aux dépens des vaincus, aussi bien qu'aux dépens de leurs concitoyens qu'elles oppriment. Il rit de l'idée d'une religion chrétienne adaptée au peuple allemand (*deutsch-christlichen Religion*), et il a dit lui-même ailleurs, que la religion doit être en harmonie avec le caractère national. Ne sait-il donc pas que le christianisme a été modifié chez les différens peuples qui l'ont reçu? qu'il y a même une différence énorme entre les catholiques espagnols, français et allemands?

M. Schulz blâme aussi le rejet du droit romain. Je lui demande quel rapport ce code peut avoir avec le peuple allemand, et si même on y trouve quelque chose d'approprié à notre époque ? Si ce n'est les principes invariables qui servent de base à toute espèce de législation.

Après avoir exposé de nouveau tous les raisonnemens vulgaires sur le prosélytisme politique, sur la liberté, l'égalité, les exercices du corps (*Turnkunst*), entremêlant le tout de quelques insinuations déplacées, pour ne rien dire de plus, à l'égard d'hommes qui ont été bien punis du délire qu'il prétend les avoir agités, il parle assez légèrement de l'ardeur avec laquelle on se mit a épurer la langue allemande, en cherchant à remplacer les mots étrangers, ainsi qu'à adopter un costume national. Comme à son ordinaire, il ne cesse de vouloir plaisanter et pour conclure, il compare le peuple « à un noble coursier dont la jeunesse réformatrice a toujours saisi la queue au lieu de la bride. »

*Relation de famille.* L'auteur fait très-bien voir comment l'individu se trouve lié à tout le peuple par sa famille, et comment se développe l'esprit national. Mais, malgré toute l'adresse qu'il déploie dans ce plaidoyer contre la jeunesse allemande, il ne pourra jamais nous faire admettre des faits individuels et rares, comme preuves contre toute une génération. Parce que quelques étourdis, entraînés dans l'erreur, ont abandonné leurs familles, faut-il en conclure, avec l'auteur, que dans cette guerre entre les idées anciennes et les idées nouvelles, le plus grand nombre des jeunes gens se soient plû à briser les liens les plus chers à l'homme.

Après avoir examiné ces *causes principales* de la fermentation extraordinaire qui s'établit dans l'esprit de la jeunesse, M. Schulz en signale plusieurs autres, telles que les appels aux armes pour l'indépendance de la patrie, les proclamations des gouvernemens, la formation des corps-francs dans lesquels vivait l'esprit d'indépendance et de liberté. Qu'il nous soit permis d'être ici d'un avis entièrement opposé ; les causes que M. Schulz regarde comme *accessoires*, nous paraissent être les *principales*. Quand un peuple se lève en masse et recouvre son indépendance territoriale, il veut bientôt jouir d'une indépendance moins matérielle, lorsque des citoyens, et non des *soldats*, ont fait cette conquête. Le scintillement de l'acier réveille le courage, le courage fait mépriser le danger, et celui qui ne redoute pas la mort, quand il faut sauver la patrie, ne peut être qu'un homme libre. Le peuple qui, après des efforts constans et prolongés, parvient à briser le joug imposé par l'étranger, apprend à connaître sa force. Celui qui était esclave hier, sent de suite la dignité de l'homme, et veut jouir de ses droits, de ses droits imprescriptibles, dont il ne peut se dessaisir sans outrager la divinité. Voyez, au contraire, quel sort attend la nation qui confie sa destinée à des troupes mauvaises : si elles sont victorieuses, le despotisme militaire ; si elles sont vaincues, et qu'on esquive la conquête, l'immense et inextricable réseau du despotisme bureaucratique. Vous discuterez, vous prêcherez sans succès des doctrines religieuses et politiques, ce ne sera qu'un vain bruit ; l'égoïsme crie plus fort et se constitue l'ange-gardien de chaque habitant. Les premiers veulent briser leurs entraves, au lieu de les délier, les autres dorent leurs chaînes, afin de se faire illusion.

L'auteur s'attache ensuite à plaisanter longuement sur quelques niaiseries, qui, cependant, envisagées sous un autre point-de-vue, auraient pu le conduire à des considérations historiques et psychologiques très-intéressantes. Il ne nous apprend rien de nouveau sur les sociétés secrètes de l'Allemagne. Nous sommes de son avis sur l'importance dérisoire d'une association circonscrite, qui n'a aucune influence sur la société. Si vous tenez la vérité, peu importe aux hommes que vous l'ayez tirée de son puits pour la renfermer dans une prison quarrée ou triangulaire ; il faut la proclamer sur les toits. Ce n'est pas dans des banquets qu'ont prêché les apôtres de l'Evangile, de cette morale régénératrice de l'Europe. Nous croyons qu'il trouvera peu de partisans lorsqu'il invite les jeunes gens à remercier ceux qui les ont fait mettre en prison pour leur apprendre à marcher dans la bonne route ; tant M. Schulz paraît disposé à approuver tout ce qui vient d'enhaut. La sévérité contre des associations, manque toujours son but ; alors elles deviennent dangereuses ; la justice prend alors les couleurs de la persécution, la persécution donne de l'importance à des hommes qui eussent été nuls, et celui que l'on regarde comme un martyr, a toujours de nombreux partisans. Le criminel même, s'il est malheureux, intéresse en sa faveur.

En parlant du gouvernement représentatif, il trouve étonnant que ceux qui l'avaient demandé avec plus d'instance, soient mécontens, et semblables à des enfans qui veulent cueillir des fruits avant que l'arbre ait poussé des racines. Ce n'est pas cela, M. Schulz, c'est que cet arbre n'est plus qu'un bâton sec ; il ne végétera que lorsqu'on aura, comme vous le dites fort bien, rendu la parole aux muets, développé l'esprit national dans tous ses rapports, afin que chaque citoyen ne soit pas un mineur soumis à la tutelle ; constitué librement les communes comme la meilleure école de l'esprit public, où chaque individu apprend à se considérer comme membre de l'état, et ose sortir du cercle étroit de son *moi*, pour devenir un membre actif.

L'auteur reconnaît très-judicieusement que le système de la conscription est plus propre que l'ancien mode de recrutement à favoriser la diffusion des lumières ; il jette un coup-d'œil sur les progrès des arts mécaniques, et pose cette question sans la discuter. « Il est possible, cependant, qu'avec toutes leurs lumières et toutes leurs connaissances, les peuples et les états tombent dans un dépérissement inévitable, faute de force morale. » Oui, nous croyons que la barbarie morale peut coïncider avec les lumières. Comme les arts mécaniques avancent à mesure que les beaux-arts rétrogradent, de même on peut parvenir au *summum* des connaissances humaines, et atteindre en même tems le maximum de la dépravation morale. Telle est-elle notre allure ? je n'en sais pas plus que M. Schulz, qui se console en pensant qu'avec ce que nous *savons* et *pouvons*, nous saurons aussi *vouloir* et *faire*.

Il est fâcheux, nous le répétons, que M. Schulz ait voulu badiner avec l'histoire ; s'il eût été plus sérieux, son ouvrage serait plus utile. Il écrit en avocat plutôt qu'en historien, et beaucoup de lecteurs rangeront cette brochure parmi tant de plaidoyers écrits contre la jeunesse, sous l'influence de certaines coteries.

✳

# SCIENCES PHILOSOPHIQUES.

23. *Geschichte der pythagorischen Philosophie, von Doctor Heinrich Ritter, ausserordentlichem Professor bei der Universitaet von Berlin. — Histoire de la philosophie pythagoricienne, par le docteur Henri Ritter, professeur à l'université de Berlin.* Hambourg, chez Perthes, 1826.

Le professeur Ritter a publié, il y a six ans, une *Histoire de la philosophie ionienne* (1), qui fut accueillie avec faveur, malgré quelques imperfections que la critique a dû relever. Cet ouvrage annonçait déjà un digne successeur des Tiedemann, des Tennemann et des Buhle. En même tems il a fourni à l'*Encyclopédie universelle des sciences et des arts* (2), des notices exactes sur plusieurs philosophes anciens. Dans ces premiers essais, M. Ritter a fait preuve d'une grande connaissance des faits et d'une critique sévère. Aujourd'hui il nous donne une *Histoire de la philosophie pythagoricienne*, ouvrage dans lequel son talent se montre plus mûr, et qui doit faire concevoir de son auteur les plus grandes espérances. Il annonce dans la préface de ce dernier écrit, qu'il s'occupe depuis dix années à composer une

---

(1) *Geschichte der ionischen Philosophie.* Berlin, 1821.

(2) *Allgemeine Encyclopädie der Wissenschaften und Künste, in alphabetischer Folge, von genannten Schriftstellern bearbeitet*, par MM. Ersch et Gruber, professeurs à l'université de Halle, de 1818 à 1826. Voir *Biblioth. allemande*, T. II. p. 88.

*Histoire générale de la philosophie.* Il n'hésite pas à déclarer que, par une étude persévérante des principaux systèmes philosophiques, il croit s'être rendu capable de réussir dans cette haute et noble entreprise. Déjà il a pris des arrangemens avec son libraire pour la publication de ce grand ouvrage. Voici comment il justifie le dessein qu'il a formé d'écrire une nouvelle *Histoire de la philosophie*, après des hommes tels que Tennemann et Buhle : « L'ouvrage de Tennemann, dit-il, qui passe avec raison pour le meilleur de ce genre, ne satisfait plus à tout ce qu'on est en droit d'exiger de l'historien de la philosophie. Nous voyons aujourd'hui beaucoup de choses autrement que lorsque Tennemann commença à écrire. La connaissance de l'antiquité s'est étendue dans ces derniers tems, et ces progrès ont jeté une lumière nouvelle sur l'histoire de l'esprit humain. C'est ainsi que l'exposé, que cet auteur a fait de la philosophie de Platon, ne peut plus suffire à personne. Le moyen âge aussi nous apparaît sous un autre jour, et l'on ne saurait disconvenir que, quelque estimable que soit le travail de Tennemann sur la philosophie de ces tems, il ne laisse beaucoup à désirer à cet égard. Quant aux tems modernes, il a dû se montrer partial et incomplet, puisqu'il les envisage du sein de la philosophie Kantienne, née du désir de réformer, de combattre, de remplacer les systèmes qui l'avaient immédiatement précédée. En général, et c'est là le défaut capital de l'ouvrage de Tenneman, son habitude de juger tous les systèmes d'après celui de Kant, a porté le plus grand préjudice à l'appréciation historique des révolutions de la philosophie. » Ce reproche a été fait avec plus de réserve à Tennemann par un philosophe français, qui, du reste, lui a rendu une justice éclatante. « Arrivé aux écoles contemporaines, dit M.

Degérando, l'auteur devient naturellement plutôt sectateur qu'historien, et par ce motif il perd de son impartialité; son travail offre aussi moins de choix, et l'exécution nous paraît plus faible. On reproche au professeur Tennemann d'avoir employé presque exclusivement la terminologie Kantienne ; cet emploi a du moins l'inconvénient grave de rendre difficile, pour un grand nombre de lecteurs, la lecture d'un ouvrage auquel son mérite devrait assurer un succès général. » (1)

« Deux manières de voir opposées, continue M. Ritter, sont également funestes à l'histoire : l'une, que tout ce qui est *ancien* voulait la même chose que le *nouveau*; et l'autre, que tout ce qui est *ancien* voulait toute autre chose que le *nouveau*, et que le *nouveau* seul est bien. Ces deux opinions empêchent toute appréciation juste de ce qui est propre aux différentes directions de l'esprit philosophique. Les néo-platoniciens offrent un exemple de la première : la manière dont les Kantiens envisagent l'histoire de la philosophie, prouve combien est funeste la seconde. Les Kantiens se montrent dominés par la prévention que Kant le premier avait reconnu le véritable point de départ pour la philosophie; que, conséquemment, tout ce que d'autres avant lui pouvaient avoir trouvé de vrai, n'ayant pas été trouvé par la seule bonne voie, n'était point une connaissance légitime, mais une simple opinion, une opinion non philosophique. Un tel néologisme dût rejeter tout ce qui était ancien. Si l'on ajoute à cela, que Kant regardait les spéculations les plus importantes des tems anciens et des tems modernes, comme de vaines imaginations, on ne pourra disconvenir qu'il n'y eût

---

(1) Hist. comp. des syst. de philosophie, ch. II.

pas, pour l'historien de la philosophie, de point de vue moins propre à bien voir les faits que celui du Kantisme. »

L'auteur juge de même les systèmes qui ont succédé à celui de Kant, dans leurs rapports avec l'histoire de la philosophie. « Le système de Fichté, dit-il, qui est également une néologie, est tout aussi ennemi de l'histoire ; celui de Schelling lui est plus favorable en apparence ; mais on ne saurait dire si la faveur avec laquelle cette école traite quelques philosophes antérieurs, tels que Platon, Bruno, Spinosa et Leibnitz, serait bien agréable à ces penseurs, s'ils pouvaient en être les témoins. Ici se présente l'autre écueil. Quoiqu'il en soit, il est certain que cette dernière secte non plus n'a rien fait de remarquable pour l'histoire de la philosophie. » Ces observations nous paraissent d'une haute importance. Il en résulte que quelqu'estimables que soient les travaux des Allemands dans l'histoire de la philosophie, et quelque supérieurs que soient ces travaux à tout ce qui a été écrit ailleurs sur cette branche de l'histoire, il leur reste beaucoup à faire encore ; et nous nous joignons sincèrement au vœu de notre auteur. Puisse-t-il sortir avec gloire de l'entreprise difficile qu'il a osé concevoir, d'écrire enfin une véritable histoire de la philosophie ! Sans doute, notre tems est plus favorable à un tel projet que les tems passés ; et, comme lui, nous pensons que plus il y a de partis qui se disputent l'assentiment universel, plus l'impartialité devient un devoir pour les bons esprits, et plus elle leur est possible et facile.

Le travail de M. Ritter sur l'histoire de la philosophie pythagoricienne, se divise en deux parties. Dans la première, il traite de la vie de Pythagore et de celle de ses disciples ; dans la seconde, il expose les doctrines pythagoriciennes.

Notre intention n'est pas de faire ici l'analyse complète de cet ouvrage, ni de discuter avec l'auteur la vérité des faits qu'il expose. Nous chercherons seulement, par quelques exemples, à donner une idée de la critique, aussi savante que judicieuse, qui préside aux travaux de ce nouvel historien de la philosophie. Elle avait un vaste champ à s'exercer, dans une matière aussi chargée de fables par les anciens, et aussi défigurée par les interprétations des modernes, que la vie de Pythagore. Il résulte de ces recherches, que presque tous les faits, dont elle se compose vulgairement, sont ou controuvés ou incertains; la critique n'en saurait garantir aucun en particulier : elle peut seulement établir le plus ou moins de vraisemblance des circonstances principales. Ainsi, il est impossible d'indiquer avec certitude la date de la naissance de Pythagore. Tout ce qu'on peut dire à cet égard, c'est que Meiners, qui, d'après Antilochus, cité par Clément d'Alexandrie (Stromat. I, p. 309), l'a fait naître en 584 avant Jésus-Christ, s'éloigne moins de la vérité que Larcher, qui place sa naissance en 608. Trois faits semblent devoir guider la critique, pour fixer le tems dans lequel Pythagore a vécu : ses relations avec Polycrate, tyran de Samos, la destruction de Sybaris par les Crotoniates, et les troubles occasionnés dans la Grande-Grèce par l'institut des Pythagoriciens. Polycrate, dit-on, lui donna des lettres de recommandation pour Amasis, roi d'Egypte, et, à son retour de ses voyages, ce fut la tyrannie de ce même Polycrate, qui l'engagea à quitter Samos pour aller s'établir dans la Grande-Grèce. On dit encore que ce fut à l'instigation de Pythagore, que les Crotoniates refusèrent de remettre aux Sybarites les transfuges, qui étaient venus chercher un asyle chez eux, refus qui devint la cause de la guerre par suite de laquelle Sybaris fut détruite. Mais ces faits, rapportés par des historiens aussi suspects ou aussi peu exacts que Diogène Laërce, Porphyre et Diodore de Sicile, sont loin d'être certains. Reste le troisième point, garanti par Polybe qui raconte (II, 39), que les ennemis des Pythagoriciens détruisirent dans la grande Grèce les lieux où ceux-ci avaient coutume de se réunir, qu'il s'ensuivit de grands troubles politiques, qui ne furent appaisés que par l'intervention des Achéens. Malheureusement ce fait, tout avéré qu'il est, ne fournit guère une base plus certaine pour fixer l'époque de la vie de Pythagore, parce que les persécutions des Pythagoriciens se répétèrent plusieurs fois, que d'ailleurs il n'est point prouvé que Pythagore vît lui-même la destruction de son ordre, et qu'enfin, en admettant même que Pythagore périt victime de la première persécution, on n'a déterminé jusqu'ici l'époque de cette catastrophe que d'après les prétendues données chronologiques de la vie de Pythagore. Ainsi rien de plus incertain que la chronologie de la vie de ce grand homme.

La même incertitude règne à l'égard des maîtres et des voyages de Pythagore, ainsi que de l'institut qu'il fonda. Plus une admiration superstitieuse a chargé son histoire de merveilles, plus la critique a raison d'être sévère et exigeante. Nous pensons toutefois que M. Ritter a poussé trop loin ses méfiances, et qu'il s'est montré plus habile à défaire qu'à construire. Les observations qu'il fait sur les principes qui doivent diriger la critique, dans la recherche de l'origine des philosophies anciennes, sont intéressantes en elles-mêmes et peuvent servir à donner une idée favorable de la méthode de l'auteur. Il s'élève contre l'usage de donner absolument des maîtres aux philosophes, même à ceux qui ne suivirent les traces de personne et qui ne furent conduits que par leur génie, comme si la philosophie avait toujours été transmise, et qu'il n'y eût pas eu d'inventeurs dans la plus indépendante des sciences. A en croire les historiens de la philosophie, personne n'aurait eu plus de maîtres que Pythagore. Sans parler des sages de l'Egypte et de l'Inde, qui l'initièrent, disait-on, dans tous leurs mystères, et lui apprirent ce qu'il savait aussi bien qu'eux, on lui a donné tour à tour pour instituteurs Créophile et Hermodamas, également inconnus, Bias, Thalès, Anaximandre et Phérécydes. Mais tous les faits cités à l'appui de ces assertions, sont incertains, et le raisonnement y est contraire. « Il peut y avoir deux espèces de relations entre le maître et le disciple, dit M. Ritter : ou le disciple suit dans ses recherches la même direction que le maître, ou il s'en écarte, averti par les fautes mêmes de celui-ci. Dans le premier cas, il développera davantage ce que le maître aura commencé, et il s'efforcera d'aller plus loin que lui, mais sa doctrine sera pénétrée du même esprit, et il formera *école* avec son maître. Dans le second cas, le disciple cesse d'appartenir à l'école d'où il est sorti, pour s'attacher à une autre, ou pour en former une lui-même. Or, dans la philosophie d'un penseur qui a renoncé à celle de son maître, d'Aristote par exemple, à quels caractères reconnaîtra-t-on, indépendamment des faits extérieurs, qu'il s'est formé dans telle école? » M. Ritter répond que ce disciple cherchera à justifier sa défection, en montrant ce qui lui paraîtra insuffisant ou vicieux dans la doctrine de son maître. C'est en effet ce que fit Aristote ; il se montre souvent hostile contre Platon. Mais il ne se trouve, dans les traditions pythagoriciennes, nulle trace de polémique contre la philosophie d'Ionie : on dit, au contraire, expressément, que les Pythagoriciens ne s'occupaient pas de ce qui faisait le fond des doctrines ioniennes. De là

M. Ritter conclut que Pythagore ne connaissait pas, ou ne connaissait du moins qu'extérieurement, les travaux de Thalès et d'Anaximandre. On peut admettre ce résultat, sans approuver le raisonnement par lequel l'auteur y est arrivé. Ce raisonnement prouve trop, car de ce qu'on ne fait aucune mention d'une chose, il ne s'ensuit pas qu'on l'ignore.

M. Ritter traite avec la même sévérité les traditions sur les voyages du sage de Samos. Celui de l'Inde est depuis long-tems abandonné, tandis que celui d'Egypte paraît hors de doute. M. Ritter admet que Pythagore a visité ce pays célèbre, mais il pense qu'on est allé trop loin, en faisant dériver les doctrines pythagoriciennes de la sagesse des prêtres des bords du Nil. On s'est à cet égard principalement appuyé sur trois faits : le zèle des Pythagoriciens pour la géométrie, leur habitude de s'exprimer par symboles, l'analogie de leurs mystères avec ceux d'Egypte. Quant au premier point, l'auteur fait observer que, bien que selon Hérodote (1), la géométrie fût venue de l'Egypte en Grèce, les inventions, attribuées à Pythagore dans cette science, prouvent que de son tems elle était encore dans l'enfance, et qu'il y avait peu de chose à apprendre à cet égard en Egypte. Quant aux formes symboliques, dont les Pythagoriciens revêtirent leurs doctrines, M. Ritter ne partage point l'avis de M. Cousin. « Fille de l'Orient, dit le philosophe français (2), l'école pythagoricienne en retient les caractères. Elle enseigne par des symboles, elle parle par images, elle écrit en vers. La philosophie de cette époque est sur un trépied ; au lieu de raisonner, elle rend des oracles. » M. Ritter ne

---

(1) Livre II. 109.
(2) Fragmens philosophiques, p. 207.

pense pas que Pythagore ait emprunté les formes symboliques aux Egyptiens. Selon lui, ces formes furent une conséquence naturelle de la manière dont la première philosophie, écrite en prose, se développa de la philosophie poétique, des gnomes et des mystères. D'ailleurs il y a peu d'analogie entre les symboles des Pythagoriciens, et ceux de l'Egypte. Les rapports entre les mystères de l'Egypte et les orgies pythagoriciennes sont plus difficiles à démêler. Un voile épais couvre toujours les antiquités du royaume des Pharaons. M. Ritter cherche à démontrer combien est peu vraisemblable l'opinion de ceux qui prétendent que les cérémonies du culte secret des Pythagoriciens furent apportées de l'Egypte. Dans le siècle de Pythagore, il s'était déjà établi une distinction sévère entre l'esprit oriental et le génie des Hellènes. Les tems de l'enfance, où les peuples s'approprient si facilement les idées étrangères, étaient passés pour la Grèce, et ceux, où les Grecs devaient s'apercevoir de l'insuffisance de leurs théories et se sentir entraînés vers les contemplations orientales, n'étaient pas encore venus. Les dieux indigènes étaient encore généralement révérés, et le culte public était depuis long-tems complétté par des mystères nationaux. Il est donc inutile d'admettre que Pythagore soit allé chercher à l'étranger ce qu'il pouvait trouver parmi ses compatriotes. Cela est d'autant moins nécessaire que Pythagore lui-même, d'après des autorités très-plausibles, parait originaire de ces Pélasges Tyrrhéniens, qui conservaient par tradition un culte secret, et le propagèrent parmi les Hellènes (1). D'ailleurs les témoignages, cités en faveur de

---

(1) L'auteur cite à l'appui de cette opinion : Platon *de legibus* V. p. 738. Hérodote, II, 50, 51, 52. Diogène Laërce. VIII. I. etc. — *Ott-*

l'origine égyptienne des initiations pythagoriciennes, ne sont rien moins que suffisamment fondés. Les paroles d'Hérodote (1) sont plutôt contraires que favorables à cette opinion. Il distingue plutôt qu'il ne confond comme identiques les cérémonies d'Orphée et de Bacchus, qui passent pour égyptiennes, et les orgies pythagoriciennes.

La doctrine de la métempsychose prouverait mieux une origine égyptienne, si Pythagore ne l'avait enseignée tout autrement que les sages du Nil. Tout prouve qu'il ne la prit pas à la lettre, et qu'elle n'était pour lui qu'un symbole. D'ailleurs cette idée n'est point d'une nature si particulière qu'elle n'ait pu naître d'elle-même dans des esprits tout différens. Mais il y a certains usages, attribués également aux Egyptiens et aux Pythagoriciens, et qui, s'ils étaient historiques, prouveraient avec plus d'évidence la filiation qu'on a voulu établir. Tel est l'abstinence des fèves et de la chair de poissons. La tradition, que les disciples de Pythagore se seraient abstenus du poisson, ne repose que sur des récits sans garantie. Quant à la défense que Pythagore aurait faite à ses initiés de manger des fèves, Diogène Laërce (2) cite à la vérité l'autorité d'Aristote, mais l'authenticité du livre, d'où il a tiré ce témoignage, est douteuse, et Aristoxène, cité par Aulu-Gelle (3),

---

*fried Müller, Histoire des Tribus helléniques,* T. I. Pièces justificat. I.

(1) II. 81.

(2) Livre VIII, 34.

(3) *Noctes atticæ,* 10, 11. *Opinio vetus falsa occupavit et convaluit, Pythagoram non esitavisse ex animalibus, item abstinuisse fabulo, quem* Κυαμον *Græci appellant. Aristoxenus musicus, vir literarum veterum diligentissimus, Aristotelis auditor, in libro quem de Pythagorâ reliquit, nullo sæpius legumento Pythagoram dicit*

et qui devait bien connaître la façon de vivre des Pythagoriciens, nie que cette défense ait fait partie de leur discipline. Il est difficile en effet de concilier ces puérilités avec la philosophie du sage de Samos. Il est certain que dans le culte secret, institué par Pythagore, il avait fait un devoir de s'abstenir de la chair de certains animaux, comme du bœuf et du bélier ou de certaines parties des animaux; qu'il imposa un silence (ἐχεμυθία) plus ou moins long à ses initiés, et qu'il fit sanctionner ses institutions par l'autorité de l'oracle de Delphes. Mais son initiation dans les mystères du mont Ida, rapportée par Diogène Laërce, ses études de législation à Sparte, la tradition qui nous a été conservée par Cicéron, et d'après laquelle il aurait le premier pris le nom de philosophe, ne peuvent se soutenir devant la sévère critique de M. Ritter.

L'auteur passe ensuite à l'examen des traditions relatives à l'influence que Pythagore exerça sur les cités républicaines de la Grande-Grèce, et à l'institut qu'il fonda. On dit qu'il donna des lois aux Crotoniates, et que les plus illustres législateurs et hommes d'état de ces contrées sortirent de son école. Mais Platon (1) distingue expressément Pythagore de ceux qui exercèrent une influence directe sur la vie politique, et c'est à tort que Zaleucus et Charondas, qui florissaient avant ce philosophe, sont comptés parmi ses disciples (2). On ne saurait nier toute-

---

*usum quam fabis : quoniam is cibus et subduceret sensim alvum et lavigaret. Porculis quoque minusculis et hædis tenerioribus victitasse idem Aristoxenus refert.*

(1) *De Republ.* X, p. 600.
(2) Voir la dissertation de Heyne, sur Zaleucus et Charondas, *in opusc.* Acad. T. II.

fois que l'école de Pythagore n'influât sur l'administration politique, et que des hommes d'état, tels que Mylon et Archytas, ne fussent Pythagoriciens. Les persécutions dont cet ordre fut l'objet le prouvent assez. Mais il est difficile de déterminer jusqu'à quel point Pythagore s'occupa de politique ; et M. Ritter est loin d'admettre avec Meiners, que l'institut pythagoricien fut essentiellement politique. « Sans doute, dit-il, Pythagore voulait fonder une école, et répandre par elle non-seulement sa doctrine philosophique, *s'il est permis de lui en attribuer une,* mais encore toutes ses idées religieuses, morales et politiques. Il faut remarquer que les auteurs, qui ont écrit long-tems après, sur les traditions qui leur étaient parvenues, les ont confondues et mal interprêtées, principalement parce qu'ils rapportaient à la philosophie tout ce qui appartenait à l'école de Pythagore, et qu'ils ne considéraient pas la manière dont, dans ces premiers tems, la philosophie se développa. Ce ne fut que par degrés que le domaine du savoir se divisa en plusieurs parties; dans les commencemens tous les genres de connaissances étaient confondus. Un homme sage ($\sigma o\varphi o\varsigma$ $\alpha\nu\eta\varrho$, $\sigma o\varphi\iota\sigma\tau\eta\varsigma$) était celui qui avait eu l'occasion d'acquérir toutes sortes de connaissances. De ce chaos d'élémens scientifiques, la philosophie sortit d'abord, en s'élevant au-dessus de la tradition et de l'expérience sensible, et en se mettant en opposition avec l'histoire. Mais cette opposition ne ressortit pas dès le commencement dans toute sa pureté; la philosophie ne se détacha pas aussitôt nettement des autres connaissances; ses premières tentatives témoignent au contraire de son origine de la confusion des élémens scientifiques. Il s'y mêla long-temss encore des idées traditionnelles, empiriques, mythiques. Nous trouvons encore dans ces premiers tems l'histoire naturelle, des connaissances de médecine, d'anatomie, de géographie, de mathématiques, la musique, la gymnastique, des mythes et des symboles, confondus avec la philosophie, et l'on resta longtems à fixer la limite qui plus tard distingua ces diverses branches du savoir.

L'auteur examine, d'après les mêmes principes de critique, ce que les prétendus historiens de Pythagore nous ont transmis sur les différentes classes de Pythagoriciens. Il cherche toujours à se pénétrer de l'esprit du siècle de Pythagore, et à séparer des traditions ce que des écrivains, qui ont vécu jusqu'à sept siècles après ce philosophe, y ont ajouté d'après les idées de leur tems. Ainsi, tout en admettant différens degrés d'initiation, il rejette les distinctions des initiés en Pythagoriciens, Pythagoréens et Pythagoristes; en mathématiciens, physiciens, et politiques, comme peu conformes à la division des sciences du siècle de Pythagore. Ces distinctions furent faites plus tard. On doit admettre toutefois, que les mathématiques, la politique et la physique étant également enseignées dans l'école d'Italie, les disciples s'appliquaient plus particulièrement au genre d'études pour lequel ils avaient le plus de disposition.

Mais quelle fut la nature des mystères dans l'institut des Pythagoriciens? L'auteur n'admet pas que Pythagore et les chefs de son école fissent un secret de leur philosophie. Meiners a pensé que leur doctrine secrète fut de nature politique, et cette conjecture n'est pas sans vraisemblance. La persécution générale, dont ils devinrent l'objet, prouve qu'ils avaient des principes politiques, opposés à l'opinion dominante. Toutes les traditions s'accordent sur ce point, que Pythagore et ses disciples favorisaient le gouvernement aristocratique, tandis que les républiques de la Grande-Grèce penchaient vers la démocratie. Il leur importait donc de tenir ces doctrines secrètes. Mais à cette politique *esotérique* se joignait un culte secret. » Le voile mystérieux qui couvre la personne de Pythagore, sa prétendue descendance d'Apollon ou de Hermès, sa hanche d'or, le souvenir qu'il avait conservé des conditions diverses, par lesquelles son âme avait passé, selon la doctrine de la métempsychose, sa descente aux enfers, et toute cette multitude de merveilles qui ont été rattachées à son nom, prouvent que de bonne heure le vulgaire lui attribuait une force et une intelligence divines, et un commerce intime avec les dieux. » Toutes les traditions supposent que le fond des mystères pythagoriciens était de nature religieuse. Comment expliquer sans cela la servilité avec laquelle les disciples soumettaient leur jugement aux décisions du maître (1), le long et religieux silence de ceux qui aspiraient à l'initiation, l'abstinence de certains alimens, l'espèce de funérailles que l'ordre faisait à ceux qui s'en séparaient, ou qui en étaient exclus pour quelque faute grave ? Mais si telle fut la nature des orgies pythagoriciennes, l'histoire de la philosophie peut ne pas s'en occuper ; elle n'a, dans ce cas, à rechercher que les rapports des travaux scientifiques de Pythagore avec ses idées mythiques et religieuses. Pythagore est en quelque sorte l'Hercule de la philosophie avant Socrate. M. Ritter met en question s'il était philosophe dans l'acception actuelle de ce mot. Platon et Aristote ne font jamais mention de Pythagore comme philosophe. Le premier ne le cite que comme le fondateur d'un ordre, d'une règle particulière, et le second

---

(1) V. Heyne, sur les états de la Grande-Grèce, opusc. Acad. T. II.

(2) Αυτος εφα, *le maître l'a dit*, était la devise des Pythagoriciens anciens.

ne parle jamais de la philosophie de Pythagore, mais seulement de celle des Pythagoriciens. En effet, le système qu'on leur attribue est trop compliqué et trop développé pour être l'ouvrage de Pythagore, qui appartient aux premiers âges de la philosophie, dans lesquels on ne sentait pas encore le besoin de prouver rigoureusement, ni de séparer sévèrement les élémens divers des sciences. Tout ce qu'on peut dire, sur la part que Pythagore eut à la formation du système des Pythagoriciens, c'est que la puissante influence scientifique, religieuse et morale, qu'il exerça sur les esprits des Grecs d'Italie, s'étendait aussi sur ce qu'on a appelé depuis philosophie.

Examinant ensuite la question de savoir dans quels rapports la science de Pythagore était avec les mystères de l'ordre et les degrés de l'initiation, M. Ritter pense que le germe de la philosophie se trouvait enveloppé du même voile qui couvrait la doctrine religieuse, mais que les Pythagoriciens ne faisaient pas un mystère de leurs opinions philosophiques et de leurs autres recherches scientifiques, autant qu'elles se développèrent indépendantes des idées religieuses, et qu'ils cachaient seulement aux profanes la liaison de ces connaissances avec le culte secret, dont le sanctuaire n'était ouvert qu'aux âmes éprouvées et pures. Ainsi le dogme de l'immortalité se rattachait aux mythes, et la musique, la gymnastique même et la médecine, y étaient rapportées par des liens mystiques. L'arithmétique et la géométrie devinrent une symbolique sacrée, et l'ordre admirable de l'univers fut représenté sous l'image d'une harmonie divine.

L'auteur ne répand aucune lumière nouvelle sur les persécutions qui frappèrent les Pythagoriciens comme parti politique, sur la mort de leur premier chef, sur la question si Pythagore a laissé des écrits. Mais il expose avec beaucoup de clarté les faits relatifs aux principaux Pythagoriciens. Quant à Philolaos de Tarente, tout ce qu'on sait de sa vie, avec quelque certitude, c'est qu'il a vécu entre la 70ᵉ et la 95ᵉ olympiade, et qu'il écrivit le premier un ouvrage sur la philosophie pythagoricienne. C'est ce qui a été démontré par le professeur Bœckh, dans l'écrit qu'il a publié sous le titre : *Doctrine de Philolaos le pythagoricien,* avec les fragmens de son ouvrage. Après lui, les plus remarquables sont Clinias de Tarente, illustre par l'austérité de sa vertu, et Archytas, également de Tarente, contemporain de Denys le jeune, homme d'état et général distingué, et, selon la tradition, maître de Platon.

M. Ritter termine la première partie de son livre, par une revue critique des ouvrages et des fragmens d'ouvrages attribués à des Pythagoriciens. La plupart de ces fragmens sont inauthentiques, ou peu anciens. L'auteur explique ainsi pourquoi tant d'écrits furent faussement attribués à cette école : « On sait, dit-il, comment, après la chûte de la liberté des Hellènes, pendant que les Grecs et les Macédoniens dominaient en Asie, l'esprit national de ce peuple se mêla avec le génie oriental. En même tems périt l'esprit philosophique propre aux Grecs. Il se forma de cette fusion d'élémens hétorogènes, un esprit nouveau, une philosophie nouvelle, qui participait, d'un côté, au mysticisme de l'Orient, et de l'autre, à l'ancienne philosophie grecque. Dans ce mélange, les deux élémens perdirent également leur primitive pureté. Partout se manifesta la tendance de représenter comme homogène le grec et l'oriental, ce qui ne pouvait s'effectuer que par une interprétation vague et anti-historique. De là, partout où la fusion eut lieu, une interprétation allégorique, qui se disait plus profonde, et qui s'exerçait le plus facilement sur des écrits dont l'expression figurée et symbolique s'y prêtait sans peine.

Dans une telle disposition d'esprit, on s'attache le plus volontiers à tout ce qu'il y a de plus obscur, comme à ce qui offre le plus vaste champ à l'imagination. Or, de toutes les philosophies anciennes des Grecs, nulle n'offrait plus de matière à cette vague interprétation, que celles de Pythagore et de Platon, qui avaient ensemble plusieurs rapports, du moins extérieurs, et que la tradition faisait venir toutes deux de l'Orient. Quels mystères ne pouvaient pas se découvrir dans les nombres et les symboles des Pythagoriciens et de Platon? »

« D'ailleurs les doctrines des Pythagoriciens se recommandaient aux amateurs des idées orientales, par la tendance ascétique de leur morale et par leur penchant pour le merveilleux. De là le soin avec lequel on recherchait leurs anciens écrits; de là aussi les fraudes pieuses qu'on se permit sans scrupule à cet égard. »

Nous nous contenterons, pour la seconde partie, d'indiquer le plan suivi par l'auteur et de traduire quelques-uns des passages qui nous paraissent les plus propres à faire connaître sa manière de travailler. Il commence par examiner la théorie des *nombres* des Pythagoriciens, et fait ressortir les contradictions, qui se trouvent à cet égard dans les ouvrages d'Aristote, et qu'on ne peut expliquer qu'en admettant ou qu'Aristote ne saisit pas nettement les doctrines pythagoriciennes, ou que l'école d'Italie professa elle-même des opinions diverses.

Aristote attribue ce système des *nombres* à la prédilection des disciples de Pythagore pour les sciences mathématiques; mais cette supposition n'explique pas comment ils s'avisèrent de regarder les nombres et les proportions comme les principes des choses. Le Stagyrite cherche à concilier trois opinions pour expliquer cette proposition des Pythagoriciens: selon la première, il y aurait quelque analogie entre les choses, ou plutôt entre les idées des choses et les nombres; selon la seconde, les élémens de la géométrie seraient dans l'arithmétique; la troisième, rapporte la théorie des nombres à l'idée de l'unité ou aux idées du fini et de l'infini. M. Ritter expose, avec toute la clarté dont une pareille matière est susceptible, ces trois opinions. Il objecte contre la première, que de l'analogie ou de la similitude des nombres avec les idées, il ne s'ensuit pas que les nombres soient le principe des choses.

Quant à la seconde opinion, d'après laquelle les nombres seraient le principe des mathématiques, il fait observer qu'il se pourrait bien que cette proposition ne fût qu'une conséquence de celle-ci, que les nombres sont les principes de toutes choses, et qu'ainsi, au lieu d'expliquer ce prétendu axiôme, elle eût elle-même besoin d'explication. Voici comment M. Ritter expose, d'après Boëce (1), la manière dont les Pythagoriciens expliquaient comment les nombres étaient les principes des choses : « Le principe du corps, étendu en trois dimensions, est la *surface;* car le corps consiste en surfaces composées avec différens intervalles : mais la surface n'est pas le corps même; car elle n'est étendue qu'en deux dimensions. Le principe de la surface est la *ligne;* car la surface se compose de lignes : mais la ligne n'est pas la surface même, parce qu'elle n'a qu'une dimension. Enfin, le principe de la ligne est le *point;* car la ligne se compose de points : mais le point n'est pas la ligne, parce qu'il n'a qu'une dimension; il est sans intervalles, il est l'unité. Plusieurs points ou unités, composés avec différens intervalles, forment un corps. » Il montre ensuite combien la théorie des Pythagoriciens, sur les principes des choses, différait

---

(1) *De Arithm. II*, 4.

de celle des Atomistes, et il rejette l'opinion de ceux qui ont cru trouver quelque analogie entre ces deux systèmes. Il examine la question de savoir si les Pythagoriciens ont admis deux principes opposés, ou si leur philosophie partait d'un principe unique. Tantôt il est question dans leur doctrine d'un seul principe, tantôt de deux. Pour concilier ces contradictions apparentes, il y a deux explications possibles. Ou les Pythagoriciens admettaient un principe suprême, et deux principes dérivés de celui-ci; ou l'un des deux principes était subordonné à l'autre. Il y a des témoignages pour l'une et l'autre opinion. Il en résulte que les Pythagoriciens reconnaissaient trois principes, un principe suprême, l'unité, et deux principes subordonnés, l'infini et le fini. Dans leur symbolique, ils appelaient l'unité le *pair-impair*, l'infini le *pair* et le fini l'*impair*. Quelques Pythagoriciens, d'après Aristote, admettaient vingt principes ou dix antithèses : le fini et l'infini; le nombre impair et le nombre pair; l'unité et la pluralité; le droit et le gauche; le masculin et le féminin; le repos et le mouvement; la ligne droite et la ligne courbe; la lumière et les ténèbres; le bon et le mauvais, le carré parfait et le carré à côtés inégaux. Ce ne sont qu'autant de dénominations différentes des mêmes principes; il y en a dix, parce que le nombre dix était pour les Pythagoriciens le nombre parfait.

M. Ritter recherche par quelles voies les Pythagoriciens vinrent à expliquer ainsi l'univers par ces antithèses ou ces cathégories. Celle du fini et de l'infini doit avoir été à la tête de toutes les autres. Le fini est l'unité ou le point qui devient pluralité ou grandeur, par sa combinaison avec l'infini ou les intervalles. Le lien universel qui unit tous ces principes opposés est l'*harmonie*. Pythagore est le premier qui reconnut que l'univers est un tout harmonique ; c'est pour cela que la tradition lui attribue l'application du mot κοσμος (ordre, ensemble ordonné) à l'univers. Cette harmonie est l'unité même, qui est à la fois le premier principe, et qui embrasse et unit tout ; c'est la *monade* divine, c'est Dieu.

On admet vulgairement que les Pythagoriciens attachaient à l'idée du fini celle de la forme, et à l'idée de l'infini celle de la matière ; M. Ritter pense que cette opinion n'est point fondée, que du moins les idées de forme et de matière ne se trouvent pas clairement exprimées dans les traditions pythagoriciennes. Toujours est-il certain, qu'ils reconnaissaient un principe unique, principe à la fois de la forme et de la matière, du parfait et de l'imparfait. Toutefois on se tromperait si l'on pensait que cette unité, qui est aussi appelée Dieu, était pour les Pythagoriciens le principe créateur et ordonnateur de l'univers, ce que Dieu est pour nous d'après les révélations chrétiennes. Leur système, comme l'a déjà remarqué M. Degérando, se rapproche plutôt de la théorie des émanations. Le dieu ou la monade des Pythagoriciens, était le germe de l'univers, et devenait l'univers lui-même en se développant, comme tous les nombres proviennent de l'unité et sont l'unité répétée.

Le Divin (το θειον) des Pythagoriciens, était une force de la nature, la force vitale, qui pénètre et régit toute la nature, et qui est toujours en expansion. Les dieux, les démons, les âmes humaines en sont émanés et lui sont analogues.

Mais si le κοσμος ou l'univers était le développement de la monade, de l'unité divine, comment les Pythagoriciens admirent-ils une différence entre Dieu et l'univers ? De la même manière qu'ils opposent l'unité numérique aux nombres composés, quoiqu'ils soient le résultat de l'unité répétée, ou comme des philosophes postérieurs ont distingué l'âme du monde d'avec le monde lui-même.

Sachons gré à M. Ritter du soin minutieux avec lequel il examine tous les documens, et entre dans les moindres questions. Ces recherches, en apparence si peu importantes, sont indispensables pour l'intelligence d'un système, et cette scrupuleuse fidélité dans les petites choses, est une garantie de celle que l'historien de la philosophie apportera aux grandes. D'ailleurs ce n'est qu'après être descendu à tous ces détails, que l'on peut bien exposer l'ensemble, et une bonne histoire générale, si elle doit être plus qu'un vague et superficiel résumé, ne peut être que le fruit d'une étude minutieuse de toutes les parties. On a besoin de s'entourer de ces considérations pour suivre l'auteur dans toutes ses distinctions et dans tous ses détails, et pour partager avec lui ce pur amour de la science, qui ne s'attache pas seulement à ce qui est grand, intéressant, d'une utilité immédiate, et à ce qui porte ainsi sa récompense avec soi, mais encore à tout ce qui peut conduire à la vérité, quelque arides et quelque dénués d'intérêt que puissent paraître les premiers résultats.

Après toutes ces recherches sur les spéculations métaphysiques des Pythagoriciens, et après en avoir résumé les principaux résultats, M. Ritter passe à l'exposition de leurs autres doctrines, qui, quoique moins fondées sur le raisonnement, eurent néanmoins une grande influence sur toute leur manière de voir. «De même que les auteurs de tous les systèmes, qui admettent une substance primitive comme principe de toutes les choses, et qui font consister la philosophie dans la recherche de cette substance primitive, les Pythagoriciens durent sentir la nécessité de chercher une transition de l'unité métaphysique à la pluralité matérielle. Il fallait trouver le moyen de représenter l'idée de l'unité primitive par des idées sensibles. Ils se servirent pour cet effet des nombres, des figures et de l'idée de l'harmonie. C'est donc sous ces formes qu'ils représentaient le *divin*, et ils obtinrent ainsi une symbolique qui doit nous paraître étrange, et qui, à mesure qu'elle s'éloigna de son origine, dût devenir de plus en plus arbitraire comme cela arrive dans toute symbolique. » De là, le respect des Pythagoriciens pour le nombre dix et le nombre quatre ( la τετρακτυς sacrée) et l'habitude de désigner les dieux par de certains nombres et de certaines figures. De là, cette recherche des analogies entre les nombres et les phénomènes de la nature ; de là, toutes ces formules empruntées à l'arithmétique, à la géométrie, à la musique ; de là encore, leur doctrine des intervalles.

Il est bien plus difficile encore de connaître avec quelque certitude la physique et la morale des Pythagoriciens, parce que Aristote n'en rapporte que fort peu de chose. Cette circonstance même prouve que cet illustre philosophe regardait leur doctrine à cet égard comme peu importante. Pour déterminer le caratère général de la physique pythagoricienne, M. Ritter cherche d'abord à saisir quels étaient les rapports de cette physique avec la théorie des nombres ; et il suit pour cela les fragmens de Philolaos. Il en résulte que les Pythagoricins cherchaient les principes de la physique dans leur doctrine des rapports numériques, et qu'ils ne s'efforçaient point de reconnaître les lois de la nature dans les faits, mais à déterminer les faits d'après des lois générales qu'ils posaient *a priori*. C'est de cette manière qu'ils arrivèrent à placer le soleil au centre du monde. Du reste, ils s'occupaient peu des phénomènes particuliers. Toutes leurs recherches sur la nature semblent s'être bornées au système de l'univers en général, et à la nature de l'âme, principe de la vie individuelle et manifestation de la vie universelle. M. Ritter élève des doutes sur l'opinion de ceux qui ont pensé que les Pythagoriciens se représentaient l'âme comme immatérielle. Il examine successivement les doctrines pythagoriciennes des facultés de l'âme, de ses rapports avec le corps, de la métempsychose qui n'était dans l'école d'Italie qu'une représentation exotérique de l'immortalité de l'âme. A ce dogme se rattachaient des idées de rémunération après la mort. L'ouvrage se termine par l'exposé de l'Ethique des Pythagoriciens. Quoique toute la tendance de leur philosophie fût morale, et dans les principes et dans la psychologie, il ne paraît pas qu'ils aient cherché à ériger l'Ethique en science, et qu'ils se contentèrent de la renfermer en symboles et en formules numériques. Leurs idées morales étaient intimement liées à leurs idées religieuses, ce qui leur donnait un caractère mystique. Les autorités à cet égard sont du reste vagues et difficiles à concilier entre elles.

L'ouvrage de M. Ritter ne peut manquer d'avoir une grande influence sur l'interprétation des traditions pythagoriciennes. Plusieurs doctrines attribuées à l'école d'Italie s'y montrent sous un jour nouveau; il est à regretter seulement, que l'auteur n'ait pas apporté plus de soin à éviter toute confusion dans l'examen de tant de questions, et qu'il n'ait pas terminé son travail par un résumé clair et précis des résultats de ses savantes recherches. Tel qu'il est, son ouvrage, comme il le dit lui-même, est plutôt un appareil critique pour préparer l'histoire de la philosophie pythagoricienne, que cette histoire même.   W.

# INSTRUCTION PUBLIQUE.

24. *Ueber gelehrte Schulen, mit besonderer Rücksicht auf Bayern, in vier Abtheilungen: I. Ueber die Bestimmung der gelehrten Schulen und den Lehrstand. II. Ueber den religiœsen und classischen Unterricht. III. Ueber Anordnung und Methode des classischen Unterrichts. IV. Vom deutschen und mathematischen Unterrichte; von den Verhaeltnissen und der Zucht der Schulen etc. — Des écoles savantes et principalement de celles de la Bavière, par Fréderic Thiersch. Stoutgard et Tübingue, chez Cotta, 1826. 492 pages in-8°.*

(Article traduit de l'allemand.)

Quelque grand que soit le nombre des bons ouvrages qui, de nos jours, ont paru en Allemagne sur les écoles savantes, il n'en est cependant aucun qui, sous le rapport de l'étendue et de la solidité, puisse être comparé à celui que nous annonçons.

Ayant pour auteur un des hellénistes les plus distingués de nos jours, ce livre paraît à une époque où la grande question de l'instruction et de la culture littéraires, est agitée non-seulement en Allemagne, mais aussi dans presque tous les pays civilisés de l'Europe. Ce ne sont plus des disputes particulières de quelques individus, ce sont des combats opiniâtres que se livrent les opinions des siècles passés et celles du siècle présent. Aussi l'auteur de cet écrit ne s'attache-t-il pas aux personnes, mais aux opinions. S'il les signale, s'il les combat fortement, la raison s'en trouve dans l'importance de son sujet. En effet, rien ne saurait être plus funeste à la bonne cause que cette duplicité qui nage entre deux eaux, pour ainsi dire, quand il y va du bonheur des générations présentes et à venir.

Cet ouvrage, ainsi que l'indique son titre, se divise en deux sections principales; la première, formant la première et la seconde livraisons, renferme un exposé des principes fondamentaux qui sont de la plus haute importance; aussi sont-ils développés avec un soin tout particulier. La seconde, composée de la troisième et de la quatrième livraisons, traite de l'organisation, de la discipline et des différens rapports des écoles.

L'auteur, comme tout véritable *humaniste*, pense que le but des écoles savantes est de former des hommes dans le sens le plus relevé de cette expression (*studia humaniora*). Mais en se proposant ce but, il faut commencer par combattre quelques préjugés qui tendent à le rabaisser ou à le rendre suspect.

Le premier de ces préjugés, est celui qui défend de pousser l'instruction trop loin, de peur que le développement des facultés intellectuelles des élèves ne dépasse un certain degré *où la prudence commande qu'elle s'arrête*. Ce préjugé est d'autant plus dangereux, que des hommes d'une grande influence cherchent à le soutenir. Sans doute, disent-ils, il nous faut des savans distingués dans toutes les parties, l'état peut en avoir besoin; mais aussi la plupart des fonctionnaires publics ne sont destinés qu'à des emplois qui n'exigent d'eux ni des connaissances ni des talens éminens. Il s'ensuit que des individus possédant une surabondance de savoir, ne rempliraient qu'avec dégoût une mission qui serait au-dessous de leurs prétentions, et ils seraient ainsi des hommes inutiles au corps social, et même malheureux. C'est par cette raison qu'il faut restreindre l'instruction, et ne laisser la faculté de parcourir un vaste champ d'études qu'à ceux qui ont été tout particulièrement favorisés par la nature.

Cette opinion, dont l'existence n'est point imaginaire, fut soutenue devant l'auteur, dans une conversation qu'il eut avec un homme placé à la tête d'une maison d'instruction publique. Quelques observations suffisent pour en dévoiler toute la fausseté. Si l'on n'exige des écoles savantes que des sujets d'un savoir médiocre, ce but modeste ne sera bientôt plus atteint, et il ne sortira même plus de ces établissemens que des hommes tout-à-fait incapables, ce qui certainement aura les suites les plus funestes. Ajoutons encore, que la capacité pour des fonctions particulières n'est pas possible dans la culture de l'esprit en général. L'expérience ne prouve que trop, que, malgré les meilleurs établissemens d'instruction publique, des administrateurs éclairés ont droit de se plaindre de ne trouver que rarement des sujets capables pour les affaires de leur ressort. D'ailleurs, un homme véritablement instruit ne se laissera jamais abattre, ni décourager par des circonstances défavorables. L'opinion, contre laquelle l'auteur s'élève, est surtout appuyée par tant d'employés supérieurs et subalternes, qui négligent leurs devoirs, pour ne pas sortir de leur molle et commode indolence. Mais ce qui doit nous engager surtout à élever nos établissemens d'instruction publique au-dessus de ces basses régions de la médiocrité, c'est que nous vivons dans un tems nouveau, dans un siècle de lumières où une sérieuse activité se manifeste de toutes parts, à une époque qui exige, dans les fonctionnaires publics, plus de connaissances et de pénétration, plus de force, plus de noblesse dans les sentimens et plus d'habileté dans l'administration, que n'en ont exigé les vieux tems.

Le second préjugé, que l'auteur combat, est celui des timorés, et surtout de ces hypocrites, dont les craintes ne sont que simulées. Tout ce qui inspire trop d'élévation, trop d'enthousiasme à la jeunesse, disent-ils, ajoute à cet esprit révolutionnaire, à cet esprit remuant de notre siècle, qui attaque toutes les institutions, qui révoque en doute les vérités révélées, qui, sans respect pour les autorités, enfreint les lois, qui ne craint aucun sacrifice, dès qu'il s'agit de projets de réforme, et qui, sous le prétexte de défendre la liberté, l'égalité et les lumières, menace de renverser le trône et l'autel, et de porter atteinte à toutes les institutions sociales et à tous les droits acquis.

Pour conjurer ces dangers, il est nécessaire, selon eux, d'opposer à cet esprit d'innovation, l'exercice de la plus stricte obéissance et de la soumission la plus complète. Or, cette soumission, disent-ils, dépend d'un savoir et d'une fortune modiques, qui, cependant, ne doivent pas être non plus trop médiocres.

Il est vrai, sans doute, qu'il y a des philosophies et des sciences fausses, qui profanent tout ce qui, dans l'état, dans les sciences et dans la religion, a toujours été regardé comme sacré. On ne peut donc s'élever contre elles avec assez de force. Cependant, loin d'être sorties des écoles, ces idées ne proviennent que des hautes classes, où elles ont trouvé des sectateurs, qui les ont propagées dans les boudoirs, et qui, par leur égoïsme épicurien, en ont consolidé le crédit. Ce n'est que par la vraie science qu'elles seront extirpées, et c'est en améliorant et en protégeant les écoles qu'on y opposera une forte digue, qui nous garantira d'une ruine générale. Protéger les écoles, c'est donner des armes à la vérité et dissiper les prestiges de l'erreur. L'Angleterre si instruite, et la Saxe, cette partie de l'Allemagne où se font les études les plus solides, où fleurissent les sciences et les arts, où l'on trouve les connaissances les plus étendues et les plus utiles, sont aussi les pays qui jouissent de la plus parfaite tranquillité.

M. Thiersch ne rejette pas l'opinion de ceux qui, trouvant trop élevé le but auquel les écoles savantes veulent parvenir, n'en font que des instituts préparatoires aux cours des universités, « pourvu, dit-il, que ces instituts remplissent complètement leur but, qu'on y enseigne les élémens des sciences, qu'on y développe toutes les facultés intellectuelles, qu'on forme ainsi le caractère des jeunes gens et qu'on leur inspire le sentiment de la dignité humaine. »

Après avoir établi le but des écoles savantes, l'auteur examine la condition de l'instituteur. Il commence cet examen par un aperçu historique sur les écoles savantes des Grecs. « On ne trouve chez eux, dit-il, d'établissemens de ce genre que depuis la guerre du Péloponèse. Par la suite des siècles, les formes de ces écoles ont subi des variations jusqu'à l'époque où les Ptolémées leur donnèrent une organisation stable, qui devint le modèle des écoles de l'occident protégées par l'empereur Vespasien. » M. Thiersch décrit ensuite l'état des écoles de Italie, de la Gaule, de l'Espagne et de l'Afrique.

« Dans les premiers siècles de l'ère chrétienne, dit-il, les écoles étaient indépendantes du christianisme. Cette indépendance était si grande, au rapport de Libanius et d'Ausone, que les professeurs et les élèves y étaient accueillis sans distinction de croyance. Celles qui étaient sous la protection spéciale des empereurs, jouissaient surtout de cette liberté. L'instruction religieuse même et l'exercice du culte public, étaient exclus de ces écoles. Ces avantages dûrent nécessairement disparaître, lorsque les sciences et les arts furent contraints de chercher un asyle dans les couvents : car le clergé s'étant maintenu au milieu du bouleversement général, produit par les barbares, on lui confia, avec le dépôt de la foi, le soin des études littéraires, qui ont traversé ainsi, avec le christianisme, toutes les révolutions qui ont eu lieu jusqu'à nos jours. Alfred et Charlemagne, en fondant des colléges, furent donc obligés d'y nommer pour professeurs des membres du clergé. Mais, dès qu'on eut senti le besoin de faire des études plus approfondies, besoin né de la création des universités de Bologne et de Padoue, dès la renaissance de la littérature classique par Pétrarque et Boccace, dès l'époque où des savans grecs, fuyant devant le cimeterre des Turcs, se furent établis en occident, les ecclésiastiques n'occupèrent plus que les rangs inférieurs de l'instruction publique, tels que l'enseignement de la grammaire, de la rhétorique et de la philosophie. »

Dans les derniers siècles, cette charge même leur fut encore plus ou moins disputée par les autres classes de savans; et bien que le clergé fut chargé presque partout de l'instruction publique, on n'exigea cependant nulle part que les instituteurs soient ecclésiastiques. Depuis la renaissance des lettres dans le nord de l'Allemagne, due aux savans Ernesti, Reitz, Mathias Gessner, Heyne, Wolf, Beck, Hermann, on vit un nombre toujours croissant de laïques s'adonner à l'instruction de la jeunesse. De cette manière l'étude des langues se sépara de plus en plus des autres sciences, et surtout de la théologie. Cette indépendance, dont jouit cette branche de l'instruction dans les écoles savantes, indépendance amenée uniquement par les besoins du tems, par le développement et le haut degré de perfection qu'ont atteint les sciences, est un des phénomènes les plus remarquables dans l'histoire de la civilisation germanique. Les suites salutaires de cette liberté déjà évidente de nos jours, se feront sentir encore davantage dans l'avenir, à moins que des obstacles ne viennent arrêter cette marche conforme à la nature de nos établissemens d'éducation et de culture littéraires. Des entraves de cette nature se préparent. Car, en dépit de ces heureux résultats, on cherche de nouveau à soutenir l'opinion que les écoles savantes, après avoir parcouru un cercle inutile, doivent rentrer sous la direction exclusive de l'état ecclésiastique. Ces tentatives plaisent d'autant plus aux puissances temporelles et politiques, qu'on allègue que ce changement amènerait de grandes économies avec lui. Il faut avouer que de nos jours cette allégation est d'un grand poids. Issus pour la plûpart des classes pauvres, habitués au travail, aux privations, à la fatigue, à la soumission; libres, chez les catholiques, des soins auxquels oblige l'entretien d'une famille, et trouvant toujours des ressources efficaces dans l'église, leur mère spirituelle, les ecclésiastiques peuvent, dit-on, être formés et entretenus à très-peu de frais, tandis que les laïques sont quelquefois réduits, à cause de l'insuffisance des fonds accordés aux écoles, à gagner leur vie par des occupations aussi étrangères et aussi désavantageuses à leurs écoles, qu'elles sont indignes de leur rang. Encore dans leur vieillesse, ajoute-t-on, le gouvernement ne peut, en les gratifiant de places lucratives, satisfaire à leurs besoins et à leurs justes prétentions.

Ces raisons seraient sans doute très-plausibles, si l'on pouvait adopter pour principe qu'il faut entretenir les professeurs avec le moins de dépenses possibles, qu'à l'exclusion de tous les autres, il ne faut admettre parmi eux que des individus qui se contentent des plus modestes traitemens, que les fonctions de professeur enfin, sont faciles et accessibles à un grand nombre d'individus.

Mais dès qu'une profession, et surtout celle d'instituteur public, qui impose de si grands devoirs, est dégradée de la sorte, les vrais savans la désertent, pour entrer dans une carrière qui accorde des récompenses plus dignes de leur mérite. Il n'est donc guère possible que des intérêts simplement financiers, l'emportent sur les autres. Si l'on n'a pas l'intention de tenir, par la crainte, les écoles dans une espèce de tutèle et de soumission, intention qui se cache derrière cette raison financière, ou si l'on ne cherche pas à augmenter et à consolider outre mesure l'influence de l'église, en la chargeant du soin des écoles savantes, il est évident qu'on ne connaît ni leur but, ni leurs moyens de prospérité, ni les méprises qui les mènent à leur ruine. Les auteurs de tels conseils prononcent eux-mêmes leur propre condamnation.

Nous passons à l'examen du second motif, qui fait demander que l'on confie l'instruction publique exclusivement aux mains du clergé. La base de l'instruction et de l'éducation devant être, dit-on, la religion, n'y aurait-il pas contradiction si, tout en tenant à la religion et à ses exercices, on diminuait l'influence que l'état ecclésiastique doit avoir sur les écoles ?

Oui, les ecclésiastiques éloignés des distractions du monde, forcés, pour ainsi dire, aux études et à la méditation, paraissent le plus propres à l'instruction de la jeunesse; un savoir profond relève même la dignité de prêtre. Mais, pour dire la vérité, il faut convenir que cette belle alliance n'est pas très-fréquente, et le nom ne donne pas plus de mérite que la soutane. Pour satisfaire à ces deux devoirs, il faut des ecclésiastiques distingués autant par leur conduite que par la solidité de leur érudition. Or, l'expérience nous apprend, qu'on ne rencontre qu'un petit nombre de pareils ecclésiastiques, à moins qu'on n'établisse en principe que le grade de chapelain donne toutes les qualités requises pour faire honneur à une chaire de professeur. Du reste, l'instruction publique peut avoir une teinte toute religieuse, sans qu'il soit nécessaire d'entourer la jeunesse d'ecclésiastiques. L'essentiel est, que l'instruction religieuse soit bien organisée, qu'elle soit confiée à des hommes expérimentés et qu'elle soit simplement sous la surveillance sévère de l'église, sans que celle-ci puisse en faire une de ses occupations immédiates.

Une raison principale encore, qui s'oppose à ce que l'on confie l'instruction exclusivement au clergé, c'est que la suite de cette mesure serait l'anéantissement de la libre concurrence, et la mort de l'émulation des écoles. Car les chaires des professeurs deviendraient alors la propriété de la classe privilégiée, quelle que fut d'ailleurs la capacité de ses membres. Nous n'approfondirons pas combien il serait contraire au bon sens, de vouloir, sans faire attention à la vocation des individus, adopter pour principe, que celui-là seul devrait être professeur qui aurait préalablement embrassé l'état ecclésiastique, état qui exige aussi certains talens et certaines connaissances. Dans quelle situation l'instruction publique ne se trouve-t-elle pas en Italie où elle est entièrement entre les mains du clergé! Mais si toute chose a besoin d'indépendance pour prospérer, combien n'est-elle pas plus nécessaire aux écoles, surtout de nos jours où les connaissances humaines sont portées à un si haut degré de perfection? Ou bien, voulez-vous les mettre au niveau de votre faiblesse et de votre dévote incapacité? Efforts inutiles! Le siècle vous devance, ce que vous produirez sera mesquin, pauvre et faible, à côté de sa richesse, de sa grandeur et de sa jeunesse vigoureuse!

Mais écoutons le langage de ceux qui élèvent encore d'autres argumens en faveur du système de soumettre les écoles au clergé. L'état de professeur, disent-ils, n'exige pas tant de connaissances. Les maîtres n'ont-ils pas grandi en apprenant et en exerçant ce qu'ils doivent enseigner aux autres? A quoi bon des études particulières? Pour peu que le professeur ait rempli ses devoirs d'écolier, il a toutes les connaissances nécessaires aux fonctions d'instituteur. C'est certainement mettre à bas prix l'importance des écoles! car ce qui contribue, en effet, à former notre esprit en étudiant les anciens, ce n'est pas la connaissance superficielle de quelques-uns de leurs ouvrages; mais bien l'étude approfondie du génie des auteurs classiques, la connaissance parfaite des usages et des destinées des anciens peuples; de leur poésie et de leur prose, et une habileté difficile à acquérir dans l'interprétation de leurs monumens littéraires; il faut posséder enfin, tout l'ensemble de ces connaissances, qu'on désignait autrefois sous le nom de *philologie*, et qu'aujourd'hui l'on appelle plus généralement la *science des antiquités grecques et romaines.*

De bonnes études scolastiques ne suffisent pas plus pour former un bon professeur, qu'un habile théologien; l'un et l'autre doivent travailler, pendant des années entières, à se perfectionner eux-mêmes avec un zèle infatigable; et, dans le demi-siècle qui vient de s'écouler, on a senti de plus en plus l'importance de cette vérité.

Le théologien même le plus habile, lorsqu'il se destine à l'instruction publique, a besoin de se préparer spécialement; seulement cette préparation sera pour lui plus facile que pour les autres, parce qu'il existe beaucoup d'analogie entre ses études et celles des écoles.

La condition principale de la prospérité des écoles savantes est de former de bons professeurs, de leur inspirer de l'émulation par des honneurs et des récompenses. C'est par ce moyen, à mesure qu'on relèvera la condition du corps enseignant, qu'on pourra espérer de faire disparaître de plus en plus tous ces inutiles plans d'instruction. Car, tout plan de cette espèce, remplissant plus d'une page, est trop long et manqué; tout autre, au contraire, dût-il remplir tout un volume, est trop court et manque également son but, s'il est fait pour un corps de mauvais instituteurs. Tant que ces derniers seront sans capacité, les institutions resteront dans un état de langueur.

La seconde partie de l'ouvrage que nous analysons, est divisée en deux sections. La première traite de l'instruction religieuse; la seconde, du caractère et de la nécessité de l'étude des classiques.

« La religion, dit l'auteur, ne consiste pas seulement dans la connaissance des dogmes, mais encore dans la pratique des préceptes et l'habitude des exercices religieux. Ce n'est que la réunion et l'action réciproque de ces trois élémens, qui font une âme véritablement chrétienne. Néanmoins, comme l'instruction religieuse est de la plus haute importance, comme c'est établir la base véritable de toute bonne éducation, que d'exciter et de nourrir des sentimens religieux dans le cœur de la jeunesse, cette instruction et les devoirs qu'elle impose méritent qu'on leur donne la plus scrupuleuse attention. Que l'enfant, destiné à suivre les cours des écoles savantes, commence donc, dès les premières études, à recevoir une instruction chrétienne adaptée à ses besoins. Que déjà même dans la maison paternelle on ait soin de lui donner des préceptes de religion et de vertu, qui le préparent à cette instruction. »

M. Thiersch peint l'importance de cette éducation domestique et le danger de la négliger, avec autant de vérité que d'éloquence.

Par ce concours de soins prodigués à l'enfant dans la maison paternelle et dans les écoles, il s'instruira dans les premiers élémens du christianisme, il lira dans les saintes écritures, autant qu'elles seront à sa portée, les principaux événemens de l'ancien et du nouveau testament; et cette instruction, qui ne devra s'étendre qu'autant que le permettront les matières qui font l'objet principal de l'école, sera continuée dans les gymnases préparatoires (*Progymnasien*), de manière que l'élève à son entrée dans le gymnase proprement dit (*wirklichen Gymnasium*), puisse être reçu au nombre des fidèles et participer aux sacremens de son église. N'importe que l'instituteur soit laïque ou ecclésiastique, pourvu que les leçons soient faites avec dignité, qu'elles s'adressent au cœur et qu'elles soient relevées par le caractère personnel du maître. Supposé qu'un enfant entre à l'âge de douze ans au gymnase, où pendant six ans il soit à se préparer à des études plus élevées, son instruction ne doit pas seulement être l'objet des soins particuliers de l'instituteur, mais ce dernier doit encore déjà l'appuyer de raisonnemens; et c'est pourquoi il serait utile que cet instituteur fût un ecclésiastique, et, s'il est possible, toujours le même. De cette manière, l'adolescent aura acquis à quinze ans la connaissance nécessaire de la religion positive. Pour entretenir ses sentimens religieux, on lui fera fréquenter assidûment le service divin attaché au gymnase. Durant les trois dernières années où l'adolescent restera au gymnase, c'est-à-dire, depuis sa quinzième année, jusqu'à la fin de sa dix-huitième, son instruction religieuse devra être continuée avec soin, sans cependant être répétée trop souvent pour ne pas l'en dégoûter. Pour prévenir ce mal, M. Thiersch propose d'unir, dans les classes supérieures, l'instruction religieuse, aussi étroitement que possible, avec celle des autres branches de la science ; de faire expliquer à l'élève les livres saints de l'ancien et du nouveau testament, de commenter les œuvres les plus remarquables de S*t*-Augustin, de Basile, de Lactance et autres, de les recommander à ses propres méditations et d'ajouter enfin, selon l'occasion, un aperçu de l'histoire de l'église, adaptée à ses besoins.

Quant à la seconde question, qui a pour objet l'étude des anciens classiques, l'auteur dévoile et réfute victorieusement les préjugés et les argumens à la faveur desquels on s'attache à prouver que l'étude des anciens ne doit pas être la base de l'instruction scientifique. Ces préjugés sont encore, en général, au nombre de deux.

Le premier est celui qu'opposent ceux qui méconnaissent les avantages de la lecture des anciens, et qui veulent que la jeunesse se prépare à de plus hautes études, en cultivant d'autres branches d'instruction.

Le second, qui est le plus funeste, est celui qui, tout en reconnaissant les avantages de cette lecture, consiste à soutenir cependant que les effets salutaires, que l'on peut s'en promettre, sont balancés par les atteintes qui en résultent pour la religion chrétienne, les bonnes mœurs, la société et l'amour de la patrie.

On recommande l'étude des langues étrangères, comme très-favorable au développement de l'esprit humain. Cependant, cette considération ne garantit pas la lecture des auteurs grecs et latins, des objections à l'aide desquelles on cherche à lui contester le mérite d'être la base de toute érudition solide. Deux espèces d'ennemis s'élèvent surtout contre elle. Les premiers, bien qu'ils reconnaissent les avantages de l'étude de la grammaire en général, comme un moyen d'exercer nos plus nobles facultés, ne laissent pas que de reprocher aux partisans de la littérature ancienne, un certain pédantisme aveugle, qui attend des merveilles de l'étude du grec et du latin. Ils croient, par conséquent, qu'on atteindra mieux le but qu'on se propose, en faisant étudier la grammaire allemande. Mais, il est hors de doute, et l'expérience le prouve, que l'étude des formes grammaticales de la langue nationale, n'offre guère les avantages qu'on espère en retirer. L'enfant en connaît déjà tout le contenu : les déclinaisons, les conjugaisons et la syntaxe, il les a apprises au berceau, pour ainsi dire, et si on veut les lui expliquer ensuite méthodiquement, il n'y trouvera que de l'ennui et du dégoût. Et si l'on prétendait que l'enseignement de la langue maternelle pourrait servir de base à une espèce de grammaire universelle et philosophique, on occuperait nécessairement l'enfant d'objets beaucop trop au-dessus de sa portée. D'un autre côté, les partisans des langues et des littératures modernes, jugeant les langues classiques (qu'ils considèrent comme des idiômes sans vie), comme peu propres à former l'esprit de la jeunesse, préfèrent recommander l'étude des langues modernes. Ils citent, à cet effet, la langue italienne, si riche d'harmonie, la langue française, si pleine de finesse, la langue anglaise si forte d'énergie.

Voici ce que répond M. Thiersch à cette assertion. « Toute langue étrangère est en quelque sorte une langue morte. D'un autre côté, il n'y a pas de langues mortes, sans en excepter celles des peuples qui ont disparu depuis long-tems, quand ces langues existent dans les monumens littéraires accessibles à notre esprit. La parole est vivante, même dans les simples signes qui en éveillent l'idée dans l'esprit : de plus, une langue est vivante lorsque l'on peut indiquer l'étymologie de ses dérivés, lorsque toutes ses ramifications, reposant sur une base commune, ont de la vie et de l'expression. »

Si cette assertion est fondée, les langues anciennes sont tout aussi vivantes que la langue allemande, dont la source et l'empreinte sont nationales. Au nombre des langues mortes, au contraire, sont les langues romanes ; car leurs mots, dépouillés de leurs racines, ne sont plus que des signes vagues et sans liaison avec leur origine. Il est impossible de trouver les traces de cette origine, et, par conséqnent, d'en constater l'étymologie. C'est pour cette raison que, ravi par la force expressive, le génie mâle et la richesse des langues anciennes, Voltaire a dit que les anciens avaient construit leurs ouvrages en marbre, tandis que les modernes sont réduits à faire leurs constructions en briques. Du reste, les langues modernes sont dans le même rapport avec la langue latine, que celle-ci avec la langue grecque, qui est, pour ainsi dire, l'image la plus parfaite de l'esprit le plus accompli. Aussi, les avantages résultant d'une instruction basée sur l'étude des anciens classiques, sont si certains, si généralement reconnus, que l'erreur des ignorans et tous les artifices des malintentionnés qui veulent priver les écoles de leur vigueur, disparaîtront comme les brouillards se dissipent devant les rayons du soleil.

Les mêmes adversaires du système que nous venons d'exposer, ne conviennent pas non plus que l'étude des anciens contribue à former le jugement et le goût de la jeunesse, en portant les esprits à l'imitation des grands maîtres de l'antiquité. Ces hommes, s'ils n'accordent pas la préférence aux modernes, y trouvent cependant une utilité pareille.

On allègue, que pour comprendre les langues de ces peuples qui depuis long-tems ont disparu de la surface du globe, il coûte des peines infinies et sans fruits, ou dont au moins les résultats ne sont pas d'une utilité générale.

Cette assertion se réfute par la destinée des ouvrages d'Homère, qui occupent de nos jours même ceux qui n'entendent pas sa langue.

Cependant ces mêmes difficultés, dont la littérature ancienne est hérissée, sont précisément un des principaux motifs pour en prescrire l'étude à la jeunesse; car, des efforts ne sont-ils pas nécessaires pour éveiller l'esprit, et pour lui donner de l'essor et de la vigueur ? L'étude des seules littératures modernes, laisse l'esprit en quelque sorte passif; elles ne font qu'exciter l'imagination, elles ne produisent sur la jeunesse qu'une espèce d'abandon à l'impression que fait sur elle l'auteur qu'elle lit. C'est peut-être une ivresse qui fait naître l'enthousiasme pour les images qu'il lui présente. Mais cela ne suffit pas ; toute instruction propre à former la jeunesse, suppose nécessairement l'exercice de ses facultés intellectuelles, et, dans les gymnases, son esprit doit faire, si nous pouvons nous servir de cette expression, des efforts gymnastiques. Il y a certainement des difficultés à vaincre, mais elles ne surpassent pas les forces de la jeunesse. Il ne faut pas trop de tems pour les surmonter, et les forces de l'élève ne peuvent que gagner dans cette lutte. Pétrarque ayant un jour devant lui un manuscrit grec d'Homère, versa des larmes de ne pouvoir le lire. Il en est autrement de nos jours; les parens sont affligés de voir leurs fils expliquer les œuvres de ce poète, qui, selon eux, ne sont que de tristes reliques condamnées à pourrir dans la poussière. Jamais personne ne s'est repenti d'avoir étudié les maîtres immortels de l'antiquité, mais souvent, au contraire, on a pu entendre des littérateurs regretter amèrement que les instituteurs de leur jeunesse eussent négligé d'exciter en eux, dès leur jeune âge, l'amour de ces auteurs. L'esprit d'un jeune homme, nourri par la lecture des classiques, gagne, grâce à elle, en pénétration et en facilité a s'initier dans les secrets des sciences. Ceux qui, dès leurs premières études, se familiarisent avec les anciens, peuvent seuls réussir et se distinguer. Les professeurs de mathématiques même trouvent que ceux de leurs élèves qui ont fréquenté de bons gymnases, font plus de progrès dans cette science que ceux qui, sans avoir étudié les classiques, se sont cependant soigneusement préparés à leurs cours.

Les études philologiques sont aussi d'un grand avantage pour le cours ordinaire de la vie, dans les circonstances difficiles, où il faut quelquefois avoir des vues profondes, déployer de la force de caractère, montrer de l'énergie, elles ajoutent au courage et à la prudence.

Les traductions des œuvres classiques des anciens, ont, sans doute, leur mérite, et l'expérience a prouvé leur utilité sous bien des rapports ; cependant, d'une part, il est impossible au traducteur de rendre le génie de l'original ; et, d'un autre côté, on ne peut saisir l'esprit d'une nation que dans sa langue propre et d'après sa manière particulière d'exprimer ses idées. Or, si les bonnes études reposent sur la connaissance des anciens, il est donc nécessaire de cultiver également le grec et le latin et de ne pas séparer l'étude de ces deux langues.

*Vos exemplaria graeca*
*Nocturna versate manu, versate diurna!*

Ces raisons sont suffisantes en elles-mêmes, pour assurer aux études des classiques grecs et romains le pas sur toutes les matières qui doivent être enseignées ou traitées dans un collége ; mais elles deviennent plus fortes et plus victorieuses encore, lorsqu'on considère que sans elles toutes les autres sciences ne pourraient reposer sur des bases solides.

Examinons d'abord la théologie. Il est évident que le matériel et l'historique de cette science exigent déjà la connaissance parfaite des langues classiques. Les Jésuites eux-mêmes ont senti ce besoin, quoiqu'ils tendissent à un but tout particulier.

La jurisprudence tire également son origine de l'antiquité et immédiatement de l'antiquité romaine. Or, pour bien comprendre le droit romain, il est non-seulement nécessaire de savoir la langue latine, mais encore d'étudier les formes de gouvernement, les mœurs et l'histoire des Romains, et comme la connaissance des antiquités romaines doit être puisée en partie dans des sources grecques, de même que plusieurs parties de la législation du Bas-Empire sont écrites en grec, il faut aussi connaître cette langue. L'étude du droit des anciens grecs, dont on doit l'intelligence à la philologie moderne des Allemands, est d'une haute importance pour le jurisconsulte.

Plus encore que la jurisprudence, la médecine, les sciences naturelles et les mathématiques ont leur source dans les ouvrages grecs; les premiers chefs-d'œuvre qui renferment les théories de ces sciences, sont écrits dans cette langue.

Ainsi, quelle que soit la science qu'on veuille cultiver, il est impossible de l'approfondir sans avoir étudié l'antiquité. Vouloir dépouiller les sciences de cette racine, ce serait les saper dans leur fondement.

M. Thiersch jette également un coup-d'œil rapide sur la philosophie et l'histoire, sur l'art de parler et d'écrire. Il démontre que toutes ces sciences dépendent encore de l'étude des anciens.

En résumant ce que nous avons dit sur l'étude des auteurs de l'antiquité, nous obtiendrons les résultats suivans. Les peuples modernes ne sont pas devenus par eux-mêmes ce qu'ils sont. Des liens nombreux les attachent aux anciens. Notre religion, nos lois, nos sciences, notre civilisation entière nous viennent des Grecs et des Latins. Ainsi les études des classiques sont les moyens non-seulement d'affermir ces liens, mais aussi d'assurer la prospérité de toutes les sciences et de notre civilisation. Négliger ces études, ou les bannir des écoles savantes, ce serait tenter une entreprise qui tournerait au préjudice de la société entière.

Le plan de l'ouvrage de M. Thiersch, nous conduit enfin à la réfutation du dernier préjugé qui s'élève contre l'étude des classiques, considérée comme base de l'instruction élémentaire. Ce dernier préjugé se réduit à deux propositions. La première, renouvelant l'accusation d'Anytus contre Socrate, accuse les études de l'antiquité d'introduire de nouvelles divinités, et de corrompre la jeunesse.

On prétend que l'étude des auteurs payens inspire à la jeunesse de l'éloignement pour la religion révélée.

L'auteur a soin de produire tous les argumens qui tendent à justifier ce préjugé. Il fait remarquer surtout, que plusieurs chefs distingués de l'église ont désapprouvé cette branche de l'instruction. Il cite un plan d'éducation que le duc Guillaume de Bavière a fait en 1584 et qui devait servir de règle aux gouverneurs de ses deux fils, Maximilien I$^{er}$ et Philippe. Ce prince s'exprime ainsi : « Au lieu de s'arrêter au bavardage « inutile de ces savans payens, qui n'a d'autre but que d'exercer « la jeunesse dans la langue latine, il faut étudier les écrits « de Sadolet, etc. »

L'auteur, après avoir reproduit les observations judicieuses de M. Westenrieder (1), contre l'opinion exprimée dans cette pièce officielle, et après avoir cité cette foule d'écrivains, qui, surtout dans le nord de l'Allemagne, s'efforcent, de concert, de rappeler toutes les horreurs du paganisme, les vices et les absurdités de son culte public, et de représenter en même tems tous les auteurs de l'antiquité païenne comme ayant eu des sentimens impurs, et comme ayant transporté le matérialisme de l'idolâtrie jusque dans les mœurs, il soutient avec S. Cyrille que l'étude des lettres classiques, loin de produire les effets funestes que ses adversaires lui attribuent, dévoile toute l'impuissance et toute la vanité de la religion païenne, et conduit ainsi, comme le prouve l'histoire du premier établissement du christianisme, à faire sentir plus vivement à la jeunesse la nécessité d'une révélation divine; qu'il faudrait un esprit bien borné et un cœur bien mal fait, pour échanger la sublime image du Sauveur du monde et des apôtres, et la confiance en leurs promesses, contre les créations fantastiques de l'antiquité : il invoque avec raison l'exemple de l'heureuse influence que ces études ont exercée sur des hommes tels que Pétrarque, Fénélon, Mélanchton, Gellert.

M. Thiersch pense qu'il faut éliminer des éditions des auteurs anciens qui doivent servir à l'éducation élémentaire, tous les passages qui pourraient blesser la pudeur; du reste le nombre des ouvrages auxquels on peut adresser ce reproche, est bien petit, en comparaison de ceux qui ne le méritent pas. Et puis, le même danger ne se représente-t-il pas aussi hors des écoles, dans

---

(1) Qui a rapporté cette pièce du duc Guillaume, dans le troisième volume de ses *Documens pour servir à l'histoire de la Bavière* (*Beitræge zur vaterlaendischen Historie.*)

les livres modernes, au spectacle, dans les mauvaises sociétés que fréquentent les jeunes gens, et dans les exemples pernicieux qu'ils ont journellement sous les yeux ? De manière que les leçons dangereuses qu'ils pourraient puiser dans ces livres, seraient bien faibles auprès de celles que leur offre journellement la société ; car le respect dû à la dignité morale de l'homme, prédomine sans cesse dans les écrits des anciens. L'auteur termine ce chapitre par un éloge plein d'enthousiasme, des études *humanistiques* d'Erasme de Rotterdam.

Le second reproche que l'on adresse aux études classiques, c'est d'enflammer l'imagination des jeunes gens par la grandeur idéale de l'héroïsme des anciens, et de nuire à leur esprit national, en affaiblissant leur attachement à la patrie, leur admiration pour les mœurs, les vertus, et la gloire de leurs ancêtres ; M. Thiersch répond, que ces dangers ne pourraient être réels, que si l'on négligeait l'enseignement de l'histoire nationale, qui doit entrer essentiellement dans toute bonne instruction publique. « Pourquoi, dit-il, l'histoire du monde ancien et du monde moderne, et la comparaison entre les vertus des différens peuples, ne seraient-elles pas très-propres à former la jeunesse, et à lui inspirer des sentimens nobles et généreux ? Tout homme qui examinera avec impartialité la politique des anciens, verra qu'elle tend à consolider l'ordre social et à établir des lois sages ; que partout elle cherche à maintenir l'obéissance et le respect qui leur sont dûs. On trouve chez les Grecs, comme plus tard chez les Germains, l'idée de la royauté dans toute sa pureté ; les Grecs l'ont entourée d'honneurs et d'autorité : la tyrannie seule leur était odieuse. »

Toutes ces réflexions ne permettent pas même de penser

que les doctrines des anciens puissent avoir une influence funeste sur un état gouverné par de bonnes lois.

La dernière objection enfin qu'on élève contre l'étude des anciens, c'est qu'elles sont inutiles, puisqu'on les abandonne dès qu'on a fini ses classes. Nous convenons qu'en effet on néglige malheureusement les classiques dès qu'on est sorti des écoles, mais on en trouve la raison dans la négligence avec laquelle on les étudie, et dans le peu d'ensemble de l'instruction élémentaire. Qu'on donne des bases solides à l'instruction, que les études classiques soient le foyer de cette instruction, et, comme en Angleterre, on en ressentira les heureux effets. Une fois lancés dans le monde, les affaires nous empêchent, à la vérité, de suivre ces études, mais nous aurons du moins acquis, grâces à elles, des connaissances solides, beaucoup d'énergie, de la facilité à saisir et à traiter des matières difficiles, une parfaite justesse de jugement, et nous nous rappellerons toujours de beaux exemples de sagesse et de vertu.

Après avoir suivi M. Thiersch dans ses développemens sur les principes généraux de l'enseignement dans les colléges, nous arrivons à la partie spéciale de son ouvrage, dont la première section se subdivise en deux chapitres. Dans le premier, l'auteur traite de l'organisation des écoles, et dans le second, de la méthode de l'enseignement des classiques. Cette instruction, qui est la seule base solide de toute éducation littéraire, offre un vaste champ, et dès lors il est de la dernière importance d'en enseigner les élémens de bonne heure et avec les plus grands soins : ces élémens sont la grammaire latine. Le latin doit être l'objet des études du gymnase préparatoire que l'élève devra fréquenter pendant quatre ans. Après ce gymnase, il passera dans les classes inférieures du gymnase, où l'instruction devra avoir le même objet, et enfin il entrera dans le gymnase supérieur et y restera encore pendant quatre années.

En refusant ceux qui ont été retardés dans leurs études, on admettra dans les gymnases préparatoires les enfans dès leur huitième année, sans attendre qu'ils aient parcouru tout le cercle d'études des écoles destinées à l'instruction populaire. A l'enseignement de la grammaire latine, qui devra occuper au moins douze leçons par semaine (ce n'est que dans les gymnases supérieurs qu'on apprend le grec), on joindra les élémens de la géographie et de l'histoire.

M. Thiersch ne veut pas qu'on admette dans les gymnases les enfans qui sortent des écoles destinées à l'instruction du peuple, parce qu'on enseigne dans les premiers, outre la grammaire latine, toutes les autres connaissances qui forment l'ensemble de l'instruction de ces dernières; les parens doivent donc préférer d'envoyer tout d'abord leurs enfans dans les gymnases préparatoires. Et, à l'appui de son assertion, l'auteur cite, comme modèles en ce genre, les écoles du royaume de Würtemberg (*Præceptorschulen*); c'est dans ce pays que sont les meilleurs administrateurs en tout genre, parce que la jeunesse y est familiarisée avec les auteurs classiques depuis plusieurs générations.

Avant que d'entrer au gymnase, c'est-à-dire à l'âge de douze ans, l'enfant devra subir un examen sévère. Dans les deux premières classes de ce gymnase, on enseignera le latin, et l'élève sera poussé au point de pouvoir expliquer avec facilité les auteurs latins, et même écrire leur langue. On commencera ensuite à lui enseigner les élémens de la langue grecque, de manière qu'en entrant à l'âge de quatorze ans dans la classe suivante, la première du gymnase proprement dit, il sache expliquer Homère et Xénophon, Virgile et Tite-Live. Quatorze leçons seront consacrées par semaine à ces études dans les deux langues.

Après avoir surmonté ainsi, par six années de travail, les principales difficultés du latin et du grec, l'adolescent entrera dans le gymnase supérieur. Ici on enseignera l'art poétique, la géographie, la mythologie, l'histoire, la rhétorique et la philosophie. Ces diverses connaissances sont nécessaires à l'intelligence des auteurs classiques, et elles serviront en même temps de base solide à toute érudition sans laquelle les sciences manquent de consistance.

Dans les quatre classes du gymnase supérieur, l'instruction roulera principalement sur l'art poétique, l'histoire, la rhétorique et la philosophie. L'auteur propose, pour la première de ces sciences, l'explication de l'Iliade et de l'Énéide, des œuvres d'Hérodote et de Tite-Live; pour la seconde, Xénophon et Salluste; pour la troisième, les meilleurs discours de Démosthènes et de Cicéron. On y ajoutera les biographies de Plutarque, et on fera suivre l'explication des poëmes épiques de celle des poëmes lyriques. Les poésies de Pindare et d'Horace et la prosodie occuperont alternativement la jeunesse. Dès le second semestre, on passera aux poëtes dramatiques. Dans la classe de philosophie, on se servira des ouvrages choisis de l'antiquité, tels que ceux de Plutarque et d'Aristote; de cette manière on fera voir à l'élève les progrès qu'ont faits les anciens et le développement de leur philosophie. On joindra enfin à ces études des exercices dans la langue grecque, pour faire l'application des règles de la grammaire.

Ici se termine le traité de M. Thiersch, sur l'enseignement des auteurs classiques. Il y a mêlé trois digressions sur la *division des écoles en classes* sur les *instituteurs* et sur les *études poly-*

*techniques* cultivées concurremment avec la philologie. Nous ne parlerons que de ce dernier point.

De nos jours on exige de tout homme instruit, de l'industriel etc. qu'il soit un peu familiarisé avec les anciens auteurs ; c'est dans les écoles savantes que l'on acquiert cette connaissance. Mais chacun a des besoins individuels d'instruction que les écoles ordinaires ne peuvent guère satisfaire. Pour remédier à cet inconvénient, l'auteur propose de faire aller l'élève jusqu'à la seconde classe du gymnase proprement dit et de lui faire suivre ensuite la *polytechnique*. « Il est prouvé par l'expérience générale, dit-il, qu'un jeune homme qui a été exercé aux études grammaticales, saisit plus facilement ce genre d'instruction, que celui dont l'esprit ayant été d'abord distrait par diverses autres n'a pas acquis cette vigueur de mémoire et cette justesse de jugement nécessaires aux sciences polytechniques. »

La dernière partie de cette section, traite de la méthode des études classiques. L'auteur commence par se prononcer avec raison contre la distinction qu'on fait en Allemagne entre la lecture *cursive* (*cursorisch*) et la lecture *stationnaire* (*statarisch*) (1). « Les professeurs expérimentés n'en admettront qu'une seule qui ne sera ni *cursive* ni *stationnaire*, mais dans laquelle on fera saisir à l'élève tout ce qui sera nécessaire à son instruction ; toute explication qui ne donne pas tous les éclaircissemens nécessaires est fautive. La première de ces méthodes n'instruit pas, et la seconde ennuie par une lenteur inutile.

---

(1) Il nous a été impossible de traduire autrement ces deux expressions. Par la première, on entend en Allemagne la simple lecture d'un auteur sans commentaires ; tandis que par la seconde, on entend une exposition plus détaillée, et dans laquelle le professeur se livre à des développemens de grammaire, de critique, d'antiquités, etc. (*Note des Editeurs.*)

M. Thiersch arrête ensuite son attention sur deux vices principaux qui peuvent se glisser dans l'enseignement des classiques. Le premier provient du manque de réflexion sur les difficultés philologiques, lorsqu'on se contente d'une simple traduction. Le second consiste à ne s'attacher qu'à ce qu'on appelle l'esprit général des auteurs, sans faire attention aux détails.

Ces deux défauts sont exposés avec clarté dans l'ouvrage de M. Thiersch, et il indique le moyen de les éviter. L'essentiel ici, comme en toutes choses, c'est de ne point entrer dans des digressions inutiles, et de ne s'arrêter qu'à ce qu'il y a de plus important, à ce qui est d'une utilité réelle.

Cette partie de l'ouvrage est terminée par des observations judicieuses sur les moyens de joindre à l'explication des auteurs, la théorie de l'art poétique et de la rhétorique, et l'enseignement des élémens de l'histoire et de la philosophie.

La quatrième et dernière partie traite de l'enseignement de la langue allemande et des mathématiques. Elle se compose des quatre sections suivantes : Observations finales sur l'instruction dans ses parties principales et accessoires ; histoire des écoles savantes de la Bavière ; de la différence des religions dans les écoles savantes; discipline de ces écoles (1); rapport des gymnases avec les institutions supérieures; enfin, du projet de fonder une université à Munic.

L'analyse que nous avons faite, les extraits que nous avons donnés, suffisent pour faire connaître l'ouvrage de M. Thiersch et nous pouvons passer rapidement sur ce qu'il dit de l'étude

---

(1) Ici l'auteur fait l'éloge de la discipline des écoles de l'Angleterre, et il condamne la discipline humiliante de celles d'Italie.

de la langue allemande. Nous ferons seulement observer à l'auteur, ainsi qu'à M. Schmeller, qui a ajouté une dissertation sur l'enseignement de la langue allemande, que nous ne pensons pas avec eux qu'on devrait ne pas former de l'étude de cette langue une branche d'instruction particulière, et la joindre à l'étude des classiques. Ils voudraient que dans les classes supérieures, on se bornât à enseigner l'histoire des idiômes allemands, c'est-à-dire à faire connaître aux élèves quelques fragmens de l'ancienne littérature allemande. Quant à l'enseignement des mathématiques, qui sont ici considérées indépendamment de leur utilité pratique, et seulement comme un moyen de former et d'exercer les facultés intellectuelles, M. Thiersch veut qu'on se borne à la géométrie, à l'exclusion de l'algèbre, et qu'elle soit enseignée d'après les auteurs anciens, ou du moins d'après leur méthode.

Nous nous arrêterons un instant encore à l'histoire des écoles savantes de Bavière, depuis 1804 jusqu'en 1825.

Après l'abolition des couvens, qui, sous le règne de l'Electeur Charles Théodore, avaient été obligés de s'occuper malgré eux de l'instruction de la jeunesse, le gouvernement effrayé de l'entière décadence des sciences, se vit dans la nécessité de faire une réforme générale dans les écoles. Il fit donc dresser en 1804 un plan d'instruction pour toutes les écoles moyennes de la Bavière. Ce plan devait satisfaire aux besoins urgens des connaissances *réelles*, en les communiquant aux enfans dès leur plus tendre jeunesse, sous les formes les plus variées. La littérature ancienne n'était que tolérée et devenait un objet purement secondaire.

Non-seulement ce plan était vicieux en lui-même, mais encore on manquait de bons professeurs pour l'exécuter. L'enseignement des classiques était commencé trop tard et encore était-il fait avec trop de négligence. On ne parvint pas même à la médiocrité, et cette organisation tomba au bout de quatre ans.

Alors le gouvernement convaincu de l'insuffisance de ce plan, inquiet de la décadence toujours croissante de l'instruction publique, se décida à céder à l'opinion générale qui se prononçait avec force, et à revenir à l'ancienne méthode qui reposait sur un enseignement plus solide. Il s'agissait de rétablir une étude plus profonde des anciennes littératures qui pût influer plus puissamment sur l'esprit de la jeunesse.

C'est alors que parut l'ouvrage de M. Niethammer, *Sur la la lutte du philanthropisme avec l'humanisme* (1) : il était destiné à fortifier la direction plus heureuse que venait de prendre l'opinion publique au sujet de l'instruction publique. Déjà plusieurs hommes distingués, qui avaient reconnu le mal et mesuré toutes ses funestes conséquences, s'étaient élevés avec énergie contre ce qu'on appelait le *philanthropisme*, qui sous prétexte de s'opposer aux abus de l'ancien ordre de choses, attaquait la civilisation jusque dans ses fondemens et la menaçait d'une entière ruine. Quand la Bavière fut à son tour saisie de ce vertige, Niethammer entra dans la lice, examina la question avec plus de soin qu'on n'avait fait avant lui, et s'efforça de signaler clairement l'abîme auquel devait nécessairement conduire la doctrine nouvelle. Son ouvrage fit triompher dans la Bavière l'opinion de tout ce qu'il y avait d'hommes sages, que de même que les études classiques dirigeait l'esprit vers ce qui est spirituel, élevé, grand et beau; les connaissances positives

---

(1) *Der Streit des Philanthropismus und Humanismus, dargestellt von Fr. Niethammer.* 1808.

et matérielles, le portent vers ce qui est physique et utile, et que l'enseignement exclusif de ces dernières finirait nécessairement par étouffer tous les principes de morale, de générosité, de religion même, et par faire descendre ainsi l'espèce humain, autant que cela est possible du moins, jusqu'à l'état des brutes.

En 1808, les écoles reçurent une organisation conforme aux principes de Niethammer. D'après un plan publié sous le titre de *Régle générale de l'organisation de l'instruction publique dans le royaume de Bavière* (1). On créa alors des *écoles primaires* pour les enfans de l'âge de huit à douze ans, dans lesquelles on consacrait par semaine dix heures au latin et seize heures à l'enseignement des connaissances *réelles*. Venait ensuite le *gymnase préparatoire*, divisé en deux classes ; l'instruction y était la même que dans les écoles primaires ; on y ajoutait seulement le grec. A ces gymnases devaient être attachées des *Ecoles de sciences positives* (*Realschulen*), divisées en deux classes, pour les élèves qui se vouaient aux différentes branches industrielles. Après le gymnase préparatoire venait le gymnase proprement dit, auquel était joint un établissement subsidiaire, appelé *Institut réel* (*Realinstitut*). Les études classiques formaient la base du premier, les sciences exactes celle du second. Enfin, après le gymnase se trouvait le *lycée*. Mais il se mêla à l'instruction donnée dans les gymnases une foule d'objets étrangers à l'étude des classiques ; d'ailleurs le corps enseignant était mal composé, de sorte que le but de ces écoles fut entièrement manqué. Les écoles des sciences positives ne furent

---

(1) *Allgemeine Normatif der Einrichtung des œffentlichen Unterrichts in dem Kœnigreiche Bayern.* 1810 à 1813.

pas même organisées ; mille imperfections se glissèrent dans cette nouvelle organisation et les belles espérances qu'avait fait naître la publication de la *Règle générale*, furent trompées.

Lorsqu'en 1816 on sentit le besoin d'introduire des améliorations dans les écoles, on eut le grand tort de réduire le nombre des classes préparatoires, au lieu de les augmenter. Les quatres années que les élèves devaient y passer furent réduites à deux, et il s'en suivit que les enfans y entrèrent plus tard. En outre, on sépara entièrement ces écoles des institutions scientifiques proprement dites ; on bannit des gymnases les leçons préparatoires de philosophie qui y existaient précédemment, on y supprima même plus tard les mathématiques, et l'on créa des cours de philosophie qui, aux lycées, devaient durer deux ans, et aux universités un an seulement.

Les gymnases, quoique entièrement séparés des universités, avaient cependant toujours encore pour but de préparer les élèves aux cours académiques, mais dès-lors ce but ne pouvait plus être atteint. On établit le faux principe qu'une classe ne pouvait dépendre que d'un seul maître qui devait servir de père aux élèves. On crut que la distribution des leçons entre plusieurs professeurs était essentiellement vicieuse. Il en résulta que les écoles tombèrent dans l'état le plus déplorable. L'étude des mathématiques fut celle qui tomba le plus, parce qu'on avait éloigné tous les bons professeurs.

Le triste état auquel se trouvaient réduites les écoles de Bavière, et que peu de mois après leur nouvelle organisation on commença à sentir d'autant plus vivement, que l'administration supérieure qui l'avait adoptée fut changée, resta le même, jusqu'en 1824, malgré toutes les demi-mesures qu'on employa pour remédier au mal. Enfin il parut dans le courant de cette année, un nouveau plan d'instruction publique ; mais des circonstances particulières entravérent encore cette organisation. Il fallut revenir sur ses pas, retrancher, ajouter et défaire, et l'année n'était pas encore écoulée, qu'on songeait déjà à de nouvelles réformes. Au lieu de relever les classes préparatoires qui languissaient depuis 1816, on les laissa tomber dans une entière nullité; on les sépara même des gymnases et on leur enleva ainsi la surveillance à laquelle elles étaient encore soumises. On mit en revanche sous la plus sévère tutèle des gymnases proprement dits, les deux classes des gymnases préparatoires; on réunit encore à ces gymnases, les classes du lycée, où l'on enseignait, outre les auteurs classiques, l'histoire, les mathématiques, la philosophie, et principalement la logique.

On crut trouver la cause du peu de succès de tous les plans scolaires, que l'on avait successivement adoptés, dans l'imperfection de l'enseignement philosophique ; mais au fond, on ne cherchait malheureusement qu'à cacher par de belles phrases, la décrépitude de tout le corps enseignant, décrépitude causée par les nombreuses atteintes qui avaient été portées aux classes inférieures des gymnases préparatoires.

Comme on était encore embarrassé d'assigner une place convenable aux classes philosophiques, qui occupaient la place intermédiaire entre les gymnases et les cours académiques, mais qui étaient peu fréquentées par ceux qui se préparaient à passer dans l'université, on crut faire cesser cette confusion, en autorisant les recteurs et les autorités locales, a se régler provisoirement à cet égard selon les circonstances, ou même à suivre quelque système antérieur s'ils le jugeaient convenable.

D'un autre côté, il faut cependant convenir que ce nouveau plan scolastique, ne laisse pas que d'offrir quelques avantages, malgré toute son imperfection et la confusion qu'il a jetée dans les écoles dès son apparition. Il corrigea plusieurs vices que les systèmes précédens avaient introduits, tels que la multiplicité des classes et la modicité des traitemens des professeurs ; il donna un nouvel essor aux études classiques et scientifiques, il rétablit les droits des professeurs de mathématiques, il institua un aumônier dans chaque établissement d'instruction, il chercha, enfin, à rendre aux gymnases une classe préparatoire de philosophie.

Maintenant le gouvernement bavarois fait des écoles savantes l'objet particulier de ses soins. Vingt années d'expérience lui dicteront les améliorations à faire, et il ne lui reste plus aucun doute, ni sur leur nécessité, ni sur les moyens qu'il devra mettre en usage.

Il faut encore avouer, que, malgré la fausseté des mesures qui ont été mises en œuvre, pendant ces vingt années, pour donner une bonne organisation aux écoles de la Bavière, elles ont cependant fait des progrès non interrompus, et nous en trouvons la preuve en ce qu'elles ont conservé, en dépit de toutes les crises malheureuses qu'elles ont subies, le système des études classiques. Cette branche fondamentale de l'instruction acquerra bientôt toute la vigueur qui lui manque encore, et elle contribuera ainsi au bonheur public.

Puissent les promesses du roi régnant de Bavière, de faire publier un plan scolaire muri par de longues réflexions et adapté aux besoins du siècle et à ceux de son peuple, s'accomplir bientôt ! Puisse cette nouvelle organisation, formée sous ses auspices, faire sentir bientôt ses effets salutaires sur toute la nation ! Ce sont là les vœux ardens que forment tous les amis des lumières et de la civilisation.

## HISTOIRE NATURELLE.

25. *Lehrbuch der Naturgeschichte, etc. — Elémens d'histoire naturelle, par* C. J. Perleb, *professeur à l'université de Fribourg; premier volume. Fribourg en Brisgau, chez Fréd. Wagner,* 1826; *in*-8 *de* 620 *pages.*

(Article traduit de l'Allemand.)

Parmi les ouvrages élémentaires d'histoire naturelle, que possèdent les Allemands, celui de M. Blumenbach, professeur à Gœttingue, a toujours été considéré comme le meilleur; il a été traduit dans presque toutes les langues, et a obtenu un succès européen. Cependant, quoique ce célèbre auteur ait fait, dans la dernière édition de son ouvrage, tous les changemens qu'exigeaient les découvertes des naturalistes modernes, il a conservé son premier plan, et s'est très-peu écarté du système de Linné : son livre appartient donc à une période de la science qui, nous pouvons le dire, est déjà loin de nous. Il est généralement reconnu que les principes adoptés par Linné ne suffisent plus dans l'état actuel des sciences naturelles. Ce sont surtout les naturalistes français qui ont opéré ce bouleversement total, et, parmi eux, nous citerons, au premier rang, MM. Hauy, Jussieu et Cuvier.

Les autres nations ne tardèrent pas à s'emparer des nouvelles idées que l'on devait à ces savans; cependant il n'en fût pas tout-à-fait ainsi des Allemands, chez lesquels Werner avait créé une école de minéralogie particulière, et qui, en botanique, suivaient toujours la méthode de Linné. Ce n'est qu'en zoologie, où l'anatomie comparée l'emporta sur les anciens systèmes, qu'ils adoptèrent les classifications de M. Cuvier.

Néanmoins, depuis quelquesannées, l'école d'histoire naturelle française se fait de plus en plus des partisans en Allemagne; et il existe déjà, dans plusieurs universités, des cours de minéralogie et de botanique où l'on enseigne la méthode française.

Le premier ouvrage élémentaire allemand qui expose toute l'histoire naturelle d'après les nouveaux principes, est, à ce que nous croyons, celui auquel ces lignes sont consacrées.

L'auteur qui connaît aussi bien les ouvrages d'histoire naturelle de l'étranger, que ceux de son pays, rend principalement hommage à l'école française, tout en se frayant une route particulière. Il s'en écarte surtout, en ce qu'il commence par les objets les plus simples, et s'avance peu-à-peu, vers ceux qui sont les plus compliqués. Ainsi, il traite dans le premier volume, que nous avons sous les yeux, de la minéralogie et ensuite de la botanique; dans le second, qui doit paraître incessamment, il s'occupera de la zoologie. Cette méthode dont les principes sont clairs et naturels, est digne d'attention; elle donne au système en général une belle symétrie, mais aussi elle exige une persévérance extrême, et exclut cette brièveté qu'il est possible d'employer quand, après avoir décrit les corps les plus composés, on peut indiquer en deux mots les caractères distinctifs de ceux qui le sont le moins. M. Perleb a aussi été obligé de suivre une marche particulière en traitant séparément les différentes branches de l'histoire naturelle, pour faire plusieurs modifications aux systèmes de ses devanciers, « afin d'atteindre cette unité de formes dans les trois règnes, ainsi qu'il le dit dans sa préface, qui, selon lui, est l'essence de l'enseignement scientifique. »

Nous nous bornerons à donner un aperçu des matières renfermées dans ce premier volume, en y joignant quelques observations.

Dans son introduction générale, l'auteur donne la définition de l'histoire naturelle; il traite ensuite de son étendue, de ses formes, de son utilité, de son histoire et de sa littérature, et termine par la définition des trois règnes et la division générale de l'histoire naturelle.

Après cette introduction, commence la première partie principale de l'ouvrage : *l'histoire naturelle du règne minéral*, qu'il divise en trois sections, des propriétés des minéraux en général, de la minéralogie spéciale et systématique, et enfin de la géognosie.

L'auteur subdivise les propriétés des minéraux en quatre règnes, 1° le règne *somatique*, dans lequel il range les minéraux selon leur état d'aggrégation en général, leur forme extérieure et leur structure intérieure en particulier ; 2° le règne *dynamique*, dans lequel il classe les minéraux selon leur dureté, leur dilatibilité, leur pesanteur, leurs qualités magnétiques et électriques; 3° le règne *optique*, dont les attributs sont la couleur, le chatoyement, la transparence, la réfraction, la phosporescence ; 4° le règne *chimique*, qui a égard à la fusibilité, à la combustibilité, à la dissolubilité, au goût, à l'odeur, au mélange et aux élémens des minéraux.

Ces divers objets sont décrits avec précision et perspicacité, mais trop laconiquement, de manière qu'un commençant est obligé de recourir aux explications d'un maître, pour les comprendre.

Dans la seconde section, où l'auteur traite de la minéralogie *spéciale*, on trouve d'abord un aperçu des différens systèmes minéralogiques ; et ensuite la description des diverses espèces de minéraux, mais ici l'auteur n'a donné que ceux qui présentent quelque intérêt par leurs qualités ou leur utilité ; il a adopté les divisions suivantes :

I$^{re}$ CLASSE. Minéraux à base non-métallique.

   1$^{er}$ Ordre : Minéraux combustibles.

      1$^{re}$ Famille : le Souffre.

      2$^{de}$ Famille : le Carbone.

Ici se trouvent aussi les substances carbonisées d'origine organique.

   II. Ordre : Minéraux non-métalliques incombustibles.

      1$^{re}$ Famille : l'Azote ou l'Ammoniaque.

      2$^{me}$ Famille : le Bore.

      3$^{me}$ Famille : le Silicium.

II. CLASSE : Minéraux à bases métalliques.

   1$^{er}$ Ordre : Minéraux métalloïdes, ou dont les oxides forment les terres et les alcalis. (1)

Cet ordre comprend dix familles, qui sont : le Zirconium, l'aluminium, le Glucium, l'Yttrium, le Magnésium, le Calcium, le Strontium, le Barium, le Sodium et le Potassium. Dans la famille de l'Aluminium, nous trouvons la Lazulite, la Mésotype, le Feldspath, le Mica, l'Alun, etc.; dans celle du Magnésium, le Pyroxène, l'Amphibole, l'Amianthe et autres que Hauy avait classés parmi les composés du Silicium et Berzelius et Brongniart en partie parmi les Potasses et parmi les Soudes et les Chaux. Il reste maintenant à savoir, si la classification de M. Perleb est exacte.

   II. Ordre : Minéraux métalliques, ou métaux autopsides.

Vingt familles composent cet ordre, qui commence par le Cérium et finit par le Platine, de maniere que les métaux ne

---

(1) On voit que ce sont à peu près les métaux hétéropsides de MM. Hauy et Brongniart.

sont pas coordonnés d'après leur propriété électro-chimique, mais d'après leurs autres affinités.

Nonobstant les modifications que nous avons fait remarquer, ce système se rapproche cependant de celui de M. Brongniart, et il est en général clair et conséquent. Remarquons en outre que bien que M. Perleb ait suivi le principe purement chimique dans la description des classes, des ordres et des familles, il a cependant eu le soin d'indiquer partout les caractères extérieurs qui les distinguent plus ou moins.

La troisième section renferme, ainsi que nous l'avons déjà dit, un essai de géognosie, précédé de la classification des roches homogènes et hétérogènes, de considérations générales sur la structure des montagnes, et enfin un aperçu rapide des gisemens des montagnes, d'après l'ouvrage de M. de Humboldt, intitulé : *Essai géognostique sur le gisement des roches dans les deux hémisphères.*

La seconde partie de l'ouvrage, la *Botanique*, est traitée tout-à-fait sur le même plan que la première ; elle se divise également en trois sections. Dans la première, les propriétés des plantes en général, y sont envisagées sous un point de vue entièrement neuf. M. Perleb commence par le mélange chimique des végétaux, il parle ensuite des *élémens organiques*, c'est-à-dire, de leur tissu anatomique intérieur, enfin de leurs organes principaux et de leurs fonctions.

Avant que d'énumérer les organes particuliers des plantes, l'auteur explique la structure de l'embryon, rapportant ensuite les premiers au développement de ce dernier. L'examen de la vie des plantes, est également précédé d'un exposé de la germination. En général, on trouve dans cette section plusieurs opinions nouvelles et très-justes.

La section suivante, offre encore plus de particularités inter-ressantes. L'auteur passe en revue, en autant de petits tableaux, les systèmes botaniques de Linné, de Jussieu, de De Candolle, et donne la série des familles établies par Adanson et Sprengel. Il adopte ensuite un système à lui, qui coïncide, à la vérité, dans ses points principaux avec la classification de M. de Candolle, mais qui en diffère, d'un côté, par l'ordre renversé qu'il observe, et par quelques changemens dans la détermination et la nomenclature des classes, et, d'un autre côté surtout, par la coordination des familles qui ont le plus d'affinité entre elles, en *ordres*, qui ne doivent pas être considérées ici comme synonymes des familles, et encore moins des sous-divisions de M. De Candolle. Déjà M. Rob. Brown a indiqué de semblables affinités sous le nom de classes naturelles, et M. Agardh a essayé d'en former une classification du règne végétal. Avant eux, Batsch a fait un pareil essai, et M. Perleb a employé soigneusement les données fournies par ses devanciers. Le système de M. Perleb se compose de neuf classes et de quarante-quatre ordres, qui comprennent cent quatre-vingt-trois familles; il a omis quelques-unes des moins importantes, telles que celles des loasées, des trémandrées, des coriariées, des ochnacées et autres.

Voici les principales divisions de son système :

1.º Plantes cellulaires.

I<sup>re</sup> Classe : Les Protophytes.

II<sup>e</sup> Classe : Les Muscosées.

2.º Plantes vasculaires.

*a.* Endogènes.

III<sup>e</sup> Classe : Les Fougères.

IV<sup>e</sup> Classe : Les Ternières.

*b.* Exogènes.

V$^e$ Classe : Les Monochlamydées.

VI$^e$ Classe : Les Thalamanthées. (Les Corolliflores de M. de Candolle.)

VII$^e$ Classe : Les Calycanthées. (Les Calyciflores à corolle monopétale de M. de Candolle.)

VIII$^e$ Classe : Les Calycopétales. (Les Calyciflores à corolle polypétale de M. de Candolle.)

IX$^e$ Classe : Les Thalamopétales. (Les Thalamiflores de M. de Candolle.)

Comme il serait trop long d'énumérer également les ordres et les familles, nous nous bornerons à quelques exemples, pour donner une idée de la méthode de M. Perleb. La troisième classe, celle des Fougères, comprend trois ordres et sept familles, qui sont :

1$^{er}$ Ordre : Les Diclidoptérides ; 1$^{re}$ famille, les Lycopodiacées ; 2$^e$ famille, les Ophioglossées.

II$^e$ Ordre : Les Epiphyllospermes ; 1$^{re}$ famille, les Osmondacées ; 2$^e$ famille, les Polypodiacées ; 3$^e$ famille, les Dandacées.

III$^e$ Ordre : Les Thylacoptérides ; 1$^{re}$ famille, les Marsiléacées ; 2$^e$ famille, les Equisétacées.

La septième classe, qui est également l'une des plus courtes, contient dix-sept familles et cinq ordres.

1$^{er}$ Ordre : Les Rigides ; 1$^{re}$ famille, les Etoilées ; 2$^e$ famille, les Cofféacées ; 3$^e$ famille, les Cinchonacées ; 4$^e$ famille, les Céphalanthées ; 5$^e$ famille, les Caprifoliacées (desquelles on a séparé les Hédéracées et les Loranthées pour les transporter dans la huitième classe).

II$^e$ Ordre : Les Agrégées ; 1$^{re}$ famille. Les Valérianées ; 2$^e$ famille, les Globulariées (qu'on trouve ici, malgré leur corolle hypogyne) ; 3$^e$ famille, les Dipsacées. (On a omis les Operculariées.)

III$^e$ Ordre : Les Synanthérées. 1$^{re}$ famille, les Cynarocéphales ; 2$^e$ famille, les Discoidées ; 3$^e$ famille, les Radiées ; 4$^e$ famille, les Ligulées. (L'auteur a passé sous silence les Labiatiflores de M. de Candolle et les Calycérées de Rob. Brown.)

IV$^e$ Ordre : Les Rapunculacées ; 1$^{re}$ famille. Les Stylidées ; 2$^{me}$ famille, les Lobeliacées (auxquelles il a réuni les Goodenoviées) 3$^e$ famille : les Campanulacées.

V$^e$ Ordre : Les Penonifères ; 1$^{re}$ famille. Les Cucurbitacées ; 2$^e$ famille ; les Passiflorées. ( Nous n'examinerons pas si M. Perleb n'eût mieux fait de suivre les données de M. Auguste de St-Hilaire et l'exemple de M. de Candolle, pour ce qui concerne la place qu'occupent ces deux familles ; mais il nous paraît, en tout cas que c'est à tort qu'il a mis le Papayer avec les Passiflorées et même à côté du Belvisia Desv. )

On verra, par ces exemples, que la classification de M. Perleb est en général conforme à la nature, et qu'elle présente avec beaucoup de clarté, les divisions du règne végétal. Cependant il reste encore beaucoup à faire pour la Botanique, et l'on ne peut envisager que comme provisoires plusieurs des nouvelles divisions de M. Perleb. L'auteur lui-même, dont cet ouvrage prouve le savoir étendu et profond, ne négligera pas de diriger de nouvelles recherches vers ce but, et les découvertes qu'on fait journellement encore dans la Botanique, lui offriront de nouvelles sources où il pourra toujours puiser.

Nous n'avons aussi que des éloges à donner à la dernière section de ce volume, qui renferme une esquisse de la *Géographie des plantes*, et nous désirons que l'auteur fasse bientôt paraître le deuxième volume de son ouvrage. Si, comme nous avons lieu de l'espérer, la suite répond à ce que nous avons vu, nous croyons que ce livre sera un excellent guide dans les études académiques, et qu'il sera une nouvelle richesse pour la littérature allemande, surtout parce qu'une partie des naturalistes allemands se traînent encore dans les anciens systèmes tandis que d'autres se sont perdus dans les rêves phantastiques de la philosophie dite naturelle. Nous dirons encore, en terminant, que la partie qui traite de la Botanique, a aussi été imprimée à part, sous le titre d'*Elémens de l'histoire naturelle du règne végétal*, et qu'elle se vend ainsi séparément.    S.

## ANNONCES D'OUVRAGES.

### Littérature.

26. *Iter italicum*, par le docteur Frédéric Blume, professeur de droit à Halle, premier volume: des archives, des bibliothèques et des inscriptions dans les provinces autrichiennes et sardes, XXX et 272 pages, in-8°. Berlin, chez Nicolaï, 1824.

Cet itinéraire d'un savant voyageur dans la patrie des arts, doit vivement piquer la curiosité des savans et des littérateurs. L'auteur séjourna en Italie depuis le mois de mai 1821, jusqu'au mois de septembre 1823. Il explora les bibliothèques et les archives de Milan, de Vérone (où il s'occupa de la réviion de Gajus), de Pise, de Florence, de Naples. Il n'eut pas à se louer de l'accueil du bibliothécaire napolitain Arditi. Il passa ensuite quelque tems à Palerme et à Montécasino. En 1822, il revint à Rome, où la puissante intervention de Niebuhr lui fit ouvrir la bibliothèque du Vatican, dont les trésors sont gardés avec beaucoup de jalousie par le célèbre Mai. Il parcourut ensuite la haute Italie, s'occupant à rechercher et à comparer entre eux les manuscrits des lois lombardes dont il s'était chargé de publier une édition nouvelle, qui doit faire partie de la collection des documens relatifs à l'histoire ancienne de l'Allemagne. De retour à Rome, au commencement de 1823, il travailla encore cinq mois dans les bibliothèques de cette ville, fit un dernier voyage dans les provinces lombardes, vénitiennes et sardes, et retourna enfin dans sa patrie, chargé d'un riche butin, dont il ne tarda pas à faire part au public. Le premier volume de son ouvrage traite, comme le titre l'indique, des archives, des bibliothèques et des inscriptions des provinces lombardes, vénitiennes et sardes. Un second volume, qui est attendu avec impatience, contiendra un catalogue de manuscrits et de documens, des fragmens inédits et des observations sur l'état intellectuel et scientifique de l'Italie. Nous donnerons des extraits de cet ouvrage dès que le second volume aura paru.

27. *Die elegischen Dichter der Hellenen, nach ihren Ueberresten, etc.* — Les poètes élégiaques des Hellènes, d'après ce qui reste de leurs ouvrages, traduits et commentés par Wilhelm Ernst Weber, professeur à Francfort-sur-le-Mein, 1826. Un gros vol. in-8.° Prix : 12 fr.

Cette traduction des élégiaques grecs, sur laquelle nous reviendrons, est le fruit de dix années de travaux, et s'il est permis d'en juger, à la première vue, la persévérance de M. Weber a été couronnée de succès.

28. *Homers Heldengesaenge.* Epopées d'Homère, traduites en vers par Charles-George Neumann. Dresden, 1826 2 vol. in-8°. Prix : 18 fr.

## Philosophie.

29. *Ueber die naechsten Ursachen der materiellen Erscheinungen des Universums.* — Sur les causes prochaines des phénomènes matériels de l'univers, traduit de l'anglais de sir Richard Philipps, par le général de Théobald et le professeur Lebut. Stoutgart, 1826, in-8. Prix 8 fr. 10 centimes.

## Histoire.

30. *Geschichte der Stadt Worms, etc.* — *Histoire de la ville de Worms*, par *Phil.-Aug. Pauli*. *Worms,* 1825, 420 *pag. in*-8.°

Worms, qui autrefois était comptée parmi les premières villes libres de l'empire germanique, méritait un historien. M. Pauli, connu par plusieurs ouvrages sur la géographie et la statistique de la Bavière rhénane, a élevé à cette cité un monument qui, bien qu'elle ait perdu son importance politique, n'en est pas moins intéressant. Le §. 1 contient une description de Worms et de ses environs; le §. 2 et suivant, l'histoire de la ville jusqu'au tems de Charlemagne. L'auteur fait dériver le nom romain, *Borbiotomagus* de deux mots celtiques : *worms*, qui signifie herbe, et *mag* qui veut dire habitation, ce dernier mot se retrouve aussi souvent dans les noms d'autres villes celtiques. Les premiers habitans de Worms furent des Médiomatriciens et des Vangiones; cependant l'époque de la construction de cette cité par les Vangiones ne doit pas remonter au-delà du tems où les Romains arrivèrent sur les bords du Rhin (§. 4). Lors de la migration des peuples de l'Europe septentrionale et orientale, Worms fut occupée par les Bourguignons et devint même la résidence de leurs rois (§. 5 et 6). L'invasion des Huns détruisit ce royaume et Worms tomba alors dans la possession des Allemans, 453 – 496 (§. 6 et 7). La victoire que les Francs remportèrent sur ce peuple, les rendit maîtres du pays, et Worms devint une cité royale (*civitas regia*); les rois des Francs venaient y résider assez souvent dans un chateau royal qu'on y avait construit. Plus tard, cette ville devint la résidence des ducs et des comtes Francs qui étaient établis sur la frontière du Rhin. (§. 8) Sous le règne de Charlemagne et de ses successeurs, Worms acquit encore plus d'importance, et les Francs y furent convoqués plusieurs fois en assemblées nationales (§. 9 et 10). Depuis Conrad I; et pendant les règnes des empereurs de la maison de Saxe, la ville s'aggrandit sous la protection de ses évêques (§. 11 et 12). Sous les empereurs de la maison de Franconie, elle recouvra sa liberté, et releva immédiatement de la couronne impériale. Elle profita de cette indépendance, surtout pendant la domination de la maison de Hohenstauffen, pour se donner une constitution, et pour régler sa législation (§. 13 et 14.). Ce fut pendant le grand interrègne et le changement de dynasties sur le trône impérial, que cette ville parvint au plus haut degré de puissance. La noblesse s'empressa de se faire donner le droit de bourgeoisie, et le commerce y était dans un état très-florissant.

En 1330, Worms fut autorisé à tenir une foire; des fabriques y furent établies, et dans les querelles qu'elle eut avec les évêques, elle se trouva en état de mettre sur pied 10,000 combattans. La défaite qu'elle éprouva en 1388, une famine qui dura plusieurs années, et la terrible peste (*der schwarze Tod*), qui l'accabla, amenèrent la ruine de cette cité florissante (§. 15 et 16). Elle conserva cependant encore assez de force pour se défendre contre les attaques des évêques. Les diètes fréquentes qui s'y rassemblaient, et la chambre impériale (*Reichs-Kammergericht*) qui y résida pendant nombre d'années, contribuèrent encore puissamment à soutenir son importance. Au commencement du quinzième siècle, elle avait encore 36,000 habitans.

M. Pauli s'arrête ensuite à l'époque de la réformation; l'épisode de l'arrivée de Luther et de sa défense devant la diète, est remplie d'intérêt. En 1618, les habitans de Worms embrassèrent le parti de la réformation. Cependant ils ne purent relever l'ancienne splendeur de leur cité. La guerre de trente ans lui fut très-fatale; de nouvelles famines, la peste et les maux qu'elle eut à souffrir de la part des différentes armées qui l'occupèrent tour à tour, consommèrent sa ruine (§. 17 et 19.). Le 30 mai 1689, Worms étant réduit à cet état de misère, les armées de Louis XIV s'en emparèrent; toute la ville fut brûlée et saccagée, sa cathédrale seule fut épargnée : ses habitans l'abandonnèrent. Cependant peu-à-peu un petit nombre d'entre eux revint dans ses foyers, et en 1697 on commença à reconstruire la ville. Sous l'empereur François I$^{er}$, on y comptait déjà 800 maisons et 6000 habitans, et, en 1783, le nombre des maisons s'éleva à 970, et celui des habitans à 8000.

La paix qui fut alors d'assez longue durée, ramena quelque aisance dans Worms et à l'époque des guerres de la révolution, elle était de nouveau dans un état prospère. Néanmoins elle succomba bientôt encore sous le fardeau des contributions et des logemens militaires. En 1798 Worms devint chef-lieu d'un arrondissement de la république française; par la paix de 1815, elle retomba en partage à l'empire germanique, mais elle ne recouvra pas son indépendance. Le commerce y fut presque anéanti par l'établissement des douanes dans le grand-duché de Hesse. En 1824 il y avait 994 maisons et 7,920 habitans, dont les deux tiers appartiennent à la confession évangélique. J.

*Economie politique.*

31. *Der isolirte Staat, etc.* — L'Etat considéré dans ses rapports avec l'économie rurale et nationale, ou recherches sur l'influence que les prix des bleds, la richesse du sol et les impôts exercent sur l'agriculture, par Jean-Henri de Thünen. Hambourg, 1826. Chez Perthes, in-8°. Prix : 8 francs.

*Géographie.*

32. *Taschenbuch zur Verbreitung geographischer Kenntnisse, etc.* Livre de poche pour répandre les connaissances géographiques,

par J. Geofroi Sommer, cinquième année. Prague, 1827, in-16 carré. Prix : 8 fr.

Cette collection, destinée à faire suite aux voyages de Zimmermann (*Taschenbuch der Reisen*.) publiés dans le même format, continue à offrir un grand intérêt. Outre une revue générale des voyages les plus récens et des dernières découvertes géographiques, ce volume renferme: 1° une description de Péking, d'après Timkowsky; 2° une notice sur le Pérou, extraite de l'ouvrage de Strœnsohn ; 3° une description de Valparaiso; 4° une notice sur les eaux minérales de la Hongrie; 5° la vie du botaniste Bohémien Thaddée Hænke, mort au Pérou en 1817 ; 6° un mémoire sur les mines d'or de Bérésow en Russie; 7° une notice sur la grande manufacture d'armes d'Isch en Russie; 8° le voyage de Weddell vers le pôle antactique ; 9° le voyage d'Anderson sur les côtes orientales de Sumatra ; 10° des observations sur les îles Baléares ; 11° une notice sur les Bhills, peuplade de l'Indoustan septentrional. Les gravures coloriées qui ornent cet ouvrage, représentent une vue de Lima avec le pont du Rimac ; — une jeune Péruvienne à cheval ; — une vue de Valparaiso ; — un portrait de Hænke ; — la manufacture d'armes d'Isch, et une carte de la nouvelle Shetland du Sud.

33. *Sommers Gemaelde der physischen Welt*, etc. — Tableaux du monde physique, ou représentation du ciel et de la terre, sixième volume, par Sommer. Prague, 1826, in-8°. Prix; 8 fr. Le volume que nous annonçons est le dernier de cet ouvrage, qui a un grand succès en Allemagne. Il porte aussi le titre particulier de *Tableaux du monde organique*.

### Bibliographie.

34. *Bücherkunde der sassisch-niederdeutschen Sprache*. — Connaissance des livres écrits en bas-allemand, principalement d'après

les écrits conservés à la bibliothèque de Wolfenbüttel, par Ch. F. A. Scheller. Brunswic 1826. Prix : 10 fr.

Cet ouvrage remplit une véritable lacune dans la littérature allemande, et ne saurait manquer d'être accueilli favorablement.

### Antiquités Scandinaves.

35. *Die Frithiofs-Sage.* — La Chronique de Frithiof, par Esaïas Tegner, évêque de Wexiœ, traduit du suédois, par Amédée de Helvig. Stoutgart, 1826, in-8°. Prix : 3 fr. 60 cent.

36. *Ueber Herrn Professor Bœckhs Behandlung der griechischen Inschriften.* — Sur la manière dont M. le professeur Bœckh a traité les inscriptions grecques, par Geofroi Hermann. Leipsic, 1826, in-8°. Prix : 5 fr. 35 cent.

### Jurisprudence.

37. *Ueber die Ehegesetze, etc.* — *Des lois sur le mariage aux tems de Charlemagne et de ses successeurs,* par G. G. Bœhmer. Gœttingue, 1826, 150 pages in-8°.

Parmi les objets les plus curieux de l'histoire des anciennes législations germaniques, sont les lois sur le mariage, qui ont été rendues sous le règne de la race carlovingienne. Quelques tribus germaniques avaient déjà fixé antérieurement leurs coutumes et usages sur le mariage; mais Charlemagne et ses successeurs, tout en sanctionnant ces anciennes lois, les multiplièrent et en formèrent une législation, qui est encore en vigueur dans presque tous les états fondés par les Germains.

Un travail sur cet objet doit présenter un double intérêt, tant par ses rapports avec l'histoire, que par ceux qu'il a avec les institutions modernes.

Heineccius et Ayrer ont fait des recherches très-savantes

sur cette matière ; mais pendant le siècle qui s'est écoulé depuis leur mort, le nombre des matériaux s'est considérablement augmenté, et Stæudlin, en publiant son *Histoire des principes de la morale, relatifs au mariage,* a fait tant de nouvelles découvertes, qu'il a cru devoir encourager l'auteur de l'ouvrage que nous annonçons, à entreprendre ce travail spécial.

L'introduction traite de la législation en général, relativement aux lois sur le mariage, et particulièrement des principes de cette législation aux tems des Carlovingiens. Dans le corps de l'ouvrage, M. Bœhmer traite des objets suivans :

Idée, institution et but du mariage.

Qualités exigées pour former un mariage légal, dans lesquelles sont compris : le consentement personnel, les qualités physiques, l'égalité de l'âge, la nationalité, et l'égalité de religion et de condition, l'absence d'autres liens et de certains degrés de parenté.

*Promesse de mariage.* 1° Conditions nécessaires : consentement des personnes intéressées; convention sur la dot et sur le douaire. 2° Solennités : la bague nuptiale; les témoins; consécration religieuse. 3° Garanties du mariage, amendes et autres punitions. 4. Annulation du mariage, accompagnée de peines, ou sans punition.

*Le mariage.* 1° Solennités : publicité; lieu saint pour la consécration; conventions matrimoniales; sanction de l'état par la consécration du prêtre. 2° Effet : droits et devoirs réciproques. 3° Durée.

*Motifs de séparation.* Concubinat; procédure en matière de mariage.

# MÉLANGES ET VARIÉTÉS.

### *L'enfance.*

Puissé-je avant que mon ombre descende dans les champs silencieux de l'élysée saluer encore les lieux où les songes rians de l'enfance voltigèrent autour de moi !

Le buisson du jardin paternel, qui couvrait de ses frais rameaux le nid de la fauvette, murmure plus agréablement que le laurier qui ombrage la tombe du conquérant.

Le ruisseau, qui arrose la prairie où j'allais cueillir des violettes, coule à l'ombre des ormeaux que mon père a plantés, avec un bruit plus harmonieux que les flots argentés de la fontaine de Blanduse.

J'aime mieux la colline où nous dansions autour de tilleuls fleuris, que les sommets éblouissans des Alpes, rougis par l'aurore.

Puissé-je donc avant que mon ombre descende dans les champs silencieux de l'élysée, saluer encore les lieux où les songes rians de l'enfance voltigèrent autour de moi.

*Mathisson.*

### *Le tombeau.*

Le silence et l'horreur habitent sur les bords du tombeau. Il cache sous un voile lugubre des régions inconnues.

Le chant du rossignol, les plaintes de l'amitié ne pénètrent pas dans son sein. En vain les amantes délaissées lui redemandent leurs amans ; l'orphelin l'arrose en vain de ses larmes.

Mais ce n'est que là que nous trouvons le repos : ce n'est que par cette porte ténébreuse que nous retournons dans notre patrie.

Le cœur de l'homme, agité par tant d'orages, ne cesse de souffrir, que lorsqu'il cesse de lutter.

### *Le soir.*

Les dernières lueurs du jour s'éteignaient par degrés. L'étoile du soir brillait au-dessus des colonnes couronnées de sapins, un vent frais et léger, effleurant le feuillage des peupliers, faisait retentir les bords du lac d'un doux frémissement.

Des images vaporeuses m'apparurent à travers le voile du passé. Oh vous, dont la mort m'a séparé, je vis vos ombres errer autour de moi.

« Quand viendra le soir qui me réunira a vous pour jamais, me dis-je en gémissant, » l'étoile du soir avait disparu; les peupliers s'agitèrent avec un murmure mélancolique.

*Salis.*

### *La séparation.*

*Selma.* Bientôt un ange de lumière portera mon âme vers les cieux; la mort n'a rien qui n'effraie, je ne m'afflige que de ta douleur. Ah! puisse une autre te rendre heureux, quand je ne serai plus!

*Selmar.* Qui moi? que je puisse être heureux après t'avoir perdue? cruelle! si tu meurs, je meurs avec toi.

*Selma.* Ah! si une autre t'aimait, comme je t'ai aimé! oh mon bien-aimé! laisse-moi cet espoir, et je meurs sans regrets.

*Selmar.* Oh, ma Selma! si ce n'est plus toi qui m'aimes, je ne veux plus être aimé!

*Selma.* J'emporte mon amour avec moi dans la vie éternelle.

Sur la terre ce n'était qu'un faible bouton, la haut il s'épanouira pour ne plus se flétrir. Adieu mon bien aimé! reçois ce dernier baiser; celui qui avait uni nos cœurs, nous sépare.

*Baggerer.*

### Description de la ville de Véra-Cruz.

La ville de Véra-Cruz est la capitale d'un pays du même nom, qui fait maintenant partie de la république mexicaine; elle est située sous le 19° 11′ 52″ degré de latitude et 281° 31′ degré de longitude dans une plaine aride, manquant d'eau, où le vent du Nord, qui règne depuis le mois d'octobre jusqu'au mois d'avril, a amoncelé des masses de sable de 24 à 36 pieds de haut. Ces petites montagnes changent tous les ans de forme et de place et augmentent la chaleur continuelle et excessive qui accable cette ville, en réfléchissant les rayons du soleil. Véra-Cruz a trois portes qui donnent sur la mer et deux qui donnent sur la terre; elle est fortifiée, entourée d'une muraille et de huit forts, et est assez régulièrement bâtie; les maisons sont construites avec des madrépores qu'on va chercher au fond de la mer. Elle possède un palais pour l'intendant, une église, sept couvens et deux hôpitaux. Selon M. de Humboldt, on y compte 16,000 habitans, selon Pike, 30,000, qui sont presque tous adonnés au commerce et à la navigation.

Le port est formé par un môle qui s'avance très-loin dans le canal formé par une île qui se trouve vis-à-vis. Cependant il n'offre qu'un hâvre peu sûr, dont l'entrée est dangereuse et qui, en général, ne peut abriter que de petits bâtimens. Mais comme il est le seul port de la baie, et qu'il est encore préférable à celui d'Alvarado, il y règne cependant une grande activité commerciale. Avant sa réunion avec l'Espagne, les richesses de ce pays partaient de ce point pour la Havanne, et étaient transportés de là en Europe. C'est de Véra-Cruz que les marchandises européennes se répandent dans tout le Mexique. Jadis, les droits d'entrée sur les marchandises étaient énormes, de sorte qu'en 1805 des marchandises dont le prix d'achat revenait à 200 fr. coûtaient à Véra-Cruz 634 fr., y compris les frais de transport à raison de 20 pour cent.

Vis-à-vis du port, est situé, sur une île, le fort de St-Jean-d'Ulloa, construit en forme de carré irrégulier et flanqué de quatre forts bastions. Il domine le port et la ville, et fit beaucoup de mal à cette dernière lors du dernier siège.

Le vice-roi Monterey jeta les fondemens de Véra-Cruz, vers la fin du seizième siècle, au même endroit où Ferdinand Cortès avait débarqué le 21 avril 1519. En 1615, cette ville eut le privilège de cité. L'air malsain qui règne dans les marais sablonneux, dont sont couverts les environs de Véra-Cruz, engendre de fréquentes fièvres intermittentes et des vomissemens qui sont les principales maladies qui pèsent sur cette contrée. On y conserve l'eau dans des citernes; cependant on pourrait facilement en obtenir, au moyen d'un aqueduc, du fleuve voisin, le Xamora. (*Atlantis.*)

## *La salle de spectacle de Caraccas.*

Une ville aussi importante que Caracas, dont la population se montait en 1807 à 47,228 âmes et s'est élevée en 1810 jusqu'à 50,000 ne pouvait se passer de salle de spectacle. On vient d'en construire une en pleine air et dont les loges seules sont couvertes d'un toit, de manière que lorsqu'il pleut, ce qui arrive à la vérité rarement dans ce pays, le parterre est exposé à la pluie. Rien n'est plus ridicule et plus pitoyable que le jeu des acteurs, et cependant le théâtre est suivi assidûment par tous les habitans de Caraccas sans distinction de classes. (*Atlantis.*)

### Statistique.

*Varsovie.* La capitale du royaume de Pologne s'étend sur plus d'un sixième de mille géographique quarré. On y compte 8 places publiques, 214 rues, 3,132 maisons, 112 palais, 61 bâtimens publics et 5,818 fabriques ou mines. Tous ces bâtimens sont assurés pour la somme de 13,628,132 florins. En 1825, sa population était de 126,430 habitans, dont 15,306 nobles, 83,083 bourgeois et 28,041 juifs. Sous le rapport des cultes cette population est ainsi partagée : 92,132 catholiques, 469 grecs, 5,170 luthériens, 593 réformés, 23 de différentes autres sectes, 28,041 juifs et 2 mahométans. Depuis que Varsovie est devenue la capitale du royaume, la population augmente très-rapidement. En 1796, lorsque les Prussiens prirent possession de cette ville, on n'y comptait que 75,635 habitans; en 1812, leur nombre s'était élevé à 86,499, et en 1823, à 116,256. (*Gazette de Berlin.*)

### Nouvelles diverses.

— On va commencer incessamment l'impression de la *Chronique des empereurs* (*Kayserchronik*), poëme historique du douzième siècle, de 17,500 vers, publié par M. le docteur Massmann. Diverses circonstances en avaient empêché jusqu'ici la publication. L'ouvrage aura deux volumes, in-8°, dont le premier renfermera le texte, avec des variantes et des annotations ; le second contiendra un *Dictionnaire*, des notes historiques, des *fac simile*, etc. Le prix n'excédera pas six florins d'Allemagne. La souscription sera ouverte jusqu'au commencement de l'impression. — En attendant, l'éditeur publiera, par cahiers, une suite de *Documens sur la langue et la littérature allemandes des vieux tems et du moyen-âge,* qu'il a recueillis pendant un voyage de deux ans consacré à visiter les bibliothèques de Wolfenbüttel, de Heidelberg, de Munich, de Strasbourg, et d'autres villes. Le premier cahier paraîtra au mois d'avril de cette année. Le prix de chaque cahier sera d'un florin 48 kreutzer à 2 florins.

— M. Rask, professeur à Copenhague, avait entrepris un voyage en Asie, pour y étudier, sur les lieux, les langues des peuples qui habitent depuis le Caucase jusqu'aux Indes. Après plusieurs années d'absence, ce savant infatigable est rentré dans sa patrie. Il vient de présenter à la société de littérature scandinave établie à Copenhague, un mémoire dans lequel il expose les résultats de ses recherches sur l'ancienneté et l'authenticité de la langue de Zend, et des livres sacrés écrits dans cette langue. Il prouve que ces livres ne reposent pas sur des traditions antiques et obscures, qu'ils ne sont pas écrits non plus dans un idiôme du sanscrit, mais dans une langue, qui peut donner la clef de l'écriture assyrienne, et qui tient le milieu entre le sanscrit et le scandinave.        J.

— Il vient de paraître chez J. G. Cotta, libraire à Stoutgard et à Tübingue, une nouvelle édition de l'excellent ouvrage de M. Alexandre de Humboldt, intitulé : *Tableaux de la nature, ou considérations sur les déserts, sur la physionomie des végétaux et sur les cataractes de l'Orénoque*, dont M. Eyriès a publié à Paris, en 1808, une traduction française. (1)

— Nous nous empressons d'annoncer la publication d'un nouveau journal scientifique et littéraire, qui, s'il est permis d'en juger par son titre, par le contenu de la première livraison et par les noms des collaborateurs, ne peut manquer d'offrir

---

(1) Cet ouvrage se trouve à Strasbourg chez J. G. Pfæhler et Comp<sup>e</sup>.

le plus grand intérêt. Il paraît à Berlin, sous le titre de *Annales de critique scientifique* ( *Jahrbücher für wissenschaftliche Kritik*), par MM. Creuzer, Fœrster, Gans, Hegel, Guillaume de Humbold, Hufeland, Immermann, Marheineke, Guillaume Müller, Passow, Ritter, Streckfuss, Thibaut, Varnhagen. Ce dernier est l'auteur de deux *récensions*, l'une de l'ouvrage de M. Mignet, sur l'histoire de la révolution française, l'autre sur les mémoires de M. de Gagern. On annonce qu'on s'occupe de travaux critiques sur les fragmens philosophiques de M. Cousin, sur son édition des œuvres de Descartes, sur les écrits de Hamann, sur l'histoire de l'Angleterre du D$^r$ Lingard, et sur l'histoire des Ducs de Bourgogne, par M. de Barante. Nous nous ferons un devoir de fouiller souvent dans cette mine qui promet de devenir si riche et si féconde.

*Atlantis.* La quatrième livraison de cet utile recueil renferme le discours d'ouverture du congrès de Panama. — Des idées sur la jonction de la mer atlantique avec l'océan pacifique. — Un extrait du traité conclu le 17 juin 1826, par une société de capitalistes des États-Unis, avec la république de l'Amérique centrale, pour ouvrir un canal entre la mer atlantique et l'océan pacifique. — Les pavillons des états de l'Amérique du Sud. — Le traité d'amitié, de navigation et de commerce entre la France et le Brésil, conclu à Rio-Janéiro, le 7 juin 1826. — Expédition au Nord-Ouest, le long des bords du Missouri, entreprise par ordre des États-Unis. — Population des Antilles à la fin de 1823. — Pièces relatives au congrès de Panama ; message du président des États-Unis à la chambre des représentans, etc. — Sur la navigation des États-Unis et le Danemarc. Mélanges géographiques ; vue de la ville de Guatimala ; vue de celle de Véra-Cruz, etc. — Revue politique de l'année 1826.

# TABLE DES MATIÈRES
## DU TOME SECOND.

### I. MÉMOIRES ET NOTICES.

| | Pag. |
|---|---|
| Sur la vie et les ouvrages de Herder. | |
|     Premier article. | 3 |
|     Second article. | 193 |
| Essai sur l'histoire des sciences historiques en Allemagne. | |
|     Premier article. | 129 |
|     Second article. | 257 |
| Discours prononcé par M. A. W. de Schlegel, à l'ouverture d'un cours de littérature à l'université de Bonn. (Traduit de l'allemand). | 205 |
| La Doctrine physiologique du docteur Broussais jugée en Allemagne. | |
|     Premier article. | 215 |
|     Second article. | 279 |
| Pensées détachées, extraites des œuvres de Herder. | 275 |

### II. ANALYSES ET ANNONCES D'OUVRAGES.

| | |
|---|---|
| De la littérature allemande; deux fragmens du cours de littérature allemande, donné à Genève, par M. Chrétien Müller. | 18 |
| Fantaisies de ma muse; recueil de diverses compositions littéraires, par Panze. | 27 |
| Histoire de la révolution d'Espagne et du Portugal, es particulièrement de la guerre qui en fut la suite, par le colonel prussien de Schepeler. | 32 |
| Bibliothèque portative de l'histoire universelle. | 42 |
| Recherches sur la nationalité, l'esprit des peuples allemands et les institutions qui seraient en harmonie avec leurs mœurs et leur caractère, par F. L. Jahn, traduit de l'allemand, avec notes par M. Lortet, docteur en médecine. | 46 |
| Lettre sur l'Allemagne, à l'occasion des recherches sur la nationalité, etc., par M. Stanislas Gilibert. | Id. |
| Correspondance choisie de Fréderic-Henri Jacobi. | |
|     Premier article. | 65 |
|     Second article. | 148 |
| OEuvres de Hamann, publiées par Roth. | 77 |
| L'Amazone suisse; aventures, voyages et campagnes d'une Helvétienne en France, dans les Pays-Bas, l'Égypte, l'Espagne, le Portugal et l'Allemagne, écrits par elle-même et publiés par un de ses parens. | 85 |
| Encyclopédie universelle, publiée par MM. Ersch et Gruber. | 88 |
| Addrich im Moos, par Henri Zschokke. | 94 |
| Rapport diplomatique sur les lettres menaçantes et révolutionnaires, adressées à l'électeur de Hesse-Cassel, par Jean de Horn. | 94 |
| Des dettes de l'État, de la manière de les amortir, et du commerce des effets publics, par le Ch.$^{er}$ N. Ch. de Gœnner. | 95 |
| Lexique bibliographique universel, par F. A. Ebert. | 96 |
| Tombeaux des Huns nouvellement découverts en Brisgau; par M. Henri Schreiber, préfet du gymnase de Fribourg. | 163 |

Pag.

Démagogie des Jésuites, d'après les jugemens des personnes les plus distinguées, les écrits et les actes des membres de cet ordre; essai politique et historique, dédié à tous les princes et les peuples, et principalement à la confédération germanique, par Otto de Deppen. 175
Journaux de musique allemands .................. 178
Reineke le Renard, par Henri d'Alkmer, nouvelle édition, corrigée par K. F. A. Scheller ........................ 230
Chronique des Saxons, en vers rimés, depuis Wedekind jusqu'à Albert de Brunswick, publiée par K. F. Scheller. ........... 231
C. M. Fræhn. De Musei Sprewitziani Mosquæ numis Kuficis nonnulis adhuc ineditis, qui Chersonesi humo cruti esse dicuntur, commentationes duæ, plura ut numismaticæ ita geographiæ et historiæ asiaticæ capita obscuriora illustrantes .............. 240
Sur la signification des mots $\psi v \chi \eta$ et $\eta \varepsilon \iota \delta \omega \lambda o \nu$ dans l'Illiade et l'Odissée; essai sur la psychologie d'Homère, par Charles-Henri-Guillaume Vœlker............................ 243
Essais d'étymologie, appliqués à la science de l'antiquité et à la connaissance des langues, par F. Heyd, pasteur à Markgrœningen. 245
Erreurs et vérités des premières années qui ont suivi la dernière guerre contre Napoléon et les Français, par Guillaume Schultz. . 290
Histoire de la philosophie pythagoricienne, par le docteur Henri Ritter, professeur à l'université de Berlin. ............. 305
Des écoles savantes, et principalement de celles de la Bavière, par Fréderic Thiersch........................... 328
Élémens d'histoire naturelle, par C. J. Perleb, premier volume. 360
Annonces d'ouvrages nouveaux..................... 368

## III. MÉLANGES ET VARIÉTÉS.

Société des sciences à Gœttingue................... 55
Universités allemandes. Epoques de leur fondation........... 58
Ecoles d'enseignement mutuel dans le Danemarck........... 60
De l'Étude des hiéroglyphes en Allemagne............... 99
La vallée du Missisippi....................... 105
Aperçu géographique et statistique sur la province anglaise du Canada................................. 107
Universités allemandes........................ 109
Nécrologies.............................. 117
Notice sur Hebel........................... 181
Ordonnance de Sa Maj. le roi de Bavière, relative à la translation de l'université de Landshut à Munich................ 185
Traditions des Chipaways ou Chipiouans, nation de l'Amérique du Nord; sur leur création et sur leur destination future....... 247
Pensées détachées de Jean-Paul................... 248
Nouvelles diverses................ 61, 120, 190 250 et 380
Avertissement des éditeurs...................... 254
L'enfance. Le tombeau. Le soir. La séparation......... 376 . 377
Description de la ville de Véra-Cruz................. 378
La salle de spectacle de Caraccas................... 379
Statistique de la ville de Varsovie................... 380

FIN DE LA TABLE.

www.ingramcontent.com/pod-product-compliance
Lightning Source LLC
Chambersburg PA
CBHW052041230426
43671CB00011B/1743